21世纪人力资源管理系列教材

职业生涯规划与管理

Career Planning and Management

编　著　叶晓倩
副主编　胡羚燕

WUHAN UNIVERSITY PRESS
武汉大学出版社

图书在版编目(CIP)数据

职业生涯规划与管理/叶晓倩编著. —武汉：武汉大学出版社，2018.5
21 世纪人力资源管理系列教材
ISBN 978-7-307-19866-1

Ⅰ.职… Ⅱ.叶… Ⅲ.职业选择—高等学校—教材 Ⅳ.C913.2

中国版本图书馆 CIP 数据核字(2017)第 290373 号

责任编辑:唐 伟 责任校对:李孟潇 版式设计:汪冰滢

出版发行：**武汉大学出版社** (430072 武昌 珞珈山)
(电子邮件：cbs22@whu.edu.cn 网址：www.wdp.com.cn)
印刷:湖北金海印务有限公司
开本:720×1000 1/16 印张:18.5 字数:342 千字 插页:1
版次:2018 年 5 月第 1 版 2018 年 5 月第 1 次印刷
ISBN 978-7-307-19866-1 定价:39.00 元

总　序

十几年前，人们称呼从事人力资源管理工作的人是“福利秘书”、“就业员”、“公司警察等”。也有人说“人事经理是虚情假意的欢迎者或热情过分的人，他们通过管理好公司的外出野餐、处理好救济金的使用流向、确保休养项目良好地进行，来使公司保持一种振奋的精神状态”。那时，他们的责任确实非常有限，通常仅仅处理诸如工人的工资、少数医疗、休养和住房问题，“人事”作为一种职业一般不被尊重，在组织机构中也是处在底层。当然，今天，在大多数组织中这种现象可能已经成为历史，“人力资源管理经理的职务不再是给那些在组织中无法胜任任何岗位的经理养老的职务”，人们愈来愈认识到人力资源部门会对组织的整体效率和获利能力产生重要的影响。有关研究资料显示，在美国，在拥有 10 000 多名员工的企业中，人力资源总经理的年薪（包括福利和奖励）为 19.6 万元；在拥有 1 300~3 500 名员工的企业中，人力资源经理的平均年薪为 11.3 万美元；在拥有不足 2 500 名员工的企业中，人力资源经理的平均年薪为 10.9 万美元，跟高级律师、会计师的平均年薪差不多。

那么，为什么人力资源部门的工作在公司中的地位愈来愈重要了呢？这是因为知识经济和网络时代的到来，人们的生活方式、工作方式、心理能量的发挥、管理的对象、组织的结构模式、生产的资源、经济增长模式等发生了根本的变化。为了应对和适应这些变化，为了使企业在全球经济中变得更加灵活和更具有生产力，用比尔·盖茨的话来说就是“关键是增强每个工作者的力量”。

为了提高人力资源管理的有效性，先让我们看看我们的管理对象、工作条件和环境等都发生了什么样的变化。

1. 计算机软件的应用，尽管很难达到对复杂事件形成意识和判断的水平，也不可能全部应对工作中的难题和挑战，但是 IT 行业的发展，新软件将会成为人的工作方式，了解人的需要，快捷方便地获得所需要的信息，可以帮助人提高工作效率。计算机在工作生活中的应用广泛性，使得人们将会像拿笔写字一样自然地去使用它。

2. 在信息时代，“无纸办公”、“流动办公”、“虚拟办公室”等全新的办公自动化概念，可以使人们更迅速、更全面地获得解决问题所需的各种信息，更高效更准确地做出决策，提高办事效率。传统意义上的工作场所、办公地点也发生了根本的变化，只要有台电脑，在任何地方、任何地点，都可以谈生意、发指令或聊天，在家办公也成为现实。据估计，美国有 1 000 多家公司职员通过与公司连接的电脑从事各种远程的业务工作。电子农场的“农民”已经从传统意义上的体力劳动中解放出来，他们可以在家或办公室获取各种庄稼成长的信息。因为传感设备将土壤信息、肥料信息、水量信息、作物生长信息、成熟程度信息以及杂草、虫害信息传送给电脑，然后根据对上述信息的分析处理结果自动实施浇水、施肥、除草、收割等操作。当然，在家上班还要取决于电话的普及和家庭电脑的拥有量，尽管对我国来讲，还相差甚远，但是，我国潜在的在家上班的人数也非常可观，而且增长速度很快。

3. 知识经济、信息时代的到来，知识员工也逐渐成为主要的管理对象。知识员工与体力员工相比，具有明显的特点，比如，知识员工有较强的自主性、成就动机、创新愿望、不迷信重真理、流动意愿，他们的劳动过程和劳动成果难以控制。这就对我们的人力资源管理提出了新的挑战。

4. 互联网的发展使得管理过程愈来愈信息化，传统意义上的金字塔式的组织形式将转向扁平化和虚拟性。一个企业，可以依托于 INTERNET/INTRANET 的交往平台，对遍布 100 多个国家的几百个部门均可以进行有效的联系和管理。区域时空对沟通、贸易的限制作用微乎其微，员工之间、员工与管理者之间、管理者之间、商家与客户之间、商家之间等不受时间、空间的限制可以随时沟通或做生意。组织中的中间管理的作用将愈来愈小。人们通过互联网可以做任何自己想做的事情，人们参加网上虚拟团队的活动将愈来愈多。

5. 网络时代，不仅对我们的工作方式带来很大的影响，它也与人类的生存方式和生活方式休戚相关。在家里，就可以通过电脑、可视电话等进行工作，不用为交通问题而烦恼；只要按一下键盘，各类新闻、股票信息、天气预报尽收眼底，想参与讨论，发个电子邮件就可表达你的想法；科学家、学者不出家门、国门就可以与世界同行进行学术交流；如果想办银行业务，只需一张银行卡，轻按键盘，便可完成传统银行所执行的一切交易；如果想做一件合适的衣服，全息摄像会给你的体形量好尺寸，再把你的设计告诉电脑，所要的款式马上就会显示出来；如果你病了，通过你手腕上的手表，医生就知道你有情况；网络远程教育，使得学习场所和学习方式都发生了变化。

总之，在这个知识经济、信息时代，科技与生产力的快速发展，与市场经济的公正、自由和竞争的社会原则相结合，使人的个性更加张扬，施展的空间更大。这种知识经济与市场经济互相影响、互相推动而形成的新的经济形态，它既不是知识经济，也不是市场经济，本人把它叫做新商业经济。这是因为，市场经济在西方发展几百年，为什么在知识经济、信息时代到来之前没有出现人才流动、辞职、跳槽如此频繁的现象呢？而现在跳槽的原因愈来愈复杂，对特殊人才来讲，工资报酬的多少不再是选择单位的主要原因了。这种现象，用单纯的市场经济或知识经济都无法解释。新商业经济是指遵照市场经济的运行规律、具有现代理念和最新专业知识的人，能够接受知识，运用知识，创造知识，并将知识转化为社会效益和经济效益，从而推动社会发展的经济。一句话，就是市场经济与知识经济的融合而形成的经济叫新商业经济，它是科学技术发展和经济市场化相结合的结果，特别是经济市场化将规模庞大的劳动力队伍解放出来了。在这种新商业经济条件下，人们的价值观念、思维模式、生活习惯、工作方式和人际关系等都将发生重大的变化。作为上层建筑的管理科学，在管理理念和管理方式上都要与之相适应，人力资源管理更是如此。本人认为，在这样的情况下，未来人力资源管理将呈现出如下的趋势：

1. 创新管理

创新是未来人力资源管理的主旋律。研究证明，提升生产率的真正动力，不是信息技术，而是人力资源的竞争和管理创新；信息技术的作用是必要的，但不是充分的；比如 ERP 在企业的应用，很多企业应用时并没有对自己已有的经营方式进行调整，而是要求修改软件，让软件适应原有的经营方式，而不是利用软件提供的先进技术进行管理的创新；竞争迫使企业变革与创新，创新又帮助企业提高竞争能力。随着技术水平的不断提高，员工在企业中的地位越来越重要，满足员工工作、生活质量的要求将成为 21 世纪人力资源开发与管理的核心内容之一。员工不仅要得到公平合理的充足报酬，不仅要得到发展自我的机会和条件，而且还要得到职业安全保障。企业终将意识到员工需要的不是工作，而是职业。要改变传统的企业人力资源管理工作中作业性的内容，如考勤、绩效考评、薪资福利等行政性和总务性的工作。更加重视战略性项目包括人力资源政策的制定、完善，员工的教育、培训，组织发展规划和为业务发展开发提供人才支持等。企业应该营造一个宽松自由的创新环境，树立崇尚创新、鼓励创新的风尚，让企业的每一个成员都成为创新的源泉。

2. 目标管理

伴随着 INTERNET 在企业管理中的应用，目标的确定、实施和评价将成为企业与员工之间建立战略伙伴的关键。正如通用电器前 CEO 杰克·韦尔奇所言："没有高度信任，你不可能发掘最大的头脑潜力。"因为在当代，财富的创造不是靠手，而是靠头脑。你的成功将不是依靠你管理生产的能力，而是在于你能在多大程度上激发员工运用他们的创意、判断和努力。管理过程和管理成果难以控制，目标是明确的，具有强制性的，但管理确是柔性的和弹性的。员工要了解企业的目标，企业也要了解员工的目标。企业明确的战略目标既是对员工的吸引，也是企业成功的行为导向。企业是一个利益共同体，员工首先要对自己在企业的利益认同，进而才有对企业目标的认同。企业不仅要确立目标，还要进行目标教育。一个员工不知道自己企业目标的企业，是不可能形成企业精神和企业凝聚力的。

3. 差异管理

合资经营是未来企业不可抗拒的一种重要的经营方式。构成合资经营的组织因素是多元性的，而企业经营是需要一元化的或需要各种因素的融合。从市场需求来看，顾客对消费品的需求是多种多样的；从经营管理来看，员工对工作的态度、激励方式、处世原则等是不完全一致的；从经营环境来看，企业各个股东对资本、技术和产品的选择偏好是不一样的；从员工的性格、能力、职业趋向等特征来看，是千差万别的。所以，人力资源管理必须明确：工作岗位的最佳人选并不都是智力最高的，而是最适合工作要求的人。差异是客观存在的，承认和尊重差异是搞好企业管理的前提。承认和尊重企业差异；充分发挥企业优势；承认和尊重个体差异能做到量才使用，各尽所能；承认和尊重个体差异有利于培养创造型人才，不断保持企业的创新能力。差异是财富。

4. 选拔管理

人力资源的计划、招聘和选择是人力资源管理的重要内容和有效性的前提。在网络时代，人力资源管理愈来愈重要，所以，开发全球人力资源信息系统非常重要。不管是计划、招聘还是选拔，人力资源信息系统可以为它们随时提供有效的信息。在劳动力市场上，人力资源管理者正面临着需要更高能力的新工作与实际接受这些工作的人之间不匹配的问题；还有招聘选拔中的偏见问题，也会使有能力的人不能得到重用，比如，认为“女性不想成为国际经营管理者”而不选派她们，实际上，在不多的女性国际管理者中，有97%的人工作得非常成功。所以，在招聘选拔中，性别歧视中的法律问题将成为人力资源经理关注的重点。

5. 员工关系管理

和谐的员工关系也是生产力。和谐的员工关系有利于增强员工士气，提高员工工作的积极性和主动性，最终提升企业服务质量；和谐的员工关系有利于鼓励员工参与，充分发挥企业人力资源的潜力，提高企业科学决策及民主管理水平；

和谐的员工关系有利于避免劳动纠纷，避免企业的声誉、形象在社会、客户和员工面前受到损害。遗憾的是，近几年员工与企业之间的各类劳动纠纷越来越多，因为劳动纠纷而劳资双方对簿公堂甚至大打出手的事件不时见诸报端。那么，究竟如何将员工纠纷消除在萌芽状态？如何在纠纷发展到无可挽回而劳资双方不得不对簿公堂之前将纠纷化解在企业内部？如何处理无法回避的员工纠纷与诉讼？人力资源经理必须拥有劳动法规知识和成为处理人际矛盾的高手；必须明确影响员工满意度的因素。尽管安全和健康问题是属于保健因素，但它毕竟是引起员工不满意的直接因素，所以，善于识别和解决这类问题，将矛盾消灭在萌芽状态，也是人力资源管理者的重要技能。

6. 人本管理

《纽约时报》曾经有一篇文章说道："在过去的50年里，经济已经由以生产为基础转变为以消费者为基础。它已经由理性的范畴升华到理想的国度，从客观变迁为主观，到达心理的王国。"这就意味着在当今世界上，了解"人"，满足"人"，发展"人"，以人为本，确实是成功的关键所在。可能有人会说：在目前我们国家这种"后发展"的环境下，连资本原始积累过程还没有走完，连泰勒制下面的"承包责任制"、"计件工资制"这样的原始科学管理模式还没能逾越，连无以数计的农民工还在为讨工资而疲于奔命、甚至哭诉无门的情况下，谈什么"企业人性化"发展，是否有点太"左"，太时髦，太不合国情呢？我不想争论。我只想问：当那些制造假冒伪劣产品的企业令你深受其害的时候；当你的朋友或者是你的朋友的朋友外出打工被老板坑害拿不到工资的时候；当你虽然天天工作着，却感到压抑苦闷没什么发展前途的时候；你会不会觉得我们今天的社会，在人们困惑、不满的背后，在一批又一批的企业产生和一批又一批的企业垮掉的背后，缺少些什么呢？一个企业，盈利自然会带来繁荣。但是，花簇锦绣般繁荣的企业，却未必能够持续发展。在我们国家，生命力旺盛而不长久的企业到处都是，这到底是为什么？要知道，企业里很多东西都不是永恒的，唯有人性是长久的。要知道，全世界不同的国家、不同的地区、不同的企业，很多东西都是不一样的，唯有追求人性的满足和人的发展与完美是一样的。那么，为什么还有很多企业仍然将"人本管理"只挂在嘴上、放在文档里呢？本人认为，有四个原因：一是企业经营者没有明白企业存在的价值到底是什么。是的，企业是经济组织，追求利益最大化天经地义，但是并不意味着就可以不关心人，不把企业当做员工价值实现的地方。世界知名的长青企业的案例是最有说服力的佐证。二是企业经营者没有认识到劳动者具有对自己劳动力的所有权。人不是商品，但劳动力是商品；只有劳动者个人才有对自己劳动力的所有权和使用权。劳动力是人的体力和脑力的综合；人才不是用人单位所有；用人单位只有合同所规定的对劳动力的使用权，而没有所有权。

劳动者具有自由选择工作地点、工作类型、工作单位的权利。《共产党宣言》指出："每个人的自由发展是一切人的自由发展的条件。"未来社会是"自由人的联合体"。人对自由的需要是不可抗拒的。员工流动、人才跳槽，这是很自然的现象。三是一些企业经营者将"趋利避害"等同于人人都是自私的，既然是自私的，当然要严加管制。趋利避害是人的本性，但并不意味着人人都是自私的。四是一些企业经营者将人力资源管理仅仅当做人力资源管理部门的事，如果是这样，怎么可能在全公司实现人本管理呢？过去对人的管理好像管理一座大坝，而今天则更像是疏导一条河流，其目标不是阻止水的流动，而是控制水流的方向和速度。知识经济不是以知识为本，而是以人为本。教育首先使人成为人，其次才是成为材。尊重知识，尊重人才不等于尊重人。仅仅尊重人才，不利于人的聪明才智的发挥，只有将人当做自由的、自立的个人加以尊重，人才才能发挥出自己的聪明才智。最适合人性的管理才最有利于激发人的创造力。

7. 组织人管理

企业的长久发展，需要的不是一个个人，企业需要的是组织人。所谓组织人，按照人力资源管理的观点，首先是人才与企业要有一个正式合同，然后需要与企业有个心理契约，最后对所在企业的文化有高度的认同感。只有这样，企业招来的人才能真正成为企业的核心竞争力。在现实中，很多企业认为只要和人才签订一纸合同，这人就是自己的了，而把招聘时的承诺丢到脑后。一个管理大师曾说过，企业主可以买到一个人的时间，可以雇到一个人到固定的工作岗位，可以买到按时或按日计算的技术操作，但你无法买到热情，买不到创造性，买不到全身心的投入。组织人在哪里？在用人单位的诚信和人才的心里。一个人只有把自己当成组织人，才能成为企业有用的人才。所以，最佳企业的成功之处在于他们不只是让员工快乐，而且让员工更加敬业；不只采取最花哨的做法，而是把人力资源的系统建设得很完善，把人力资源的根本理念贯彻得很彻底。因此，培养"组织人"将是未来人力资源管理者的重要任务。

8. 团队管理

在复杂多变的社会环境中，团队比传统的部门结构或其他形式的稳定性群体更灵活，反应更快。团队的优点是：可以快速地组合、重组、解散；团队适合担任需要多种技能、经验、创新性强、紧迫的工作任务；团队是真正的独立自主，它不仅注意问题的解决，而且执行解决问题的方案。显然，团队很适应网络时代的组织结构的要求。随着信息技术与全球网络化的发展，一种新的组织形式——虚拟团队应运而生。虚拟团队（也叫虚拟社区）是指基于互联网的人类共同体，并不共同拥有一个确定的物质空间或地理区域，但具有共同特质和归属感，并维持着一定社会联系和社会互动的群体。那么维系团队成员的纽带是参与者感到这个环境是讨论个人观点的适宜场所，有些人对所在的网络团队乐意奉献，他们之间的纽带远比现实中的团队成员的联系更为密切。想进就进，想退出就退出，谁也不知道谁是谁，之间没有直接的利害冲突，网络上流传很广的一句话是："谁也不知道你对面坐着的是否为一条狗"。虚拟团队的维持、两极分化、冲突与合作、激励等问题都是需要认真研究的问题。

9. 权变管理

管理者所面对的人是千差万别的，所处的环境是千变万化的，管理的风格也要变化，这就是权变管理之意。对人，管理者究竟要用哪种管理方法，要考虑两方面的因素：一是当事人的个性特点；二是环境因素。工作任务模糊不清，员工无所适从时，工作型管理方式更有效；如果是日常性工作，目标和达到目标的途径都很明确，关系型管理可能更合适。如果目标和达到目标的方法已很清楚，管理者就不要唠唠叨叨，命令部下这样做那样做，而是要给予更多的关心和体贴，创造良好的心理环境。所以，管理是一种情景艺术，管理者不要试图改变员工的个性特征，但可以帮助他提高素质。最强有力的经理就是那些能适应特定环境和特定情况的经理。灵活和适应性是管理的灵魂，是网络时代最需要的管理模式。

10. 学习管理

人力资源管理的重要任务之一是将组织塑造成学习型组织。学习型组织是一种不同凡响的、更适合人性的组织模式，有崇高而正确的核心价值、信念与使命，具有强韧的生命力和实现梦想的共同力量，不断创新，持续变革。在其中，人们心手相连，相互反省求真，脚踏实地，用于挑战极限及过去的成功模式，不为眼前的近利所诱惑，有对共同愿景的认同感，以及与整体动态搭配的政策与行动，充分发挥生命的潜能，创造超乎寻常的成果，从而从真正的学习中体悟工作的意义，追求心灵的成长与自我实现，并与企业以外的世界产生一体感。人的素质的提高依赖于不间断的学习，同样组织素质的提高关键在于组织能否不间断的学习，在于组织的学习能力。

11. 薪酬管理

薪酬是人力资源管理中既复杂又非常重要的内容。公平是薪酬管理有效性的关键。特别在未来网络经济条件下，因为工作方式的变化，人的需求的变化，工作绩效评估和有效激励越来越难。直接经济报酬、间接经济报酬和非经济报酬的类别在现实中可以说是五花八门、八仙过海、各显神通。报酬方式的变化，固然重要，那么，价值创造、价值评价和价值分配体系的公平则是最重要的。心理契约在薪酬管理中的作用也应该引起学者们的关注。

12. 开发管理

人力资源开发是指资方为了提高员工的敬业精神、工作热情、业务能力和组织绩效而在政策、使用和培养方面进行的一种有计划的、连续性的工作。它是组织发展的要求，也是组织发展的基础和动力。但是，在现实中，人们对人力资源开发的理解有个误区，认为人力资源开发就是培训。培训与开发是很重要，培训可以使员工获得目前工作所需的知识和能力，开发可以使员工获得未来所需的知识和能力。可是，政策性开发和使用性开发也是开发的重要内容。可以想象，一个好的政策能让没有积极性的人成为有积极性的，没有能力的成为有能力的；如果政策不好，人才也会成为废品。一个很有组织才能的人，从来不给他施展组织管理才能的机会，这对他个人或企业来说不都是浪费吗？所以，培养性开发、政策性开发和使用性开发，对员工的职业生涯都非常重要。

13. 人力资源外包管理

由于市场竞争的加剧，许多公司都专注于核心业务而没有时间和资源来更好地管理人力资源业务，外包成为降低公司人力资源管理成本的另外一种选择。加上网络技术的帮助，人力资源外包服务提供商更是发展迅速。人力资源外包服务通常分为四个种类：PEO、BPO、ASP 和网上服务。PEO (Professional Employer Organization) 是指专业的服务提供商承担公司所有的人力资源管理职责。通过承担公司员工所有的法律责任（包括在聘用、解聘以及员工工资上都有最终决定权），专业的服务提供商成为公司员工的一个合作雇主。PEO 在本质上与公司是合作伙伴，PEO 管理所有人力资源方面的工作，而公司则专注于处理其他方面的业务问题。BPO (Business Process Outsourcing) 指公司流程外包，是一个很宽泛的术语，指不仅在人力资源而且在所有领域进行外包。BPO 与众不同的是通过引进新技术或提供现存技术以一种新的方式来改进公司流程。特别是在人力资源方面，BPO 可以确保一个公司的人力资源体系是由最新技术支撑的。ASP (Application Service Providers) 指应用服务提供商，是开发软件并租给用户的人力资源服务提供商。这些软件功能包括招聘管理、工资与福利管理等。网上服务是指那些以网络为基础的人力资源服务。一般情况下 BPO 和 ASP 都被人们认为是网上服务。

要记住，人力资源外包服务提供商是公司企业文化的延伸，因此要尽可能寻找一个符合公司形象的人力资源外包服务提供商。不要期望一个保守而主要靠财务制度和法律事务生存的人力资源外包服务提供商可以成为飞速发展中的企业的最佳搭档。这类公司可能不能吸引那些适合自己公司的人才，因为它不可能很好地理解公司的需要而与未来的求职者沟通。另外，外包类型的选择也要从实际出发。选择PEO还是混合外包公司取决于你需要外包的业务。如果更愿意将精力集中于公司的核心业务，或者公司缺乏人力资源核心能力，PEO或许很适合公司。PEO可以代表公司的利益招聘或解聘员工。对公司的员工来说，他是PEO的雇员，实际上是公司从PEO再雇佣员工，员工在为你工作，而PEO代公司管理那些员工及相关人力资源业务，包括从员工的档案关系到薪酬福利的管理。如果认为不适合把所有的人力资源业务都外包给PEO，或者公司不需要一整套的服务，可以考虑外包一部分耗时的人力资源管理事务性工作，如档案管理、员工保险等。例如，许多公司利用招聘代理商寻找合适的求职者，但保留调配人员的控制权诸如聘用和解聘。许多公司外包的另外一个关键职能是工资，这在国内不少企业看来是不可思议的。事实上，不少在华的外资企业将公司的薪酬管理交给专业的人力资源服务提供商。此外，公司还可以将人力资源服务以项目的形式外包。人力资源专业服务商提供各种各样的服务，诸如开发员工手册、建立公司的薪酬体系或者建立用以评估员工业绩的绩效管理体系等，这些工作可交由那些专业的人力资源机构管理，他们可能比公司人力资源部更专业，也更具有权威性。要说明的是，无论采取综合的解决方法，还是外包人力资源中特定的一些业务，与专业的人力资源机构建立一种稳固的关系是很重要的，公司需要与这些机构建立一个良好的合作过程，而且相信他们能完成公司的任务和达到要求。

总之，面对未来的发展，企业将部分作业流程外包出去的趋势不会消失，也因此，人力派遣公司的市场发展，仍具相当的成长空间；趋势专家与人力资源学者也预测，人力外包与派遣服务将是21世纪人力资源策略管理上最重要的人力运用形态。然而，企业在寻求人力派遣公司的服务时，还是应该重视内部的人力资源培训，避免陷入技术无法提升的难题。

14. 自我管理

在新商业经济时代，以个体为主的行为将会愈来愈突出。市场经济为人的自由发展营造了空间，INTERNET为人际自由交往提供了便利。每一个网站就是一个领导者，每一个人就是一个领导者，每个人要靠他的智慧、知识、能力，通过他的网络施展他的影响力。网络时代为个人的发展提供了广阔的前景，比如，一个人有音乐或其他方面的天赋，他就可以将他的曲子或其他作品通过网络传遍全世界。另外虚拟团队中的每个人，完全要靠自己来管理。在家上班，领导、同事看不见你，办公室的制度管不了你，全靠自我管理。所以，自我管理又是人力资源管理的热点和难点。自我管理虽然只管一个人，但它却适用所有的人。自我管理与其他管理相比有什么特点、自我管理应包括哪些内容、有什么方法、不同的人自我管理有什么差别，等等，都需要我们去探讨。

管理发展的趋势将是人对自身的管理。

教材是学科发展成熟的结果。编写这套人力资源管理教材，并不表明我们在这个领域的研究造诣有多深，只是将我们在人力资源管理的教学中的体会写出来，便于学生学习，也便于与同行交流。在这套系列教材中，我们力求在人力资源管理的不同侧面既介绍基本理论，又反映学术前沿；更希望在准确把握人力资源发展趋势上有所贡献。

在编写过程中，吸收了国内外同行的研究成果，得到了武汉大学出版社的大力支持和帮助，在此，我们深表谢意。

关培兰

于珞珈山

前　　言

经济全球化发展和互联网等新技术的快速渗透，使企业所面对的经营竞争日趋激烈，为了谋求生存与发展，大量企业通过多种方式创新管理，寻求在激烈的竞争中保持优势。人力资源作为当今企业最为重要的核心资源，其管理是构建企业核心竞争力的关键，而职业生涯管理作为人力资源管理的重要内容，因其能够将企业发展战略和员工自我价值实现有机结合，引导员工在追求自我价值实现的同时，实现企业的经营和发展目标，正越来越受到组织和个人的关注。从个人角度看，当前快速发展变化的经营环境，正显著改变着组织和员工间的心理契约，为人们的职业生涯和生活带来了更大的不确定性，职业生涯规划与管理有助于员工在这种变迁中确定正确的职业生涯发展目标，促进个人潜力和职业能力的开发，在努力实现各个职业生涯阶段目标的同时，追求人生价值的自我实现，即能够通过职业规划和管理达到个人目标并获得内在发展需要。从企业角度看，职业生涯管理是企业为调动员工的工作积极性，为员工提供职业发展机会，能够促进员工持续性成长，同时帮助企业获取并维持竞争优势，实现企业的生产经营目标和企业的可持续发展。因此，职业生涯问题不仅仅是个人选择的问题，也是组织必须考虑的问题。现代职业生涯管理包含个人的自我职业生涯规划与组织职业生涯管理的双重任务。

本书全面系统地介绍了职业生涯规划与管理的理论体系、应用方法和技巧、近年来的发展成果和未来的发展趋势等内容，以便读者能够较好地掌握职业生涯规划与管理活动的基本规律、方法与技巧。本书在结构上力求做到系统、完整；在教学内容上坚持理论联系实际，深入浅出地阐述理论观点；在介绍新知识和新观点时，注重跟上时代的发展特色。本书每章开篇的学习目标介绍了本章需要掌握、理解和了解的知识点，引例部分和每章末尾的案例分析给读者提供了大量而丰富的实践素材，有助于读者理解理论知识，增强应用能力。

本书由叶晓倩负责全书的编撰、审阅和统稿，胡羚燕参与编写了第六章、第八章和第九章，朱炜参与编写了第七章。

在本书编写的过程中，编者参阅了国内外众多专家学者的著作和观点，因数量较多，不便一一列举，在此一并表示感谢！另外，还要特别感谢武汉大学出版社和编辑对本书的大力支持，使本书得以顺利出版。

由于编者水平有限，书中缺点和不足之处在所难免，敬请广大读者多提宝贵意见，以便再版时加以修正与订正。

叶晓倩

2018 年 3 月于珞珈山

目　录

第一章　职业生涯规划与管理概述

学习目标

~重点掌握职业的含义、职业的特征和职业的功能；

~掌握职业生涯规划的含义、意义及职业生涯规划的内容；

~理解职业生涯的含义、职业生涯的特征、影响职业生涯的因素；

~理解职业生涯与人生需求的关系；

~理解个人职业生涯管理的含义、意义和组织职业生涯管理的含义、意义；

~了解国际标准职业分类、国家标准职业分类和职业指导分类法；

~了解知识经济时代的职业生涯规划与管理的特征和发展变化。

【引例】

杨元庆：IT 跑道上的骏马

怀揣着金灿灿的硕士文凭，洋溢着青春气息的杨元庆走出大学校门时，正好碰上成立只有 4 年的联想第一次面向社会公开招聘员工，不出意外，在来自全国的500余个应聘者中，杨元庆的名字出现在 58 名被录用员工的名单之中。不过，与当时的许多年轻人一样，杨元庆最为醉心的事情就是出国留学，选择当时名不见经传的联想，杨元庆其实并没有长留于此的打算。来到联想后，作为研究生毕业的杨元庆被安排从事最基础的销售工作，对此杨元庆一度非常失落。不过，就像当初自己喜欢文学但又被动服从了父母的意愿而就读了计算机专业那样，稍作情绪调整后，杨元庆又一次被动地接受了选择。

履新的第一年，杨元庆几乎跑遍了全国所有省份，为尽快建立起新的代理系统，他打破惯例，把返款的时间由一年缩为一个季度。仅这一招，就让他稳住了两三百个代理商。功夫不负有心人。担纲 CAD 部门经理的第一年，联想 CAD 部门销售业绩增加了一倍。两年后，杨元庆离开 CAD 部门时，该部门的销售额从3000 万元增加到 3 亿元。为此，联想 CAD 部门多次获得惠普公司颁发的“全球最佳代理奖”。

伴随着联想市场征战经验的日益丰富，特别是全国销售网络的成型，柳传志决定进入电脑制造领域，生产自家的PC机。1994年3月，联想成立了微机事业部，但此时29岁的杨元庆已经做好了出国“深造”的准备，得知消息后，因美尼尔综合征住进医院的柳传志拔掉了正在输液的针管，急匆匆赶回公司找到了杨元庆，要求他放弃出国的念头，杨元庆为柳传志的真诚所打动，同意留了下来。2个月后，柳传志宣布了杨元庆出任微机事业部总经理的任命。

在微机事业部总经理的位置上浸淫一年之后，杨元庆就被提拔为联想集团助理总裁，次年晋升为高级副总裁，同时兼任联想电脑公司CEO，成为联想集团决策层的核心成员。此时，杨元庆挂帅的联想电脑公司除了连续两年保持了国内销量第一的位置外，还代表中国品牌首次进入亚太六强之列。及至千禧之年，柳传志将深蓝色的联想旗帜正式传递到作为联想电脑公司总裁杨元庆手上时，联想电脑不仅夺得了亚洲销量第一的显赫战绩，而且自有品牌产品延伸到计算机板卡、服务器、笔记本电脑、信息家电、数字助理设备、信息增值服务等几乎所有的信息前端设备及部件。联想在当时只有37岁的杨元庆操舵之下扬帆远航。

资料来源：改编自张锐．杨元庆：IT跑道上的骏马［J］．对外经贸实务，2014（6）．

职业是一个人安身立命之本、施展抱负之基、成就自我之根。从社会角度看，职业是劳动者获得的社会角色，劳动者为社会承担一定的义务和责任，并获得相应的报酬。从国民经济活动所需要的人力资源角度来看，职业是指不同性质、不同内容、不同形式、不同操作的专门劳动岗位。职业是指参与社会分工，用专业知识和技能创造物质或精神财富，获取合理报酬，丰富社会物质或精神生活的一项工作。

第一节　职业分析

一、职业的含义

职业随着社会分工而出现，是参与社会分工，利用专门的知识和技能，为社会创造物质财富和精神财富，获取合理报酬，作为物质生活来源，并满足精神需求的工作。但是对于职业的含义，不同的学者因其界定的角度、理论体系和派别的不同，理解不尽相同。比较有代表性的是社会学家和经济学家的看法。

1. 社会学角度的职业观

社会学家对于职业的看法首推美国社会学家泰勒（Lee Taylor）的观点，他在其《职业社会学》一书中指出："职业的社会学概念，可以解释为一套成为模式的与特殊工作经验有关的人群关系。这种成为模式的工作关系的结合，促进了职业结构的发展和职业意识形态的显现。"另外，美国社会学家塞尔兹（Selz）认为，职业是一个人为了不断取得个人收入而连续从事的具有市场价值的特殊活动，这种活动决定着从业者的社会地位。日本社会学家尾高邦雄认为，职业是某种一定的社会分工或社会角色的持续实现，因此包括工作、工作场所和地位。我国学者吴国存综合以上观点，将社会学的职业含义概括为以下4个方面的内容。

（1）职业首先是一种社会位置，个人取得这种位置的途径可能是通过社会资源的继承或获取。但是，职业不是继承性的，而是获得性的，是个人进入社会生产过程之后获得的。

（2）职业是已经成为模式并与专门工作相关的人群关系，或者说是已经成为模式的工作关系的结合，它是从事某种相同工作内容的职业群体。

（3）职业同权力密切相连。一种是拥有垄断权，每一种职业（群体）在社会分工中，都有自身的位置和作用，是他人对他们的依赖，对他们的需要，这就在一定程度上拥有了对他人的权力，而且总要维持这种权力，保持自身的垄断领域；另一种是经济收益权，任何一种职业（群体）凭其被他人所需要、所依赖而获得经济收入。

（4）职业是国家授予的。任何一种职业，必定为社会所承认，职业的存在有法律效应。所以，职业为国家授予和认可。

2. 经济学角度的职业观

日本劳动问题专家保谷六郎认为，职业是有劳动能力的人为了生活需要而发挥个人能力，向社会做出贡献的连续活动，并认为职业的特性包含五个方面：①经济性，从中取得收入；②技术性，发挥个人才能与专长；③伦理性，符合社会需要，为社会提供有用的服务；④社会性，依据分工承担社会的生产任务，履行公民义务；⑤连续性，所从事的劳动相对稳定，是非中断性的。

我国学者潘锦堂认为，职业是劳动者足够稳定地从事某项有酬工作而获得的劳动角色。从上述阐述可以看出，经济学上的职业概念更强调职业的经济特性。人们从事某种职业，必然要从中取得经济收入，而没有经济报酬的工作，即使其劳动活动较为稳固，也并非职业。

总之，职业是"参与社会分工，利用专门知识、技能为社会创造物质财富、精神财富，获取合理报酬作为物质生活来源，并满足精神需求的工作"，这强调了职业的个人与社会、知识技能与创造、创造与报酬、工作与生活四种关系①。

二、职业的特征

纵然社会学家和经济学家对职业概念的分析各有侧重，但是都涉及了职业的如下三个特征。

（1）经济特征。从个人角度看，人们从事特定的职业，必然从职业劳动中获得经济报酬，以满足自身生存和发展的需要，因此可以说，职业是个人获得经济收入的来源，是维持家庭生活的手段；从社会学角度看，职业的分工是构成社会经济制度运行的主体，职业劳动创造出社会财富，从而为社会的存在和发展奠定物质基础。

（2）社会特征。职业本身就是在社会岗位上为社会整体做贡献，社会整体也以全体成员的劳动成果作为积累而获得持续的发展和进步，这是一个资源在劳动者和社会整体之间流动的过程。社会学家据此认为，职业是人的一种"资源"，是一种社会关系。职业的社会性，也要求职业具有符合伦理的特征，也就是说，职业要符合社会的需要，为社会提供有用的，并且是符合社会肯定评价的服务。

（3）技术特征。任何一个职业岗位，都有相应的职责要求，而要完成职业岗位的职责要求，必须具有特定的知识和技能。职业的技术性，要求发挥个人的才能与专长。

三、职业的功能

个人是职业的主体，组织是个人职业活动的载体。组织的目标依赖于个体的职业活动来实现和完成，个体则通过职业活动对组织的存在和发展做出贡献。

（一）职业的个人功能

1. 职业的生存性功能

职业作为人们参与社会生活、从事社会活动、进行人生实践的最主要场所，从多方面决定了个人的特征和境遇。人的一生中大半时间是围绕职业而进行，而无职业者在社会生活方面则会受到影响。

2. 职业的经济性功能

职业是劳动者获得经济收入的主要来源，是维持自己生存所需和家庭生活

---

① 程社明．你的职业——职业生涯开发与管理．北京：改革出版社，1999.

的物质基础。因此，人们往往会追求更高收入的职业，这成为人们选择职业的主要标准。

3. 职业的价值实现功能

职业是人们实现自身价值的通道。职业不仅仅是谋生的手段，也是个人的存在意义和价值的证明。职业是人们获得非经济利益的主要通道，这种非经济利益包括名誉、地位、权力和各种便利等，从而使个人获得心理满足，达到“乐业”的境地。萨帕曾经将职业价值观或职业取向概括为15种类型：助人、美学、创造、智力刺激、独立、成就感、声望、管理、经济报酬、安全、环境优美、与上级的关系、社交、多样化、生活方式。

4. 职业的工具性功能

职业是人们发挥才能的手段。当职业能够使个人的某些才能得以发挥和发展，使个人的某些兴趣得到满足时，就成为促进劳动者个性发展的一种手段。

5. 职业的社会性功能

职业是个人为社会做出贡献的途径，是个人与社会关系的整合。一个人从事某种职业，就要进入社会劳动分工体系中参加活动。个人在这个体系中的活动结果，就是他（她）为社会做出的贡献。

职业生活使个人进入一种社会情境，从而使其在社会关系网络中担当一定的角色。个人在进入社会劳动分工体系参加活动的同时与他人建立了一定的业务关系，从而使人们建立了一定的社会关系，而自己所从事的某种职业种类和所具有的特定社会关系成为获得社会声望的来源。

（二）职业的社会功能

1. 职业的动力功能

职业发展是促进社会进步的推进器。职业的社会运动包括个人改善职业的向上流动、与社会经济结构相联系的职业结构变动、不同职业层级间的矛盾冲突及解决等，是社会发展与社会进步的动力。

人们为社会发展做出贡献，必须是通过在一个或几个职业岗位上的具体工作成效才能体现出来。这种贡献就是对社会分工的肯定与支持。如果没有职业和职业岗位，就没有人的主观能动性与社会发展相结合的载体，也不可能有社会的发展。

2. 职业的社会分层功能

职业是划分社会阶层的依据。尽管人们认为职业没有高低贵贱之分，但在社会上，人们还是会根据不同职业所需付出的体力和脑力的多少、工作复杂程度、工作条件、工作所需的教育资格、工作的收入水平、社会声望和在组织的权力结构中的位置等，对职业做出不同的评价。

3. 职业的调控和配置功能

职业状况是维持社会稳定的安全阀。从全社会来看，职业世界构成社会存在的基础之一，构成社会运行的一种具体方式，也构成社会成员的阶层划分与社会地位归属。职业涉及人们从事社会生活的动力，人的社会关系，社会矛盾和冲突，社会财富和利益的分配，人的价值观与整个社会风气，一个社会平等与效率选择。政府为公众创造职业岗位、促进“充分就业”的政策，从其功能的角度看，就是为了减少社会问题、达到社会控制的目的。实际上，政府在职业方面的种种政策和制度，都是为了达到各种社会目标。

从组织即各类用人单位的角度看，职业是其吸收社会人力资源的具体岗位，也是用人单位使用人力资源的具体方式。对用人单位来说，选拔和配置合格的员工是完成经营目标或工作任务的重要保障；选拔出色的技术人才和管理人才是在竞争中制胜的诀窍；用好人才、培养好人才，关心员工的个人发展，是增加凝聚力和提高经济效益的重要手段。

四、职业的类型

（一）国际标准职业分类

国际标准职业分类（International Standard Classification of Occupations, ISCO），是国际劳工组织（International Labour Organization, ILO）① 为给各国提供统一准则而制定的职业分类标准。联合国劳动领域的专业性组织 ILO，是一个以国际劳工标准处理有关劳工问题的联合国专门机构，于 20 世纪 40 年代末开始组织许多国家的有关专家和国际组织共同编制职业分类的工具书。

1958 年，国际劳工组织的工作机构——国际劳工局，颁布了第一部《国际标准职业分类》，该分类由三个层次组成，即大、中、小三类，使用三位编码系统，它成为各国编制职业分类的依据和各国间交流的标准。

1966 年的第 11 届国际劳工统计大会对这个临时性的职业分类进行了详细的讨论、补充和完善，形成了 ISCO-68，一共包含 8 个主要类别，83 个中类，284 个小类，1506 个职业类别。

1987 年 6 月第十四届国际劳工统计大会通过 ISCO-88，ISCO-88 被翻译成英语、西班牙语、法语三个版本，共包含有 10 个大类，28 个中类，116 个小类，390 个细类。它的变化在于分类的根本性原则和概念更加清晰和具体；以技能水平和专业技能作为归类的依据。

2007 年 12 月国际劳工统计大会通过了新的职业分类，即 ISCO-08。国际

---

① http：//www. ilo. org/global/lang--en/index. htm.

劳工组织修订国际职业分类的依据有两方面，一是各国遇到的问题，二是经济发展带来的工种变化。本次国际劳工大会的主要任务是颁布一个英、法、西班牙语的索引：制定相关的工作手册和培训材料，方便各个国家和地区对ISCO-08的应用；能够将ISCO-08作为发展中国家的技术咨询，确保ISCO-08得到切实和有效的应用。《国际标准职业分类（2008）》包含10个大类，43个中类，133个小类。ISCO-08大类各项参见表1-1所示。

表1-1 **ISCO-08大类各项**

职业大类	包含项	职业大类	包含项
1	管理者	2	专业人员
3	技术和辅助专业人员	4	办事人员
5	服务与销售人员	6	农业、林业和渔业技工
7	工艺与相关行业工	8	工厂、机械操作与装配工
9	初级职业	10	武装军人职业

（二）国家标准职业分类

1. 国外的国家职业分类标准

许多国家的政府组织本国的有关部门和专家学者编制本国的职业分类标准。但是不同国家的经济社会条件不同，又有不同的管理需要，因此，其国家职业分类标准就有所不同。

加拿大组织300个专家经过7年时间编制的《加拿大职业分类词典》于1971年出版，包含7000多个职业名称词条，其职业词条的内容包括：定义和职责、考核和提升要求、从业者必须具备的各方面条件和素质等。

美国劳工部的职业分类目录也是具有较大影响的实用性职业分类标准。

2. 中国的国家职业分类标准

20世纪80年代初，为清查全国从业人口的职业构成，为合理分配、使用和培训劳动力，参考ISCO-68，我国首次制定《职业分类》，该标准主要为第三次人口普查使用，将职业分为大、中、小三层，8个大类、64个中类、301个小类。

根据第三次人口普查情况，并考虑我国当时的职业分布情况，以及国内的职业变化，1986年我国正式批准颁布《职业分类与代码》国家标准，用于第四次人口普查。本次标准与上一版相比差别不大。大类完全相同为8个，中类减少一个为63个，小类增加两个为303个。

20 世纪 90 年代，随着我国经济的发展，科技进步以及产业结构调整，新兴职业不断产生，旧标准已不适用我国国情。1999 年，参照 ISCO-88，相关人员对之前的标准进行修订，分为 8 个大类，65 个中类，410 个小类。

中国目前采用的是《中华人民共和国职业分类大典》（1999 年正式颁布，2015 年修订）。“大典”详细解释了大类的内容，包括大类编码、名称、概述，以及中类编码和名称；中类的内容，包括中类编码、中类名称、中类概述以及所包含小类的编码及名称；每一小类的内容，包括小类编码、名称及描述细类职业的内容，以及职业编码、名称、定义、描述及归入本职业的工种名称等。

中国职业分类体系体现了职业类别由粗到细的划分。细类是职业分类体系中最小也是最基本的类别，也就是我们平时所说的职业。《中华人民共和国职业分类大典》将我国的职业划分为 8 个大类、66 个中类、413 个小类、1838 个职业。

（三）部门工作标准法

政府的不同部门进行职业方面的管理内容不同、角度不同，因而也有着特定的职业分类。政府人力资源和社会保障部门从就业、劳动管理、职业技能的角度进行分类；政府教育部门从学校专业设置和学生职业选择的角度进行分类。如，人力资源和社会保障部门制定了工人类别的“工种目录”；政府教育部门的学科分类、专业设置与职业分类也有着相当紧密的关系，如机械专业、财务会计专业、文秘专业和计算机专业等。

（四）职业指导分类法

（1）霍兰德分类法。此方法把职业分为现实型（技能型）、研究型、艺术型、社会型、企业型（领导型）和常规型（传统型）6 种。这是一种非常重要且应用普遍的分类方法。

（2）兴趣分类法。此方法与人的活动兴趣相联系，把职业划分为户外型、机械型、计算型、科研型、说服型、艺术型、文学型、音乐型、服务型和文秘型 10 种。

（3）教育学科分类法。此方法把专业大类分为人文学科、社会学科、理科、工科、农学、医科、家政、教育、艺术和体育 10 种。

（4）DPT 分类法。此方法把职业分为与资料打交道为主的工作（D）、与人打交道为主的工作（P），以及与事物打交道为主的工作（T）3 种。有的学者还增加了“思维性工作”（I）的内容，使这一方法成为 DPTI 分类法。

五、职业的发展与变化趋势

职业的产生和发展是社会进步的反映，职业不是伴随着人类社会的形成而产生的，而是社会劳动分工的必然产物，并随着社会劳动分工的深化而发生改变。其中，职业产生的基础是社会分工，社会分工、经济发展和社会进步对职业发展有着巨大的影响。社会、经济的发展将会导致职业的要求不断更新，永久性的职业越来越少，专业化的职业教育要求越来越重要。

第二节 职业生涯分析

一、职业生涯的含义

职业生涯（career）概念的发展经历了几个阶段，从20世纪50年代末60年代初的与职业概念混用，突出事业、区别生活的含义到20世纪60年代至70年代中期的“变化的职业”的含义。20世纪70年代后期，在西方不仅强调职业生涯过程，还主张将职业生活与其他生活如休闲、退休等发展统一起来，故取人生、生涯之意，持这种观点的代表人物有萨帕（Super）和施恩（Schein）。而亚瑟（Arthur）等将职业生涯定义为一个人随着时间变化而呈现出来的工作履历，强调了同时间的相关性。中国台湾学者林幸台指出，职业生涯包括个人一生中所从事的工作，以及担任的职务和角色，同时也涉及其他非工作或非职业的活动，即个人生活中衣食住行各方面的活动与经验。对职业生涯的各种解释反映了不同时代人们的理解，这种理解是建立在其所处时代人们的职业发展实践特征基础之上的。

二、职业生涯的特征

1. 独特性

每个人的生涯发展是独一无二的，都有自己的职业发展条件，有自己的职业理想和自己的职业选择权，并为实现自己的职业目标做出种种努力，从而有着与他人不一样的、独特的生涯历程。

2. 发展性

每个人的职业生涯都是一种发展、演进的动态过程。就整体而言，职业生涯是一个具有逻辑性的过程。

3. 阶段性

每个人的职业生涯发展过程有着不同的阶段，可以分为不同的职业发展时期。个体在不同的生涯阶段有着不同的目标和任务，一般而言，职业生涯各个阶段之间具有递进性。组织应该就员工职业生涯各个阶段的发展特征，进行有针对性的开发与管理，最大限度地调动员工的工作积极性。

4. 互动性

个体的职业生涯是个人与他人、个人与环境、个人与组织、个人与社会之间互动的结果。个人的职业发展离不开家庭、组织、社会各种因素和条件的相互影响。

5. 整合性

个人所从事的工作或职业往往会决定其生活形态，与其家庭和生活的各个阶段紧密相连。职业与生活两者之间很难区别，因此经职业生涯具有整合性，涵盖人生整体发展的各个层面，并不局限于工作或职位。

三、影响职业生涯的因素

（一）个人因素

个人的兴趣、爱好、价值观、需求及就业动机之间存在差异，不同的人会选择不同的职业，甚至相同职业的人们也会根据个人的爱好选择适宜自身的发展路径。

1. 兴趣

职业兴趣是指人们对某类专业或工作所抱的积极态度。不同的人对于同一职业可能抱积极的态度，或者抱消极的态度，或者抱无所谓的态度。

2. 个性

人的个性、需求与心理动机也会制约员工的职业发展。美国心理学家霍兰德（Holland）对性格特征与职业选择的关系进行研究后发现不同性格的人在职业选择上具有明显的差异。由于每个人价值观不同，同样的工作、同样的职业对于不同的人有着不同的价值，同一个人对不同的职业有着不同的态度和选择，人们在就业时出于对不同职业的评价和价值取向，要从社会众多的职业中选择其一；就业以后也要从若干种个人发展机会中进一步做出职业生涯的调整，从而使自己找到好的归宿，获得他人与社会的认同，取得成功。而且，一个人的性格影响着一个人对职业的适应性：一定的性格适合于从事一定的职业；同时，不同的职业对人有不同的性格要求。

3. 能力

员工的能力水平存在差异，主要体现在三个方面：类型差异、水平差异和成熟早晚的差异。

4. 知识技能

员工知识技能的培养主要依靠教育和培训。在很多情况下，如果员工拥有较强的知识技能，那么他/她对职业发展和成功的欲望就越强；同时，劳动力市场也更认同这样的员工。因此，其职业发展具有较多的选择。

5. 职业发展愿望

职业发展愿望代表着个人愿意从事何种职业。如果一个人对某一种职业产生兴趣，就会迸发出强大的行为动力，推动着他/她去挖掘自身的潜能，就能极大提高自身的工作效率。

(二) 家庭因素

员工成长的家庭环境影响他们的价值观、行为模式、知识技能和职业理想等，继而影响他们的职业选择和职业发展。员工成人后的家庭情况，如员工是否结婚、抚养的人数多少、承担的经济负担等，对其职业生涯也有影响。

家庭是人生活的重要场所，一个人的家庭也是造就其素质甚至会影响其个人职业生涯的主要因素之一。人的社会化，从出生的那一刻起就已开始。一个人在幼年时期，就开始受到家庭的深刻影响，长期的潜移默化的结果对个体一生的价值观和行为模式都有影响。有教育专家认为，“家长是孩子做人的第一任老师，家庭是孩子生活的第一所学校”。

(三) 教育因素

教育是赋予个人才能、塑造个人人格、促进个人发展的必不可少的方式和途径。它奠定了一个人的基本素质，对个人的职业生涯有巨大影响。

首先，在进行个人职业选择时，具有不同教育程度的人，其具有的能量也不同。从接受教育的程度来看，受教育水平越高，劳动能力就越强。一般情况下，一个人接受的教育水平越高，其职业生涯就越成功。

其次，人们的专业、职业种类对其的职业生涯有决定性影响，往往成为其整个职业生涯或职业生涯前半部分的职业类别。即使人们转换职业，也往往与其所学的专业有一定联系，或者以其所学的专业理论、知识、技能为基础，流动到更高的职业岗位上去。

最后，员工所学的专业不同、毕业的院校不同、接受的教育程度不同，常常会影响员工的能力、态度和价值观等，从而影响其职业选择和职业生涯的发展。

(四) 组织因素

组织文化影响和塑造着员工的基本信念、价值标准和行为方式；组织结构的类型决定了员工职业生涯纵向或横向发展的空间；领导者的素质和价值观决定了组织的文化和管理风格，进而影响员工的职业发展；同事和上级的支持与帮助有助于员工快速成长并取得成功。总之，员工职业生涯目标能否实现以及实现程度，主要取决于员工的个人素质和组织因素。

作为组织成员，个人的成长发展无法脱离组织提供的环境条件。职业生涯虽由个人选择决定，但是在组织提供的环境条件中实现的。组织为个人提供工作岗位、工作条件和培训开发机会，以及相应的工作评价和工资报酬等，组织为个人职业生涯发展提供了平台。在不同组织中，成员将会获得不同的发展机会，同时，个人的发展也构成了组织整体的发展。

（五）社会因素

社会关系网络为人们提供机会，个人的成长和发展在较大程度上由社会关系网络决定。虽然社会阶层深深地影响着个人的职业生涯，但是阶层界限并非牢不可破。它不但有变动的可能，而且变动也是被人接受的。经济发展水平对职业生涯发展有影响。在经济发展水平高的地区，企业相对集中，优秀企业也就比较多，个人职业选择的机会就比较多，因而有利于个人职业的发展；反之，在经济落后的地区，个人职业选择的机会相对较少，职业生涯发展会受到一定程度的限制。另外，社会文化环境和国家方针政策、制度等也会影响着就业机会和职业发展。社会文化与习俗影响着员工的价值取向和职业观念；就业政策和制度影响着员工的职业选择和职业行为。

四、职业生涯与人生需求

一个人的职业生涯是从20~25岁开始，到60岁左右结束，所以从事职业活动的时间是35~40年，占个人生命历程的46%~55%（以平均寿命75.5岁为基数），因此，可以说人一生的大部分时间是在职业生涯中度过的。从马斯洛的需要层次论我们知道，生理需要、安全需要是低级需要，而社会需要、尊重需要和自我实现需要是高级需要。人的需要一般是从低级向高级发展，当较低层级需要得到满足后，人们进一步会看重高层级需要的满足。根据美国管理学家霍奇茨（R. M. Hodgetts）的调查，美国人口中约有20%的人处于基本生理和安全的需要层次，约有30%的人处在社会需要的层次上，只有不到50%的人处在尊重和自我实现这两个高层次需要上。人生的大部分需要是通过职业生涯来满足的，只不过在不同的职业生涯阶段，人生需要的侧重点各有不同。刚参加工作时，人们可能主要看重物质生活需要的满足，随着较低一级需要的满足，会不断提高自己对需要的满足级别，更希望获得他人的肯定、尊重，获得荣誉、地位，发挥自我才干，实现人生理想，而这一切的获得都离不开职业生涯这一平台。

第三节　职业生涯规划概述

一、职业生涯规划的含义

从个体角度来说，职业生涯规划是个人制定职业目标，确定实现目标的手段的不断发展的过程。

从组织和个体的共同角度说，职业生涯规划是组织和员工个人的职业对职业生涯进行设计、执行、评估和反馈的全过程。需要通过员工和组织的共同努力与合作，使员工个人的职业生涯目标与组织发展目标相协调，即员工要做职业生涯自我规划，同时组织需要帮助员工制定生涯规划，并提供必要的教育、训练、提升等机会，促进组织和员工生涯目标的实现。

职业生涯规划究竟要做什么呢？按照德鲁克（P. F. Drucker）的思想，职业生涯规划是立足于目前的自我状态系统进行决策，尽可能地了解这些职业发展决策的未来状况；系统地组织执行这些职业决策所需进行的一系列“努力”；通过有组织的、系统地反馈，对照预期职业目标来衡量这些职业决策的效果。

> 我们生活的这个时代充满着前所未有的机会：如果你有雄心，又不乏智慧，那么不管你从何处起步，你都可以沿着自己所选择的道路登上事业的顶峰。
>
> ——德鲁克

二、职业生涯规划的意义

职业生涯规划是一个过程而并非是结果。个体由于年龄阶段的不同，其发展的职业目标、志向以及职业追求等都会有所不同。甚至有的个体在同一年龄段，由于其所在的组织环境、家庭环境、个人职责等的不同，其职业发展也会有所改变。职业生涯规划的意义具体表现在以下几个方面。

首先，个体在进入组织前进行职业生涯规划时，是希望通过对自我认知、环境认知等来了解自我的发展方向和前景。因此职业生涯规划可以帮助个体认识到自我努力和实现自我职业生涯的方向。

其次，个体在进入组织后，站在个体的角度来说，职业生涯的规划主要是为获得组织内部的信息（例如组织的企业文化、价值观、部门设置、岗位要求、晋升途径等信息），从而调整自己的职业生涯规划，以期与组织目标、前景相匹配，从而最大化地实现自我和组织的共同发展。站在组织的角度来说，组织应该引导和帮助员工进行职业生涯规划和发展。一方面，组织应该尽量提供员工需要的信息，帮助员工找到自我发展的方向，这样可以有效地激励员工、开发员工最大的技能和潜能。另一方面，组织应该在帮助员工进行职业生涯规划的时候，将组织目标与员工发展相结合，让员工明白组织的发展方向，让员工在个人发展与组织发展中取得平衡，实现组织与个体的双赢。

因此，无论是从组织的角度还是个体的角度来说，职业生涯规划都会对目标起到促进作用，有助于开发人的技能和潜能。

三、职业生涯规划的内容

在社会发展相对稳定的时期，人们的职业相对比较固定，职业生涯的规划与工作选择基本上是等同的，职位提升与级别薪资达到的水平是衡量个体职业生涯成功的标准。随着社会的发展，经济格局的变化，职业生涯规划的内容也发生了巨大的变化。现在，职业生涯规划的内容主要包括认知、规划、管理、实现四个方面（见图 1-1）。职业生涯规划的认知包括自我认知和社会认知；规划是指确定职业志向，做出职业选择，然后选择出职业生涯路线的选择，设定职业生涯目标，确定行动计划与措施；管理是指个体对自己职业生涯规划设计时实施过程的管理；实现则是将职业生涯规划设计路线付诸具体实践，以期实现职业生涯目标。

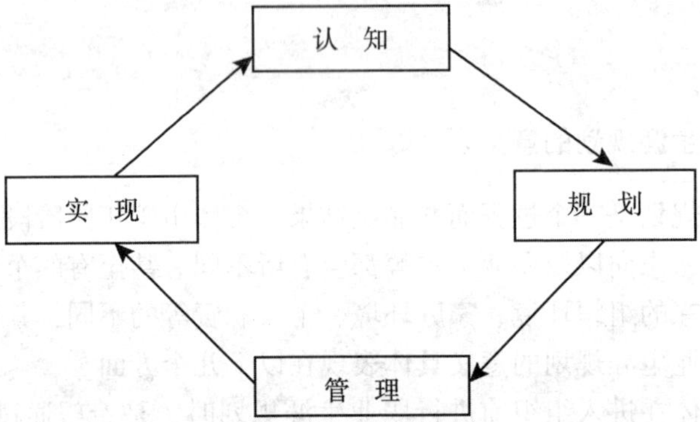

图 1-1 职业生涯规划的内容

职业生涯的规划与设计主要是对职业发展的一种预期，个体通过对自我发展道路的设想和规划；组织通过帮助职业生涯管理来让员工有更好的发展前景，使组织和个体均达到利益最大化，实现双赢。

因此，站在个体的角度来说，职业生涯规划是个体入职前，结合自身特质与环境评估，做出的职业目标、职业生涯路线选择；个体在成功入职后，结合企业与行业的发展，对自我职业生涯的管理、反馈和评估的过程。站在企业的角度来说，职业生涯规划则是企业为留住人才而结合员工的职业目标、发展前景对员工职业生涯发展所做出的规划和设计。

第四节　职业生涯管理概述

一、职业生涯管理

职业生涯管理是指组织和员工对组织及员工个人的职业生涯进行设计、规划、执行、评估、反馈和修正的综合性过程，是组织提供的用于帮助组织内正从事某类职业员工的行为过程。职业生涯管理主要包括两类：个人职业生涯管理和组织职业生涯管理。

1. 个人职业生涯管理

从员工个人角度来说，职业生涯管理是一个人对自己所要从事的职业、要进入的工作组织、在职业发展上要达到的高度等做出规划和设计，并为实现自己的职业目标而积累知识、开发技能的过程。它一般通过选择职业、工作组织、工作岗位，在工作中技能得到提高、职位得到晋升、才干得到发挥等来实现。员工本人参与职业生涯管理可以增强对工作环境的把握能力和对工作困难的控制能力。既能使员工了解自身的长处和短处，养成对环境和工作目标进行分析的习惯，又可以使员工合理计划、分配时间和精力完成任务、提高技能；有利于个人完善职业生活，处理好职业生活和其他生活的关系；良好的职业计划和职业管理可以帮助个人从更高的角度看待工作中的各种问题和选择，它更能考虑职业生活同个人追求、家庭目标等其他生活目标的平衡，避免顾此失彼、两面为难的困境。

2. 组织职业生涯管理

从组织的角度对员工的职业生涯进行管理，集中表现为帮助员工制订职业生涯规划，建立各种适合员工发展的职业通道、针对员工职业发展的需求进行适时的培训，给予员工必要的职业指导，促使员工职业生涯的成功。

在知识经济时代，知识已经成为社会的主体，而掌握和创造这些知识的就是“人”，因此企业更应注重人的智慧、技艺、能力的提高与全面发展。如果离开“人”的合理配置，企业资源的合理配置就是一句空话。职业生涯管理能充分调动人的内在积极性，更好地实现企业组织目标，真正了解员工在个人发展上想要什么，协调其制订规划，帮助其实现职业生涯规划目标，这样才能激起员工为企业服务的热情，更好地实现企业组织的目标。而且，经营成功的企业，其成功的根本是拥有高质量的管理者和高质量的员工。通过职业生涯管理努力提供员工施展才能的舞台，充分体现员工的自我价值，既是留住人才、凝聚人才的根本保证，也是企业长盛不衰的组织保证。

二、职业生涯管理的意义

（一）个人职业生涯管理的意义

在社会不断发展的过程中，个人需要更新观念、选择岗位、改变个人的行为方式以适应岗位的要求，职业生涯管理对个人而言日益重要。对员工个人来说，参与职业生涯管理的意义有以下几点。

1. 更好地明确职业发展目标

通过职业生涯管理能使员工了解自身的长处和短处，更清楚地认识自己的职业发展需要和动机，结合外界环境，明确个人的职业发展目标，从而选择适当的职业发展方向和路径，获得职业生涯的成功。

2. 处理好工作与家庭的关系

人是社会人，除了工作需要之外，还有社会生活的需要。个人职业生涯发展的每一个阶段都与家庭关系密切相关，家庭成员的行为、观念将直接影响个人工作的绩效和职业的发展。有效的职业管理，能使职业生活富有成效，更能平衡职业生活同个人追求、家庭目标的关系，提高人们的工作生活质量。

3. 实现自我价值的提升

实现自我价值是职业生涯成功的最高境界。职业生涯管理可以借助各种有利条件，结合个人特长，选择最为有利的方式，最大限度地开发个人的潜力，调动个人的积极性，以满足个人当前的成长需要，并产生新的追求，在不断提升自我和超越自我的行动中实现自我价值。

（二）组织职业生涯管理的意义

人力资源是一种可以不断开发并不断增值的增量资源，从企业角度来说，职业生涯管理是企业资源合理配置的重要问题。企业想要创造更多的经济效益、保持竞争优势、适应外界环境变化，就必须不断提高员工的自身素质和业务技能，并调动员工的积极性。

1. 有利于人力资源的合理配置

人力资源是组织的核心资源，人力资源管理的基本任务之一就是关注员工职业生涯的发展，给员工提供发展的机会和创造发展的空间。组织通常会采用招聘录用、培训开发、职业生涯规划、工作-家庭平衡等活动优化人力资源的配置，获得高效的人力资源产出，形成自己的核心竞争能力。

2. 调动员工积极性，实现组织成长

组织职业生涯管理的目的是帮助员工提高各个需要层次的满意度。如果员工的需要得不到满足，会影响到其工作积极性和工作成效，最终影响到组织的部门绩效。组织帮助员工进行职业生涯管理，在满足员工个体需要的同时，也能获得组织需要的发展动力和活力，确保组织目标的实现，从而实现个体和组织的双赢。

3. 有利于加强组织的文化建设

良好的组织文化氛围会让员工更加关心组织的发展，调动其工作热情，取得良好的工作业绩，提高其对组织的忠诚度。职业生涯管理对员工来讲是一种特殊的激励形式，对企业制度的创建和员工的行为规范，以及企业核心价值观的形成都会产生积极的影响，同时还会增强员工的主人翁意识。管理好员工的职业生涯，可以保证员工队伍相对的稳定性，这也是企业文化建设所关心的问题。

三、知识经济时代的职业生涯规划与管理

知识经济时代的发展变革，对组织、员工发展和整个社会的经济与社会运行产生了深刻的影响，职业生涯发展作为个体实现职业愿望的主要体现无疑会受到时代发展中的多种因素的影响。

（一）新的特征

（1）组织结构扁平化。传统的科层制组织是一种等级明显、反应速度较慢的组织结构，显然，组织结构的简单化和科层等级的弱化，成为新环境下组织发展的必然要求。扁平化组织正是顺应这一要求的新的组织形式：中间层次减少后的组织结构变得灵活敏捷，有助于提高组织的效率和效能。但是组织结构的这一变化打破了传统组织中的员工晋升通道，对员工职业生涯规划的实现途径和衡量职业成功的标准等都赋予了新的含义。

（2）组织模式的边界模糊化。知识经济条件下的组织更容易超越空间约束，边界变得模糊，可以依靠网络手段实现统一指挥，各组成部分在充分信任和相互合作的基础上，以市场为导向，发挥各自的核心优势。在虚拟组织中，员工的职业生涯必将存在越来越多的不确定性，传统意义上的职业生涯受到限制，为了适应未来发展变革的要求，员工需要依靠更扎实、多样化的专业性训练，培养多种技能，这在一定程度上将影响其职业生涯规划的决策和发展轨迹。

（3）知识管理成为组织管理的有效手段。知识经济时代的显著特征之一是知识管理成为组织管理的有效手段，从而为职业生涯规划的内容及规划策略的实现增加了显著不同于工业经济时代的方式和方法。基于知识管理的职业生涯规划着重于满足知识型员工的内在需求，通过知识与技能的提升和组织对员工知识与技能的持续投资来增加员工的人力资本存量，帮助其建立合理的知识结构。同时，通过知识管理的沟通分享机制，建立开放和信任的组织内部运行

环境，为员工职业生涯规划的顺利实现创造良好的内部环境。

（二）发展变化

（1）职业生涯含义的界定。传统职业生涯强调职业生涯的外在性，主要是从个人在职位、职称和薪酬等易显的角度来定义职业生涯的发展，而忽视了其主观性或内在性，即忽视了个人在职业生涯中的需求、理想和愿望的实现；过于从获得社会认可的地位来看待职业生涯的发展，忽视了个体尤其看重的目标实现；过于强调个人主义特征，而忽视了个人职业生涯成功与个人所处的工作团队的关系。

（2）组织职业生涯与个人职业生涯研究的急需融合，既要研究个体角度的职业生涯选择、教育和咨询问题，又要研究组织角度的职业生涯开发问题，个人和环境的一致性尤其要加以强调，否则便不能给实践者应有的指导。

总之，知识经济时代的社会发展需要人的极大发展与能力提升，知识经济扬弃了那种局限于人的短期发展利益的狭隘发展观，需要全社会从长远的职业生涯规划来保证人的长远发展利益。所以，人的发展是知识经济时代的价值尺度和核心要义的理念，是社会发展观念的根本性变革，换言之，组织追求经济利益的行为只是作为实现组织和个人发展的手段和措施，而非组织的终极目标，最终的结果是整个社会的不断发展与进步。职业生涯发展是员工个人发展的外在表现之一，因此，知识经济时代的职业生涯规划担负着结合社会、组织和员工个人发展的重任，必须以人的发展为根本宗旨和指导思想，其实质是以实现人的发展而带动组织的发展，进而带动整个社会的发展，从而需要在动态中寻求三方利益的最佳契合点。

本章小结

（1）职业是一个人为了生活所需而利用自己所学的知识和技能，从事一种可以为社会创造经济价值、精神价值，并从中获取报酬的活动。它具有经济特征、社会特征和技术特征。

（2）职业生涯规划是站在组织和个体的角度，对影响个人职业发展的各方面因素进行综合分析、归纳、总结，明确个体的职业目标，并选择实现这一职业目标，编制相应的行动计划。

（3）职业生涯管理是指组织和员工对组织及员工个人的职业生涯进行设计、规划、执行、评估、反馈和修正的综合性过程，是组织提供的用于帮助组织内正从事某类职业员工的行为过程。从个人的角度来理解，职业生涯管理是一个人对自己所要从事的职业、要进入的工作组织、在职业发展上要达到的高度等做出规划和设计，并为实现自己的职业目标而积累知识、开发技能的过程，它一般通过选择职业、工作组织、工作岗位，在工作中技能得到提高、职位得到晋升、才干得到发挥等来实现。从组织的角度对员工的职业生涯进行管理，集中表现为帮助员工制订职业生涯规划，建立各种适合员工发展的职业通道、针对员工职业发展的需求进行适时的培训，给予员工必要的职业指导、促使员工获得职业生涯的成功。

（4）知识经济时代的组织结构扁平化、组织模式的边界模糊化以及知识管理成为组织管理的有效手段，使职业生涯规划与管理具有了新的特征。

复习思考题

（1）什么是职业？不同时代的职业特征有何区别？

（2）如何理解职业生涯规划与管理的含义？

（3）如何理解职业生涯规划与管理的意义？

（4）知识经济时代对职业生涯规划与管理提出了哪些新的要求？

案例分析

21世纪的的人才需求

苹果公司需要的人才

你是一个想要改变世界的人吗？

苹果需要的，是从不安于现状，永远以批判的眼光看待现实的人。如果你对于存在的问题不够敏锐，或者没有那么大的动力去做出改变，那么你可能离进入苹果公司的梦想有所差距。你需要有一双犀利的双眼，能够发现现实中存在的问题，并随时精力充沛，做好解决问题的准备。

你是一个有激情的人吗？

想要改变世界，当然需要激情，老气横秋的心态并不适合这里。苹果希望你是一个有朝气的人，绝不只是按部就班地完成工作，你应该发自内心地热爱你所做的事，对世界充满好奇心。

你是一个有创新能力的人吗？

创新一词，说起来容易，做起来却不易。在这个科技发展迅速的时代，你稍不留神就有可能被淘汰。若没有持续的创新，也许苹果就会成为下一个诺基亚。苹果希望你善于跳出固有的思维框架，脑海里充满奇思妙想。

你是一个灵活应变的人吗？

在环境、技术、人都不断变化的时候，能够随时保持灵活、积极的心态迎接改变。

资料来源：http：//www.eic.org.cn/News/Detail/083LT4-A6kCkwrVBGQ15QA.

华为对员工的要求

重在参与，敢于向自己挑战。任正非告诫员工，做一件事无论是否成功，你都要找到自己的那份感觉。只要你参与并与之拼搏过，你就是成功了，“胜负无定数，敢搏成七分”。

重视向别人学习，取长补短。任正非说，做人要积极吸收别人的优点，对伙伴则应积极指出他的缺点。别人指出你的缺点，批评你的缺点实际上是在帮助你，希望你进步，如果你把这种帮助也放弃了，那就太亏了。

善于归纳总结。任正非与员工座谈时说，现在给你一把丝线，你是不能把鱼给抓住的。你一定要将这把丝线结成网，这种网就有一个个网点。人生就是通过不断地总结，形成一个一个的网点，进而结成一个大网。如果你不善于归纳总结，就会像猴子掰玉米一样，掰一个，丢一个，你将没有一点收获。大家平时要多记笔记、写总结，不想进步的人肯定就不会这么做。不进步还不安分，牢骚怪话满腹，这样的人我们不接受。如果你不善于归纳总结，你就不能前进。

实事求是地做职业生涯设计。实事求是，要结合自己的专长和专业设计自己的职业生涯。

培养专家，不要“万能将军”。要求每一个人要对自己从事的一行热爱、精通、超越，在条件许可、精力充沛的情况下，可以多了解一些与工作相关的周边的其他业务的运作状况与技能。华为强调，没有基层工作经验的人不能提拔，学历只是选拔干部的参考因素，主要依据实际才干选拔干部。

宽容好心犯错的员工。任正非认为，员工都是在犯错中成长，对于由于经验不足犯错的员工要宽容，鼓励大家改进工作。

员工要热爱工作，提倡“干一行爱一行”。希望员工热爱工作，认真地做好每一件事，不管是大事还是小事。目光要远大，胸怀要开阔，要富有责任心，不计较个人的得失。华为允许员工适当地挑选工作岗位，但不鼓励员工频繁地更换工作岗位。鼓励员工“干一行爱一行”，在干的过程中逐步产生兴趣，最终成长为专家。

员工要长期坚持自我批判。任正非认为，青年人要长期具有自我批判精神。一个人只有坚持自我批判，才能不断进步。在公司内部，一定要打掉好面子的思想。

不要有“打工仔”心态。希望员工不要认为“这公司跟我没关系，我就是打工的”。如果总以这种“打工仔”观念来想问题，就没有跟公司建立起一种生死与共的命运观念。华为号召员工学习他人那种一丝不苟、踏踏实实的实干精神。

加强自我培训，超越自我。接受培训是重要的，但自我培训更重要。要真正想成为一个高级人员，就要自己培训自己，只有自我培训才能实现超越。

给敬业的员工更多的机会。认真负责和管理有效的员工是华为最大的财富。尊重知识、尊重个性、集体奋斗的员工，是事业可持续成长的内在要求。华为希望每一个员工都要立足本职，有所作为。那些一心想做大事而本职工作做不好的员工要下岗。要给那些敬业的员工更多的成长和发展机会。

茶壶里倒不出的饺子等于没饺子。华为不以学历、知识作为确定收入的标准，而是以贡献和业绩评定薪酬。有知识没业绩就好比茶壶里有饺子但是没倒出来，没倒出来就等于实际上没有饺子。

资料来源：http：//www. yixieshi. com/63978. html.

海尔的人才观

1. 海尔的用人机制

在张瑞敏看来，“员工创客化”是一场深刻的变革。员工定位要从原来的岗位执行人转变为拥有“三权”的创业者。“过去企业讲放权、分权，现在我们把权力都给你。”张瑞敏说，第一是决策权，第二是用人权，第三是分配权。比如，“雷神”的三个小伙子就发现了市场的难点：用户市场上对“游戏本”的意见特别多，多达几万条，但没有很好的产品满足需求。三个小伙子根据用户的需求倒逼硬件的开发迭代，最后迅速在产业里做到名列前茅。

目前，海尔已形成了三个关键的用“人”机制：一是开放，即用“人”不仅仅是用内部在册的员工，而是搭建一个开放的平台，整合全球的人力资源到这个平台上，做到所有“人”为我所用；二是“抢入”，即所有“人”都要“竞单上岗”，要说明你为什么能做、路径是什么、团队在哪里等，这是一个竞“单”的过程；三是形成常态化的“官兵互选”机制，即一个团队中如果出现绩效波动，就会马上启动“官兵互选”，无论是团队领导还是员工，影响绩效的人都会被淘汰。

2. 海尔的“创客薪酬”

现在，海尔组织架构中只有三种人：平台主、小微主、小微成员。海尔过去经由IBM帮助做了“宽带岗级薪酬”，把整个薪酬定为十级，但却不可能把大家的积极性充分发挥出来。此次改革中，海尔将薪酬制改为“两维点阵表”：横轴基本上是和一般企业一样，称为“企业价值”，就是市场成果。纵轴上是用户，称为“网络价值”，网络的规模就是网络的节点和网络连接用户的数量。“用户付薪平台体现了转型的决心。”张瑞敏分析说，用户付薪平台是指创客的薪酬由用户说了算。从企业付薪到用户付薪，是挑战更是机遇。“创客薪酬”就是根据达到的目标就可以拿到相应的薪酬，包括两种：一种叫“超利分享”，超过的利润可以分享；再一种就是加入一定的股份，按照股份来分配。

资料来源：改编自 冯蕾，刘艳杰．大企业如何孵化“创客”［N］．光明日报，2015-10-29（013）．

阿里巴巴的人才观

1. 马云看招聘

阿里巴巴 2002 年才 500 人，2004、2005 年开始快速增长，销售人员比例也在不断增长。2006 年和 2007 年的 15000 人中大部分是销售人员，那时候阿里是典型的销售型公司。之后淘宝体系的人慢慢多起来，2011 年之后，招聘的步伐开始减慢，不是自动减慢，而是马云有意减少人员。

2012 年，我们招聘计划是 2000 人，被马云砍了，说今年最多招 500 人。到 2014 年，仅仅招了 200 人。到了 2015 年，马云直接规定公司员工走一个才可以增加一个，若不走人就不招人。并强调千金易得，一将难求，不能把招人的权利随意下放给项目经理和 HR。马云当年反复强调招人的权利，这个人是否能进来，要老板自己做决策。你的 HR 和主管给别人打电话的时候，除了最初的简历，能不能把企业介绍给别人也很关键。

2. 阿里招人流程

招人是非常困难的事情，很多公司都是依靠 HR，从浩如烟海的简历中找简历，打电话，预约面试。但在阿里巴巴是相反的，HR 的流程是反的。他们是政委，招人变成了项目经理、产品经理自己的事情。马云当时招曾鸣就是这样。曾鸣曾是长江商学院的副院长，马云本来是去商学院上课，结果把老师给招了进来。为什么彭蕾能做首席执行官？她对很多事情的了解是靠她和他人交流的时候学会的。她懂产品，懂设计，她招人的时候跟他人聊的多。她作为人力资源官，懂人心，未来会成为非常厉害的首席执行官。

3. 阿里巴巴人才观

聪明：专业的能力和开放的思维，智商与情商都高。

皮实：经得起折腾，棒杀和捧杀都没关系，能抗压不骄傲。

乐观：充分客观理性了解当下真实情况之后仍充满好奇心和乐趣，爱折腾。

自省：经常反省自身，建议采用团队 Review 的方式，不自大傲慢。

阿里巴巴究竟需要什么样的人？我们说的心力、脑力、体力，这是一个框架性的结构，在这个框架下面，我们去找到什么样的人来组成和构成什么样的群体，这也正是我们每天都在发生的事情，后来我们就总结出了上述这四个词八个字。

资料来源：改编自张天霖．阿里巴巴是如何选择人才的．http：//www.jianshu.com/p/5d52ccf16675.

阅读并思考：你如何看待上述世界知名企业的人才观？对未来的职业定位和发展，你有何规划与设计？

第二章　职业生涯规划与管理理论

学习目标

~重点掌握施恩的职业锚理论;
~掌握霍兰德的人职匹配理论;
~掌握费鲁姆的职业动机理论;
~掌握职业倦怠的对策;
~理解库伦伯茨的社会学习理论;
~理解职业倦怠理论;
~了解金斯伯格、格林豪斯、萨帕、施恩的职业生涯发展阶段理论。

【引例】

小李的职业生涯规划

小李，女，大二学生，临床医学专业在读本科生。

吴老师，女，职业指导师。小李曾经到吴老师职业咨询室做了三次咨询。

第一次咨询时小李心有戒备，职业指导师通过咨询原因找出谈话的切入点，了解到小李的“心结”所在。原来小李目前所学的临床医学专业并非初衷，只是父母的意愿而已，她自身想从事播音主持类工作，所以自己陷入是否该继续就读该专业的迷茫中。

职业指导师给小李做了霍兰德职业兴趣测试和职业性格测试（myers-briggs type indicator，MBTI），霍兰德职业兴趣测评结果显示小李为外向型性格，语言表达能力强、有创造性，渴望表现自己的个性及实现自身的价值。具有一定的艺术才能和个性，职业偏好为艺术型与社会型的结合。MBTI 职业性格测试结果显示小李的性格类型“ENFP”，对此，小李表示认同。第一次咨询吴老师对小李有了一定的认识，辅助小李进行了自我认知探索。第二次咨询，根据小李的实际情况，职业指导师把本次咨询重点放在环境评估，然后综合自我测评结果为她做了 SWOT（strength，weakness，opportunity and threat）分析。

最后根据分析结果，吴老师辅助她进行职业取向分析，探讨了医生、医药销售人员及播音主持三条职业发展路径，然后吴老师帮助她对每一条路径进行赋予权重、量化、评分、评估。小李否定了医生与医药销售人员两条职业道路，留下了第三个职业取向，即播音主持。吴老师指导小李要学好本专业并保证顺利拿到毕业证书，因为这是大学生提高综合素质的最基本要求，然后建议她选修大学城跨校的播音艺术类选修课。最后，吴老师指导小李进行全面的职业生涯规划，第三次咨询时吴老师辅助小李进行了职业规划的阶段性修正。

三次咨询过后，小李明确了自己的目标，开始落实行动，在学好本专业的前提下，发展自己的第二专业，向着自己喜欢的职业目标逐步趋近。吴老师肯定了她的做法，建议她在以后播音主持的职业道路上尽可能地将自身医学专业结合起来，并在原来职业生涯规划的基础上对小李进行了阶段性目标的调整指导。

毕业后的小李经过笔试、面试、试镜、节目录制等环节，最后成为唯一一个非本专业出身的求职者被录取进入家乡当地的电视台工作。小李积极利用工作平台，寻找专业与兴趣的结合点，发挥自身医学专业特长，终于找到了梦想与专业的结合点，策划主持了一档“健康与你同行”的节目，获得了观众和领导的一致好评。

资料来源：吴帆，张文彬，罗桂城．职业取向分析与职业生涯规划典型案例分析［J］．中国职工教育，2013（10）．

20世纪60年代开始，欧美人力资源管理形成了一个新的管理学派——职业生涯规划与管理学说。由于这门学科最早在企业界得到了广泛的认可和重视，以及企业的员工对这一理论的普遍接纳，随后相关理论与企业实践的方法得到了快速发展，使得这一理论在几十年的时间内变得相对成熟。本文将分别从职业生涯规划和职业生涯管理的角度介绍相关的理论，按照职业生涯规划与管理理论的发展顺序，将分别介绍职业选择理论、职业发展理论、学习与决策理论、职业锚理论以及职业倦怠理论。

第一节　职业选择匹配理论

职业选择是人们根据自己的能力、职业目标、爱好、性格等，选择适合自己职业发展的过程。职业选择的主要目的是个人能力与职业选择的相匹配。

职业选择理论着重从个体的角度探讨职业行为，重视个人的需要、能力、兴趣、人格等内在因素在职业选择与职业发展中的重要作用。

一、帕森斯的特质因素理论

人职匹配理论认为每个人都有其独特的性格特质，而每一种性格特质都有相对应的职业类型。每个人在知识、技能、能力人格和心理上都存在差异，而职业对人的知识、技能、能力、人格和生理要求也存在差异。只有人与职业相匹配，职业选择才是成功的。

素有美国“职业指导之父”的弗兰克·帕森斯（Frank Parsons）于1909年在其《职业选择》一书中明确提出了职业选择的三大要素及人职匹配的两种类型。

1. 职业选择的三大要素和条件

（1）清楚了解自己的喜好、持有的价值观、能力大小、占有的资源，以及限制的条件等。

（2）了解不同种类行业的工作性质、具体要求、取得成功的要素、具有的利弊、支付的薪水标准、职位的发展前景和机会。

（3）上述两个方面的匹配和协调。即在了解个人特征和职业要求的基础上，选择适合个人特点又可获得的职业。

特质因素理论的“特质”是指人的性格特征，包括个人的兴趣爱好、人生价值观等，这些可以通过一系列的心理测量工具进行客观测量。“因素”是指每一项工作对人员资格的要求条件。

2. 人职匹配的两种类型

（1）因素匹配。例如，需要专门技术和专业知识的职业与掌握该种特殊技能和专业知识的择业者相匹配。

（2）特性匹配。例如，具有敏感、易动感情、不守常规、个性强、理想主义等人格特性的人，宜于从事审美性、自我情感表达的艺术创作类型的工作。

二、霍兰德的人职匹配理论

（一）主要观点

1959年，美国心理学教授霍兰德（Holland）提出了一种关于职业选择的人格类型理论，1973年、1985年和1999年他又三次修改了他的理论，并开发了测量工具（职业适应性测验，the self-directed search，SDS；职业性格测试，myers-briggs type indicator，MBTI），使得人格类型理论变得更为成熟和完善。其理论观点是：职业选择是个人人格在工作世界的反映和延伸，个人会倾向于选择与其人格特质相匹配的职业。经过几十年的发展，人格类型理论已成为影响最大的职业生涯理论。

霍兰德认为，职业性向包括价值观、动机和需要等，是决定一个人职业选择的重要因素。霍兰德基于自己对职业性向测试（vocational preference test，VPT）的研究，提出了个性—工作适应性理论（personality-job fit theory），将大多数人的人格特质归纳为六种类型，即实际型、调研型、艺术型、社会型、企业型和常规型。相应地，工作环境也分为这六种类型。每个人都是这六种类型的不同组合，只是占主导地位的类型不同。一个人的职业是否成功、是否稳定、是否顺心如意，在很大程度上取决于其个性类型和工作条件之间的适应情况。

（二）人格类型

1. 实际型

实际型的人会被吸引去从事那些包含体力活动并且需要一定技巧、力量和协调性才能承担的职业，喜欢户外工作或操作机器，而不喜欢在室内工作。如渔业、技术贸易、机械、农业、林业、特种工程师和军事工作等。

2. 调研型

调研型的人会被吸引去从事那些包含较多认知活动（思考、组织、理解等）的职业，而不是那些以感知活动（感觉、反应或人际沟通以及情感等）为主要内容的职业。这类职业有生物学家、化学家以及大学教授等。

3. 艺术型

艺术型的人会被吸引去从事那些包含大量自我实现、艺术创造、情感表达以及个性化活动的职业，如艺术家、广告制作者以及音乐家等。

4. 社会型

社会型的人会从事那些包含大量人际交往内容的职业，而不是那些包含大量智力活动或体力活动的职业，如诊所的心理医生、外交工作者以及社会工作者等。

5. 企业型

企业型的人喜欢领导和控制别人，或为了达到个人或组织的目的而去说服别人。喜欢竞争、敢冒风险、有野心、抱负。为人务实，习惯以利益得失，权利、地位、金钱等来衡量做事的价值，做事有较强的目的性。这类职业有管理人员、律师以及公共关系管理者等。

6. 常规型

常规型人格者喜欢从事有条理、有秩序的工作，按部就班、循规蹈矩、踏实稳重，讲究准确性，愿意执行他人命令、接受指挥而不愿独立负责或指挥他人。这类职业有会计和银行职员等。

具体内容如表 2-1 所示。

表 2-1 霍兰德的六种人格类型、环境特点及相应的职业

人格类型	人格特点	职业兴趣	环境特点	代表性职业
实际型	真诚坦率、讲求实际、有坚持性、实践性和稳定性	手工技巧、机械、农业、电子技术	要求明确的、具体的、体力的任务；较低的人际关系要求；需要立即行动和强化	体力员工、机器操作者、飞行员、农民、卡车司机、木工、工程技术人员等
调研型	具有分析性与批判性、好奇的、理想的、内向的、有推理能力	科学、数学	要求思考和创造性；极少社会要求；要求实验室设备但不需要强体力劳动	物理学家、人类学家、化学家、数学家、各类研究人员
艺术型	感情丰富、富有想象力、理想主义、易冲动、有主见、不合群、害羞、彻底性、独创性、情绪性的	语言、艺术、音乐、戏剧、书法	解释和修正人类行为；对于优异有模糊的标准；喜欢长时间地埋头苦干、单独工作	诗人、艺术家、小说家、音乐家、剧作家、导演、画家、雕刻家
社会型	富有合作精神、友好、肯帮助人、和善、爱社交、人道主义	与人有关的事、人际关系的技巧、教育工作	解释和修正人类行为；要求高水平的沟通；帮助他人	临床心理学家、咨询者、传教士、教师、社交联络员
企业型	喜欢冒险、有雄心壮志、精神饱满、乐观、自信、健谈	领导、人际关系的技巧	强调威望；完成督察性角色；需要说服他人；需要有管理行为	经理、汽车推销员、政治家、律师、采购员、各级行政领导者
常规型	谨慎、服从、无灵活性的、守秩序、能自我控制	办公室工作、营业系统的工作等	体力要求极低；户内的；人际交往技能需要较低	出纳员、统计员、图书管理员、行政管理助理、邮局职员等

然而，大多数人实际上并非只有一种倾向（比如，一个人的倾向中很可

能同时包含社会倾向、实际倾向和调研倾向这三种)。如图 2-1 所示的职业倾向分类图，可以帮助大家理解霍兰德的人职匹配理论。

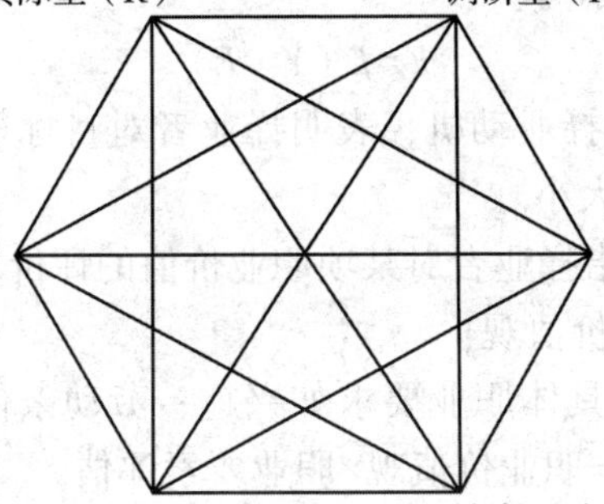

图 2-1　霍兰德职业倾向分类图

霍兰德认为一个人的职业倾向越相似，相容性越强，则他/她在选择职业时所面临的内在冲突和犹豫就会越少。在图 2-1 中，如果某两种倾向越接近，则它们的相容性就越高。假如某个人的两种倾向是紧挨着的，那么他或她将会很容易选定一种职业。然而，如果他或她的倾向是相互独立的（同时具有实际倾向和社会倾向），那么，在进行职业选择时将会面临较多的犹豫不决的情况。

三、职业动机理论

美国心理学家费鲁姆（Victor · H. Vroom）通过对个体择业行为的研究，个认为体行为动机的强度取决于效价的大小和期望值的高低，动机强度与效价及期望值成正比，在 1964 年出版的《工作和激励》一书中，他提出了解释员工行为激发程度的期望理论。期望理论的公式：

$$F=V\cdot E \quad (2\text{-}1)$$

式（2-1）中，F 为动机强度，是指积极性的激发程度，表明个体为达到一定目标而努力的程度；V 为效价，是指个体对一定目标重要性的主观评价；E 为期望值，是指个体对实现目标可能性大小的评估，也即目标实现概率。

员工个体行为动机的强度取决于效价大小和期望值的高低。效价越大，期望值越高，员工行为动机越强烈，就是说为达到一定目标，员工将付出极大努力。如果效价为零乃至负值，表明目标实现对个人毫无意义。在这种情况下，目标实现的可能性再大，个人也不会产生追逐目标的动机，不会为此付出任何的努力。如果目标实现的概率为零，那么无论目标实现意义多么重大，个人同样不会产生追求目标的动机。

费鲁姆将这一期望理论用来解释个人的职业选择行为，具体化为职业动机理论。该理论用公式表示为：

$$F=f\ (Y\cdot E) \tag{2-2}$$

式（2-2）中，F 为择业动机，表明择业者对目标职业的追求程度，或者对某项职业选择意向的大小。

Y 为职业效价，是指择业者对某项职业价值的评价，取决于：

（1）择业者的职业价值观；

（2）择业者对某项具体职业要求如兴趣、劳动条件、工资、职业声望等的评估。即：职业效价 = 职业价值观×职业要素评估。

E 为职业概率，是指择业者获得某项职业可能性的大小，通常主要决定于4个条件：

（1）某项职业的需求量。在其他条件一定的情况下，职业概率同职业需求量呈正相关关系。

（2）择业者的竞争能力，即择业者自身工作能力和求职就业能力的竞争力越强，获得职业的可能性越大。

（3）竞争系数是指谋求同一种职业的劳动者人数的多少。在其他条件一定的情况下，竞争系数越大，职业概率越小。

（4）其他随机因素。

四、职业适应理论

职业适应理论强调人与环境的相互适应，认为选择职业或职业生涯发展固然重要，但就业后与环境互动，建立并保存个人与情景的一致性更为重要。该理论由美国戴维斯（Davis）和罗奎斯特（Lofquist）等人提出，他们于1957年至1972年间，在明尼苏达大学进行了“工作适应项目研究”，着重探讨个人就业安置与环境适应的问题，指出成功的职业适应是个人和工作环境之间能够契合彼此需求的连续过程。

职业适应理论的基本观点如下：

（1）个人与工作环境之间存在互动关系，符合与否是互动过程的产物；

（2）随着经验、能力等的变化，个人的需求会发生变化，相应的工作要求也会发生变化；

（3）每个人都积极寻求与环境之间的符合性，若工作环境能够满足个人的需要，个人又能顺利完成工作上的要求，则适应度就会提高。

（4）如果个人能够努力维持与工作环境基本一致的关系，则个人工作满意度提高，在这个工作领域就能越持久。

五、其他职业选择理论

1951 年，安妮·罗欧提出了职业指导需要理论。其主要观点是：个体职业选择的倾向由个体的需求所决定。因此，职业选择的意义是满足个体的需求。

1956 年，雷伯曼系统研究了个体职业选择与环境的关系，进一步加深了人们对于人职匹配的认识。

第二节 职业生涯发展阶段理论

一、金斯伯格的职业生涯发展阶段理论

美国的职业指导专家金斯伯格（Ginsberg）在 20 世纪 50 年代出版了《职业选择》一书，对青少年职业选择的过程与问题做了深入的研究，他认为职业在个人生活中是一个连续的、长期的发展过程，并把它分为三个阶段：幻想期、尝试期和现实期。

1. 幻想期

幻想期是指 11 岁之前。儿童大多对世界充满着好奇，这时，他们对自己所接触或知道的行业与职业都充满着好奇，例如对医生、护士、警察、教师、销售员等都产生了好奇心理，幻想自己长大后成为什么样的人，甚至在日常的穿衣、说话中进行模仿。这个时期的职业幻想单纯的是靠个体的兴趣爱好，不考虑自身的条件、能力以及社会的形式、机遇以及需求等。

2. 尝试期

尝试期是指 11~17 岁。这个时期的个体在接受了初等和中等教育后，正处于从少年逐渐向青年过渡的阶段，生理、心理都在经历着迅速的成长、发育和变化。这个时期的个体往往开始培养自己独立思考的意识、培养自己对某些职业的兴趣爱好，并且开始锻炼自己的能力，将个人需求与社会需求结合考虑，形成自己的职业价值观。

3. 现实期

现实期是指 17 岁以后。个体在进入社会后，客观分析自己的职业目标和职业期望，同自己的主观条件、社会现实等相结合，寻找适合自己的职业。此阶段最大的特点是：个体所做的职业生涯目标具有现实性、客观性，

讲究实际。

二、萨帕的职业生涯发展阶段理论

萨帕发表了他的职业生涯选择和发展理论，他的理论包括特质因素理论、发展心理学以及个人结构理论。萨帕从对这些理论的研究中，引出了他对于自我认知理论和社会学理论的观点。该理论着重于从生命周期角度来考虑职业的发展，它描述了变化的职业任务，并关注了不同的生命阶段的职业发展状况。

生涯发展论的理论基础是综合许多流派而建立。萨帕根据生命周期理论和职业发展阶段论，发展出了一个诠释职业发展的概念模式，并提出了12项基本主张。

· 职业是一种连续不断、循序渐进又不可逆转的过程。

· 职业发展是一种有秩序且有固定形态、可以预测的过程。

· 职业发展是一种动态的过程。

· 自我观念在青春期就开始产生和发展，在青春期逐渐明朗，并于成年期转化为职业的概念。

· 自青少年期至成人期，随着时间以及年龄的渐长，现实因素，如人格特质及社会因素，对个人职业的选择愈加重要。

· 父母的认同会影响个人角色的发展和各个角色间的一致及协调，以及对职业计划及结果的解释。

· 职业升迁的方式及速度与个人的聪明才智、父母的社会地位、本人的地位需求、价值观、兴趣、人际技巧及经济社会中的供需情况有关。

· 个人的兴趣、价值观、需求、父母的认同、社会资源的利用、个人的学历以及所处社会的职业结构、趋势、态度等均会影响个人职业的选择。

· 虽然每种职业均有特定要求的能力、兴趣、人格特质，但却颇具弹性，所以允许不同类型的人从事相同的职业，或一个人从事多种不同类型的工作。

· 工作满意度视个人能力、兴趣、价值观及人格特质是否能在工作中得到适当发挥而定。

· 工作满意度的程度与个人在工作中实现自我观念的程度有关。

· 对大部分人而言，工作及职业是个人人生的重心。虽然对少数人而言，这种机会是不重要的。

三、格林豪斯的职业生涯发展阶段理论

美国心理学博士格林豪斯（Greenhouse）的研究侧重于不同年龄段职业生涯所面临的主要任务，并以此为依据将职业生涯分为五个阶段：职业准备阶

段、进入组织阶段、职业生涯初期、职业生涯中期和职业生涯后期。

格林豪斯的职业生涯发展阶段理论的具体内容如下。

（1）职业准备阶段，年龄段在 0~18 岁。此阶段的主要任务是发展职业想象力，培养职业兴趣和能力，对职业进行评估和选择，接受必需的职业教育。

（2）进入组织阶段，年龄段在 19~25 岁。主要任务是在一个理想的组织中获得一份工作，在获取足量信息的基础上，尽量选择一种合适的、较为满意的职业。

（3）职业生涯初期，年龄段在 26~40 岁。学习职业技术，提高工作能力；了解和学习组织纪律和规范，逐步适应职业工作，融入组织；为未来的职业成功做好准备。

（4）职业生涯中期，年龄段在 41~55 岁。此阶段的主要任务是需要对早期职业生涯重新评估，强化或改变自己的职业理想；选定职业，努力工作，有所成就。

（5）职业生涯后期，年龄从 55 岁直至退休。继续保持已有的职业成就，成为一名指导者，维护尊严，准备隐退。

四、施恩的职业生涯发展阶段理论

美国著名心理学家和职业管理学家施恩（Schein）教授，根据人类生命周期的特点及其在不同年龄阶段面临的问题和职业工作的主要任务，将职业生涯分为九个阶段：成长、幻想、探索阶段；进入工作世界；基础培训；早期职业的正式成员资格；职业中期；职业中期危机阶段；职业后期；衰退和离职阶段；离开组织（退休）。

具体内容如表 2-2 所示。

表 2-2　　施恩的职业生涯阶段理论

阶段	角色	主要任务
成长、幻想、探索阶段（0~11 岁）	学生、职业工作的候选人、申请者	1. 发现和发展自己的需要、兴趣、能力和才干，为进行实际的职业选择奠定基础；2. 学习职业方面的知识，寻求现实的角色模式，获取丰富的信息，发展和发现自己的价值、动机和抱负，做出合理的受教育决策，将幼年的职业幻想变为可操作的现实；3. 接受教育和培训，开发工作领域中所需要的基本习惯和技能

续表

阶段	角色	主要任务
进入工作世界（16~25岁）	应聘者，新学员	1. 进入职业生涯；2. 学会寻找、评估和申请一项工作，并做出现实有效的第一项工作选择；3. 个人和雇主之间达成正式可行的契约，个人成为一个组织或一种职业的成员
基础培训（16~25岁）	实习生、新手	1. 了解、熟悉组织，接受组织文化，客服不安全感，学会与他人相处，并融入工作群体，尽快取得组织成员的资格；2. 适应日常的操作程序，承担工作，成为一名有效的成员
早期职业的正式成员资格（17~30岁）	取得组织正式成员资格的新员工	1. 承担责任，成功地履行与第一次工作分配有关的任务；2. 发展和展示自己的技能和专长，为提升或进入其他领域的横向职业成长奠定基础；3. 根据自身才干和价值观，组织中的机会和约束，重新评估当初追求的职业，决定是否留在这个组织或职业中，或者在自己的需要、组织约束和机会之间寻求一种更好的平衡；4. 寻求良师和保护人
职业中期（30岁以上）	正式成员、任职者、终生成员、主管、经理等	1. 选定一项专业或进入管理部分；2. 保持技术竞争力，在自己选择的专业或管理领域内继续学习，力争成为一名专家或职业能手；3. 承担较大责任，确认自己的地位；4. 开发个人的长期职业计划；5. 寻求家庭、自我和工作事务间的平衡
职业中期危机阶段（35~45岁）	正式成员、任职者、终生成员、主管、经理等	1. 现实的评估自己的才干、动机和价值观，进一步明确自己的职业抱负及前途；2. 就接受现状或者争取看得见的前途做出具体选择；3. 建立与他人的良师关系
职业后期（46岁到退休）	骨干成员、管理者、有效贡献者等	1. 成为一名良师，学会发挥影响，指导、指挥别人，对他人承担责任；2. 扩大、发展、深化技能，或者提高才干，以担负更大范围的、更重大的责任；3. 选拔和培养接替人员；4. 如果求安稳，就此停滞，则要正视和接受自己影响力与挑战能力的下降

续表

阶段	角色	主要任务
衰退和离职阶段（退休前）		1. 学会接受权力、责任、地位的下降；2. 基于竞争力和进取心下降，要学会接受和发展新的角色；3. 培养新的工作以外的兴趣、爱好，寻找新的满足源；4. 评估自己的职业生涯，着手退休事宜
退休		1. 适应角色、生活方式和生活标准的急剧变化，保持一种认同感；2. 保持一种自我价值观，运用自己积累的经验和智慧，以各种资深角色对他人进行传帮带

另外，在职业生涯发展领域，比较有影响的经典理论还有吉列特的生涯决定论（Gelatt，1974）及职业发展“三三三”理论（廖泉文，2003）。我国著名人力资源管理学家廖泉文，在总结国外学者职业生涯发展阶段观点的基础上，创造性地提出了“职业生涯发展‘三三三’理论”。该理论将人的职业生涯分为三大阶段：输入阶段、输出阶段和淡出阶段。每一阶段又分为三个子阶段：顺利晋升、原地踏步和降到波谷。

第三节 学习与决策理论

学习与决策理论关注影响个体生涯决策的原因，探讨如何选择才能够获得最大收益或满意度。该理论认为生涯咨询的目标在于增进当事人对技能、兴趣、信念、价值、工作习惯与个人素质的学习，期待每一个当事人能够在快速变迁的社会中，创造出幸福美满的生活。代表性理论有“社会学习理论”和“认知信息加工理论”。

一、库伦伯茨的社会学习理论

库伦伯茨（Krumboltz）的社会学习理论是将班杜拉（Bundura）的社会学习论运用到职业生涯规划中而形成的一种理论。其主要观点是个体的内在特质和社会环境共同影响并决定着个体的职业生涯发展，其中包含四个主要的因素：遗传因素与特殊能力、环境情况和事件、学习经验、工作取向技能。

（1）遗传因素与特殊能力。个体遗传的一些特质会影响其对职业的选择，如种族、性别、身体健康等。而个体的特殊能力如兴趣、美术、音乐等能力对职业选择也有影响。

（2）环境情况和事件。个体在进行职业生涯规划的过程中，也会受到非人为可控的外部因素的影响，如政府政策、天然灾害等因素。

（3）学习经验。每个人独特的学习经验，对个体在进行职业生涯规划时也有着很大的影响。在日常生活中，在职业生涯道路上扮演着重要的角色。学习经验包括个人作用于环境的经验和环境作用于个人的经验两种。

（4）工作取向技能。遗传因素与特殊能力、环境情况和事件及学习经验等因素的不同，会以一种相互影响的方式来形成个体特有的工作技能取向，如职业价值观、工作标准等。

二、认知信息加工理论

1991 年，盖瑞·彼得森（Gary Peterson）、詹姆斯·桑普森（James Sampson）和罗伯特·里尔敦（Robert Reardon）在《职业生涯开发和服务：一种认知的方法》中提出了认知信息加工（cognitive information processing，CIP）理论。其主要观点是：认知是指人们是以什么样的思维方式对信息进行加工。故在职业生涯规划的过程中，个体如何解决可能遇到的问题，以及如何做出职业生涯选择的思维模式和记忆过程，它认为职业生涯中问题的解决是一个认知的过程。根据该理论观点，可构建了一个金字塔模型，即认知信息加工模型图，如图 2-2 所示。

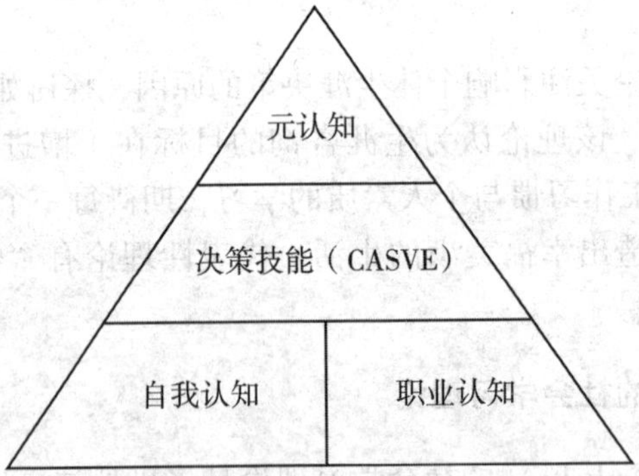

图 2-2　认知信息加工图

在金字塔的顶部是执行加工领域。在这里，个体可以通过一些测量工具了解自己，如价值观、兴趣和技能等，同时通过对劳动市场的考察以及各种职业信息，提高对职业知识的认知，了解职业选择、学习领域等。这样不断地对自身状态进行认识、监督和控制。

在金字塔的中部是决策技能领域，其关注的重点是在职业生涯规划中如何进行决策。包含了五个步骤（简称 CASVE），即沟通（communication，确认需求）：识别问题，找出差别；分析（analysis，将问题的各组成部分相互联系起来）：对所有的信息进行分析；综合（synthesis，形成选项）：形成可能的解决方法并寻求实际的解决方法；评估（value，评估选项）：评估每种选项的优劣，评出先后顺序；执行（execution，策略的实施）：依照选择的方案做出行动，具体内容如图 2-3 所示。

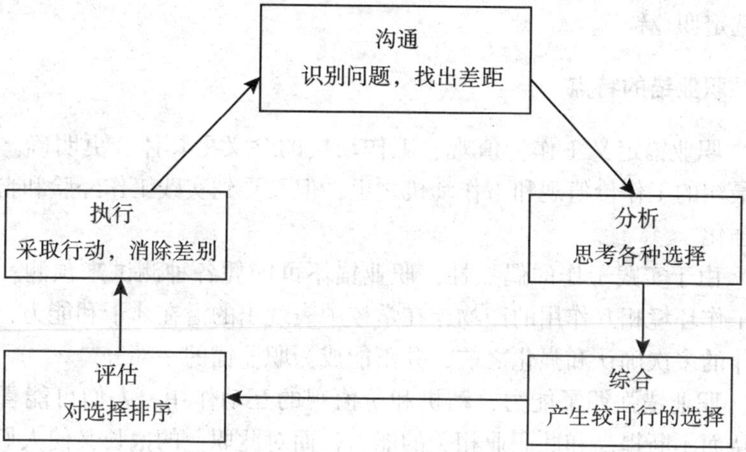

图 2-3　CASVE 循环图

在金字塔的底层是知识领域，包含自我认知和职业认知。自我认知包括探索自身的能力、价值观、人格特质和爱好，职业探索包括了解职业、岗位、专业及其工作环境等。

第四节　施恩的职业锚理论

一、职业锚的含义

职业锚（carrer anchor）理论起源于 20 世纪 60 年代，是由美国心理学家施恩（Schein）教授在其著作《职业的有效管理》中提出的。他指出，职业生涯是一个连续不间断的过程，在此期间，个人根据自己的特性（主要包括个人的天赋、能力、动机、需要、态度以及价值观等）逐渐形成的与职业有关的自我概念。而职业生涯规划与管理是一个不断发展和探索的过程，随着人们对自己越来越了解，会形成一个占主导地位的职业锚。

施恩认为，职业锚是个人工作过程中依循个人需要、动机和价值观，经过不断地搜索所确定的长期职业贡献区和职业定位，是人们在职业规划中，或者自己不得不做出选择的时候，无论如何都不会放弃的那种至关重要的价值观，即职业选择和发展的核心所在。就如同“职业锚”中的“锚”一样，是个人职业的中心。当个体作为组织正式员工开始工作后，就同组织达成一种可行的心理契约并且互相予以接纳。职业行为开始后，个人通过工作实践和学习逐渐积累经验，使自己和组织具备可能的条件，逐渐选定自己的才干和长期贡献区，即选定职业锚。

二、职业锚的特点

(1) 职业锚定义工作价值观、工作动机的含义更具体、更明确。职业锚产生于最初的工作价值观和工作动机之上，但又受到实践工作经验和自我认识的具体强化。

(2) 由于实践工作的偶然性，职业锚不可能凭各种测试来预测。职业锚是人与工作环境相互作用的产物，在学校中表现出的潜在才干和能力，在经过实际工作的多次确认和强化之前，并不能成为职业锚的一部分。

(3) 职业锚强调了能力、动机和价值观的互动作用。人们可能喜欢某类职业，从而不断提高和此职业相关的能力，而对此职业的擅长又使人们更喜欢它；或者，发现自己擅长某职业，逐渐培养起兴趣和感情，后来就越发精通。

(4) 职业锚在正式工作若干年以后才可能被发现，即职业锚的确定需要各种情境下实践工作的反复验证方可确认。

(5) 职业锚概念倾向于寻求个人稳定的成长区域，但不意味着个人停止变化或成长，因为“职业锚”本身也会发生变化。

三、职业锚类型

1. 技术/职能型职业锚

技术/职能型职业锚强调的是实际技术或某项职能业务工作，拒绝全面管理工作，多为从事工程技术、营销、财务分析和企业计划等工作。其职业锚呈现以下特点。

(1) 强调实际技术/具体职能等业务工作，注重个人在专业技能领域的进一步发展。

(2) 拒绝全面管理工作，喜欢能够保证自己在既定的技术或职能领域中发展的职业。

（3）追求在技术/职能领域的成长和技能的不断提高，其成功更多地取决于该区域专家的肯定和认可，以及承担该能力区日益增多的富有挑战性的工作。

2. 管理能力型职业锚

具有管理能力型职业锚的人有着强烈的管理动机，其职业锚呈现以下特点。

（1）追求承担一般的管理工作，且责任越大越好。他们倾心于全面管理，掌握更大的权力，肩负更大的责任。

（2）具有强有力的升迁动机和价值观，以提升等级和收入作为成功的标准。

（3）具有分析能力、人际沟通能力和情感能力的强强组合，而分析能力是指在信息不完全及不确定的情况下发现问题、分析问题和解决问题的能力。

（4）管理型职业锚的人对组织有很强的依赖性。

3. 创造型职业锚

具有创造型职业锚的人追求或创造完全属于自己的成就，其职业锚呈现以下特点。

（1）有强烈的创造要求和欲望。

（2）意志坚定，勇于探索。

（3）创造型职业锚同其他类型的职业锚存在一定程度的重叠。

4. 安全/稳定型职业锚

具有安全/稳定型职业锚的人重视长期的职业稳定，其职业锚有如下特点。

（1）安全、稳定的职业前途，是这一类职业锚员工的追求、驱动力和价值观。

（2）对组织有依赖性。一般不愿意离开一个特定的组织，依赖组织对其能力和需要情况进行识别和安排，更容易接受并融入组织。

（3）安全/稳定型职业锚的人，其安全取向分为两类：追求职业安全和注重情感稳定的安全。追求职业安全的人，安全稳定感来自于组织中稳定的成员资格；注重情感安全稳定的人，安全稳定是以社区为基础，包括一种定居，使家庭稳定和使自己融入团队与社区。

（4）个人职业生涯的开发与发展往往会受到限制。因为对组织的依赖性强，个人缺乏职业生涯开发的驱动力和主动性。

5. 自主型/独立型职业锚

具有自主型/独立型职业锚的人追求自由和自主的工作，其职业锚呈现以下特点。

（1）自主型/独立型职业锚的人希望随心所欲地安排自己的工作方式、工作习惯、时间进度和生活方式。

（2）自主型/独立型职业锚的人追求在工作中享有自由，有较强的职业认同感，认为工作成果与自己的努力紧密相连。

（3）自主型/独立型职业锚与其他类型的职业锚有明显的交叉。

6. 奉献/服务型职业锚

奉献/服务型职业锚呈现以下特点。

（1）具有奉献/服务型职业锚的人追求的核心价值观是追寻帮助他人的机会，改善人们的安全，通过新的产品消除疾病解决问题。

（2）奉献/服务型职业锚的人喜欢从事有明显社会意义的工作，得到他人的承认或认可，适合从事医护、社工等行业。他们更多关注工作带来的价值而不在意是否能发挥自己的才能和能力。希望职业允许其以自己的价值观影响受雇的组织或者社会。

（3）具有奉献/服务型职业锚的人在工作中追求一套特定的价值观。对他们来说，金钱不是最重要的，不过金钱给其创造了全力追求特定理想的机会。

7. 挑战型职业锚

挑战型职业锚呈现以下特点。

（1）具有挑战型职业锚的人认为他们可以征服任何事情或任何人，并将成功定义为“克服不可能克服的障碍，解决不可能解决的问题，或战胜非常强硬的对手”。挑战型的人需要新奇、变化和困难，如果工作非常容易，反而会很快厌倦这份工作。

（2）征服难度越来越大的挑战，是这种类型的人的主要追求。

（3）挑战型职业锚的人与技术/职能型职业锚的差别在于，后者只关注某一专业领域内的挑战。

8. 生活型职业锚

生活型职业锚呈现以下特点。

（1）这类员工趋向于围绕个人生活去组织自己的人生。他们最需要的是弹性和灵活性，愿意为提供灵活选择的组织工作。

（2）相对于组织的态度，生活型职业锚的人更关注组织文化是否尊重个人和家庭的需要，以及能否与组织之间建立真正的心理契约。

（3）将成功定义得比职业成功更广泛。生活型职业锚的人认为自己如何去生活、在哪里居住，以及如何处理家庭事情、在组织中的发展道路是与众不同的。

第五节 职业倦怠理论

一、职业倦怠的含义

职业倦怠（job burnout）指个体在工作重压下产生的身心疲劳与耗竭的状态。最早由美国心理学家费登伯格（Freudenberger）于1974年提出，他认为职业倦怠是一种最容易在助人行业中出现的情绪性耗竭的症状。随后马斯拉奇（Maslach）等人把对工作上长期的情绪及人际应激源做出反应而产生的心理综合征称为职业倦怠。一般认为，职业倦怠是个体不能顺利应对工作压力时的一种极端反应，是个体伴随于长时期压力体验下而产生的情感、态度和行为的衰竭状态。

二、职业倦怠的症状及其产生的原因

1. 职业倦怠的症状

职业倦怠最常表现出来的症状有三种。（1）情感衰竭，是指没有活力，没有工作热情，感到自己的感情处于极度疲劳的状态。被认为是职业倦怠的核心纬度，并具有最明显的症状表现，如情绪烦躁、易怒，对前途感到无望，对周围的人、事物漠不关心。（2）去人格化，是指刻意在自身和工作对象间保持距离。工作态度消极，对服务或接触的对象没耐心、不柔和，对工作对象和环境采取冷漠忽视的态度，对工作敷衍了事，个人发展停滞，行为怪癖，提出调度申请等。（3）无力感或低个人成就感，是对自己工作的意义和价值评价下降，并伴有工作能力体验和成就体验的下降，认为工作不但不能发挥自身才能，而且是枯燥无味的繁琐事物。常常迟到早退，开始打算跳槽甚至转行。

2. 职业倦怠产生的原因

职业倦怠的产生既有来自工作和职业特征因素、组织因素、职业压力及职业角色冲突、和人格特征等微观因素的影响，也受到来自社会、环境和现代生活方式等中观和宏观因素的影响。

一个人长期从事某种职业，在日复一日重复机械的作业中，渐渐会产生一种疲惫、困乏，甚至厌倦的心理，在工作中难以提起兴致，打不起精神，只是依仗着一种惯性来工作。因此，加拿大著名心理大师克丽丝汀·马斯勒将职业倦怠症患者称为“企业睡人”。据调查，人们产生职业倦怠的时间越来越短，有的人甚至工作半年到八个月就开始厌倦工作。

三、职业倦怠的形成过程

(一) 蜜月阶段

刚刚踏入职场，开始职业之旅的人往往充满热情和激情，并感到精力充沛。个体可以长时间工作并耗去大量精力，但从来没有感到疲惫，只是感到兴奋。此时，来自工作的压力与要求是一种动力，而不是讨厌的刺激，个体所感到的任何压力都能够使其保持头脑清醒，个体开始学习并形成应对工作中压力的技巧。如果在工作中取得成功，而且有能力胜任工作要求，并且形成关心人和理解人际关系的技巧，蜜月阶段就能持续很长时间。

(二) 调试阶段

调试阶段是开始透支精力的阶段。个体有一种模糊的失落感，工作的热情在消失。对工作中挑战的期待开始被理想的破灭取而代之，人们每天的疲惫和抑郁并不会持续很长时间，但是也不能像从前那样整天精力充沛，对什么都兴趣盎然。例如，教师会发现自己很难迅速对学生的一些要求做出反应。工作效率开始降低，思维的转换与情绪的调节机制不再像以前那样快速有效地运转。

(三) 早期警告阶段

在早期警告阶段，许多压力警告信号开始出现。个体不仅仅是缺乏热情，而且有许多肉体和精神上的征兆，例如头痛、消化不良、失眠、精神紧张，毫无理由的哭泣、焦虑、厌烦、愤怒等。压力信号通过身体对人们发出警告，发出需要帮助的信号，这是对压力做出消极反应的开始。

(四) 慢性症状阶段

慢性症状阶段是职业枯竭的早期阶段，人的身心都在发出警告。个体感觉睡眠已经不能帮助消除疲劳，此时的疲劳已经变成慢性疲劳，身体的症状变得更加明显，其中间歇的头晕、气短、心跳加快、血压变化可能最常见。个体在情绪上疲惫，感到心力交瘁，人们会在以前只引起轻微恼怒的情况下勃然大怒。抑郁像潮汐那样席卷而来却不能躲开。

(五) 严重症状阶段

在严重症状阶段，身体与心理通过更加明显和残酷的方式告诉个体“遇到大麻烦了”。这时，个体深感苦恼，身心的症状变得很严重，慢性的挫折感和不满情绪渲染在整个生活之中，肉体上和心理上的症状增强而且越来越多。许多人去医院做许多检查，却查不出任何躯体的疾病。各种问题都让人感到困扰，并伴随着担忧和抑郁。

（六）危机阶段

在危机阶段，个体已经失去了工作的动力和愿望，但是很多人在几乎不能工作时还会继续逼着自己去工作。悲观和愤世嫉俗开始占据人们的心灵，有人开始麻木不仁地无视其他人的存在，自我怀疑和绝望充满了个体的思想。个体可能消极或沮丧到这种程度：看到他人在开心地笑着，就恨不得冲过去将笑容从那个人的脸上摘除。此时，人们常常感到自己像一头落入陷阱的野兽，想要逃离却又无能为力。有的人会在这时选择离开自己的工作单位，离开自己所从事的行业，甚至离开所居住的城市。

（七）耗尽精力阶段

这是彻底爆炸或崩溃的阶段。个体已经不能控制自己的生活，变得完全失调，彻底崩溃。此时的人们感觉已经耗尽精力。人们就如同长跑运动员一般，在肌肉燃料毁灭性耗尽的时候，由于身体脱水和血流量减少，发生肌肉麻痹，伴随着眩晕、意识不清和彻底垮掉，而这意味着必须退出比赛。在这个阶段，人们感到对生活无能为力。对一些人来说，他们的职业生涯将永远终止，而另一些人甚至用自杀来结束他们的生命。

许多人往往在职业倦怠的初期并没有意识到，也很难察觉自己已经跨入了职业倦怠之途。了解职业倦怠发展的阶段与规律，有助于及时调整和发展自己的职业生涯，避免掉入这个残酷的陷阱。

四、职业倦怠的理论观点

（一）职业倦怠的工作匹配理论

职业倦怠因工作而起，直接影响到工作准备状态，然后又反作用于工作，导致工作状态恶化，职业倦怠进一步加深。它是一种恶性循环的、对工作具有极强破坏力的因素。因此，如何有效地消除职业倦怠，对于稳定员工队伍、提高工作绩效有着重要的意义。

马斯拉奇和莱特（Leiter）于1997年提出了职业倦怠的工作匹配理论，并认为员工与工作在以下六方面的不匹配容易出现职业倦怠。

(1) 工作负荷。如果工作过量过大，超过个体生理及心理承受能力。

(2) 控制。控制中的不匹配与职业倦怠中的无力感有关，通常表明个体对工作中所需的资源没有足够的控制，或者个体对使用他们认为最有效工作方式上没有足够的权威。

(3) 报酬。个体工作都希望获取与其工作相符的工作报酬，如果所获报酬过少，则会产生职业倦怠。这里的报酬可以指经济报酬，更多的指生活报酬。

(4) 工作环境。既包括硬件设施，也包括工作中的人际关系，其中后者占主导因素，事实证明工作环境较融洽，则不易产生职业倦怠。

(5) 公平。公平指其工作单位对待员工的一致程度，这表示单位对员工的尊重，如果不公平经常发生，则职业倦怠易出现。通常由工作量或报酬的不公平所引起，评价和升迁的不公平则容易带来情感衰竭。

(6) 价值观冲突。员工与同事或者上司的价值观的一致程度，一致程度高则发生职业倦怠的几率相对较小。

(二) 职业倦怠的干预训练

工作不匹配理论指出，对职业倦怠的干预训练项目应该放在对工作不匹配的转变上。这不仅需要对员工个体进行训练，还要强调在管理上的训练。管理上的训练，是指在组织的配合下改变上述六个工作不匹配中的一个或多个。而且，只有同时对员工个体和组织进行干预时才可能收到满意的效果。

1. 针对个体的干预

针对个体的干预有：(1) 认知改变：要求个体更清楚的认识自己的能力和机会，不会因为不恰当的期望和努力失败产生职业倦怠；(2) 积极面对问题：采取更积极的应对手段，而不是逃避；(3) 归因训练：把问题的原因归结为个体可以控制的因素，如能力和努力等，将帮助你成为更加内控的人；(4) 更积极地表达自己的意见和尽最大努力地去改变环境；(5) 合理的饮食和锻炼，都有助于个体逃离职业倦怠的困扰。

2. 企业组织的领导配合

企业组织的领导在面对员工职业倦怠时不能袖手旁观、任其发展。可以通过以下一些手段帮助减少和降低员工的职业倦怠情绪：(1) 明确任务分配；(2) 阐明角色和责任；(3) 提供建设性的反馈；(4) 接纳员工对流程和再造的意见；(5) 工作业绩评定时，员工的优点、贡献、失误、缺点都要放在重要位置；(6) 提供跟工作相关的训练和信息。

(三) 社会胜任模式

社会胜任模式由美国学者哈里森 (Harrison) 在 1980 年提出，哈里森认为职业倦怠并非从事某一特定行业的特定负面反应，而是个体对自身工作能力的一种怀疑，对自身能否胜任工作要求的一种感知性压力。工作倦怠严重性程度与三个影响变量有关：一是工作对象问题的严重程度；二是工作环境与工作准备的好坏；三是工作者自身能力大小。如果工作者可以为工作对象提供满意的服务，则产生的职业倦怠很轻微；相反，工作者无法为工作对象提供满意服务时，工作者则会产生职业倦怠感，进而降低服务质量。

（四）资源守恒理论

资源守恒理论认为，个人都有维护自身资源的倾向，工作时付出的资源要与所获得的回报平衡，如果个人的付出与回报长期失衡便会产生职业倦怠。这些资源包括时间、金钱、社会支持、工作自主性和回报、幸福感、乐观、自尊、心理凝聚等社会、工作和个体条件。当工作要求出现或增加，而资源损失或者资源投入和回报失衡时，个体会感觉资源被威胁或者缺乏，无法良好地适应，导致资源损失，最终耗竭。通俗来讲，人们工作时会有一定的心理预期，希望从工作中获取一定的物质或精神回报，但如果通过工作无法获得这些，或者所得远远小于个人付出，则会产生负面情绪，降低工作积极性，这便是职业倦怠。

（五）生态学模式

生态学模式强调个体与工作环境之间的互动关系。影响职业倦怠的有主体和客体两方面原因：一是主体原因，即工作者自身的综合素质，如工作者能力、工作态度、抗压力能力、工作的兴趣等；二是客体原因，即工作环境，包括工作地点的硬件设施及软环境，如工作氛围、企业制度等。该模式认为，职业倦怠不是由主体或客体单方面的原因造成的，而是取决于二者在互动过程中是否融洽。

五、职业倦怠的对策

（一）应对职业倦怠的途径

职业倦怠的客观存在已经成为许多人积极行为的障碍。那么，如何减轻甚至让人们告别职业倦怠，可以从以下两方面进行考虑和尝试。

首先，改变产生倦怠的应激源。作为上司和管理部门的管理者应尽可能突出情感化的管理特色，真正体现出“以人为本”的管理理念，而不是一味地施压；尽可能地营造宽松和谐的工作氛围，为员工提供人际交往的机会，使他们的郁闷和疑惑得到及时的排解；建立新的评价体系、调整竞争机制，满足大多数员工的成就需要。这在一定程度上可以缓解员工的心理压力，减少职业倦怠的产生。其次，提高自身对心理健康的认识能力和运用心理策略最基本的能力，而不仅仅是寄希望于应激源的改变，这是告别倦怠的根本。

（二）应对职业倦怠的方法

1. 认识自我

认识自我就是要认清自我价值，掌握自己的优势与不足，预测自己倦怠的征兆，了解自己的主观情绪是否影响了自己的生理和心理变化，有无做好应激的积极准备。只有对职业倦怠有了积极的自我认识，才能正视应激情境的客观存在；才能勇于面对各种现象、准确地对待周围环境中的一切人和事，有针对性地对自己进行心理控制并尽量与周围环境保持积极的平衡，成为自身行动的主人，从而避免遭受应激给自己带来生理和心理上的损伤；才能对可预见的应激，进行自我调整，主动设置缓冲区，提高自己的心理应付水平。

因此，只有从自我的阴影中摆脱出来，正确地认识自己及周围环境，才能把变化视为正常的事，不断接受变化的刺激，积极、愉快、主动地迎接生活的挑战，走出倦怠。

2. 寻求积极的应付方式

通常，积极的应付方式可以使自己有效地面对心理应激、重新恢复生理与心理的平衡水平状态；消极的应付则往往会使人继续停留在充满压力的应激状态，继续消耗自身潜在的能量，产生倦怠，甚至导致心理疾病。

(1) 运用心理暗示的策略。

暗示，指的是在无对抗态度的条件下，用含蓄间接的方法对人的心理和行为施加影响，这种心理影响表现为使人按一定的方式行动，或接受一定的意见、信念。暗示对人的心理和行为产生着很大的影响。积极的暗示可帮助被暗示者稳定情绪、树立信心及战胜困难和挫折的勇气。每个人可把自我暗示作为提高自己应付应激能力的策略。当千头万绪、不知所措时，绝不要抱怨、退缩、自怨自艾，否则人就很容易陷入倦怠，不可自拔。

经常的积极的自我暗示可以让人们的心理状态得到调节，心理活动水平得到提高。无论在顺境还是在逆境中，都能始终保持乐观向上的心态，不断在苦难中寻找新的乐趣，成为一个热爱生活、善待生命、对生活充满激情的人。

(2) 适应策略。

管子《心术》下篇中记载："心术者，无为而制窍者也。"运用心理策略来影响心理状态，可以不断地提高自己的心理水平，告别倦怠。而对已经出现的，通过医院排查病理上找不到任何异常的身体不适，应该主动考虑寻求心理医生的帮助，尽早防范，尽早治疗。很多职场工作者对于职业倦怠症往往故意视而不见，以为职业倦怠会像感冒一样能不药而愈。事实上，不找出真正原因，往往会让自己越来越不快乐，严重的话也许会陷入难以自拔的忧郁症中。可以采取的方式有：换个角度想问题，多元思考；学会欣赏自己，善待自己；选取进修的方式，增加自己的工作实力以适应社会环境的压力；采取运动方式减压；采用说出困难的方式减压，将工作、生活中碰到的困难说出来，这是抒发情绪最立即有效的方法。

本章小结

（1）职业选择就是人们根据自己的能力、职业目标、爱好、性格等，选择适合自己职业发展的过程。

（2）帕森斯认为每个人都有其独特的性格特质，而每一种性格特质都有相对应的职业类型。

（3）霍兰德认为职业性向包括价值观、动机和需要等，是决定一个人职业选择的重要因素。

（4）萨帕认为可以根据年龄将每个人生阶段与职业发展相配合，且每个阶段各有其发展任务。萨帕根据生命周期理论和职业发展阶段论，发展出了一个诠释职业发展的概念模式，并提出了12项基本主张。

（5）库伦伯茨认为个体的内在特质和社会环境共同影响并决定着个体的职业生涯发展，其中包含四个主要的因素：遗传因素与特殊能力、环境情况和事件、学习经验、工作取向技能。

（6）职业锚是个人工作过程中依循个人需要、动机和价值观经过不断地搜索，所确定的长期职业贡献区和职业定位，是人们在职业规划中或者自己不得不做出选择的时候，无论如何都不会放弃的那种至关重要的价值观，即职业选择和发展的中心所在。

（7）费登伯格提出的职业倦怠，是个体不能顺利应对工作压力时的一种极端反应，是个体伴随长时期压力体验下而产生的情感、态度和行为的衰竭状态。职业倦怠不是少数现象，而是在服务行业中普遍存在的状态。职业倦怠的客观存在已经成为许多人积极行为的障碍，要努力寻求积极地应对职业倦怠的方式和方法。

复习思考题

（1）霍兰德将人与职业分为哪几种类型？你认为自己属于哪一种类型？

（2）人的职业生涯要经过哪些阶段？试比较萨帕的职业生涯发展阶段理论与施恩的职业生涯发展阶段理论的观点异同。

（3）费鲁姆的职业动机理论认为一个人的择业动机会受到哪些因素的影响？

（4）什么是职业锚？规划出你自己的职业发展路径并设想你未来的职业锚。

(5) 职业倦怠的含义是什么？为什么会产生职业倦怠？如何缓解和克服职业倦怠？

案例分析

马云的职业生涯发展历程

马云，阿里巴巴集团主要创始人，现担任阿里巴巴集团董事局主席、日本软银董事、大自然保护协会中国理事会主席兼全球董事会成员、华谊兄弟董事、生命科学突破奖基金会董事。1988年，马云毕业于杭州师范学院外语系，同年担任杭州电子工业学院英文及国际贸易教师，1995年创办中国第一家互联网商业信息发布网站“中国黄页”，1998年出任中国国际电子商务中心国富通信息技术发展有限公司总经理，1999年创办阿里巴巴，并担任阿里集团CEO、董事局主席。

2003年5月10日，马云创立淘宝网，开始抢夺eBay易趣C2C市场。

2004年12月，马云创立第三方网上支付平台支付宝。

2005年8月17日，雅虎宣布以10亿美元现金和雅虎中国全部资产为代价，同时获雅虎10亿美元投资，换取马云创办的阿里巴巴40%的股份和35%的投票权，马云出任中国雅虎董事局主席。

2007年11月，马云创立的阿里巴巴网络有限公司在香港联交所主板挂牌上市。

2013年5月10日，马云正式卸任阿里巴巴集团CEO，陆兆禧接替马云出任阿里巴巴集团首席执行官。

2013年11月8日，马云出席香港科技大学第21届学位颁授典礼，并获得该校颁发的工商管理学荣誉博士学位。

2014年9月19日，阿里巴巴集团于纽约证券交易所正式挂牌上市。

2017年7月17日，《福布斯富豪榜》发布，马云以354亿美元身家排在第18位，重新取代王健林成为华人首富。

马云一直说自己，包括他的团队，并不比其他人更聪明，也不是比其他人要更努力。但为什么他们成功了呢？马云的解释是运气，如果换另一个说法就是因缘际会。当然，我们不能否认马云和他的团队的各种努力，与他同时代一起创业的，有的人半途就出局了，有的人选择了不同的方向。马云自己坚持下来了，既坚持要做什么，也坚持自己一定不能做什么。但正如马云自己所讲，他要感谢这个时代，感谢这个国家，感谢互联网，决定大局的一定有超越个人能力、个人不能控制的东西。为什么在中国电子商务能成为主导，而在更为发达的欧美则不能。也就是说，电子商务为什么偏偏在中国有更大的发展前途。

马云分析得很实在，就是因为中国的基建差，相关服务和配套不够完善，企业 IT 应用水平不高，从而导致中间成本过高。媒体也报道过，农民种的大白菜一分钱一斤都卖不出去，只好让菜白白地烂在地里，而另一方面，北上广的居民买到的大白菜却要一块多钱一斤。电子商务跟传统的商业流通渠道相比，有着巨大的成本优势。马云在创业时锁定中小企业，而不是大企业，因为中小企业代表着未来的发展方向，相比较而言，大企业，很多是国有的，有着比较好的优势资源，中小企业更需要电子商务，帮助他们走出去，活下去，发展、壮大。而且，在阿里巴巴 B2B 运营的时候，发现真正能激活网站、带来流量和订单的，都是中小企业。这就进一步印证了马云的判断。

马云说，全世界只有一个游戏大家都玩不累，那就是赚钱。在阿里巴巴创业初期，他们锁定了做电子商务，不仅帮中国的产品出口，也帮外国客户采购更经济合算的商品。那么反过头来，我们问：马云当初怎么就走上了互联网这条路呢？马云在书里也承认，如果说自己当初能预见到互联网有今日的发展规模，那纯属胡扯，但他坚信，互联网在未来一定大有可为。马云自己的经历，让他在潜意识里觉察到，“互联网这个东西不得了，以后一定会有大发展”。

马云自学英语，结交了一批外国友人，21 岁那年，他有机会第一次走出国门，去了澳大利亚，在澳大利亚的 31 天，让他长了不少见识。他开始真正地了解这个世界的真实面貌。后来，他因为英语好，又有一次机会去美国，是帮一家国有单位去要债、去谈判，但歪打正着，他在美国第一次遇见了互联网，而他发现，中国在这么新的互联网领域，竟然是空白，他认为这是一个很大的商机。想到，更要做到。于是，他回杭州后，凑了两万元，创办了中国黄页。中国黄页是个什么很高深的东西吗？细究起来，不是。站在今天的角度来看，这种模式很原始。给企业做个网站，然后他们向企业收费，就这么简单。这其中有一个案例，让马云对互联网的未来，产生了极大的信心，或者说，让他第一次感受到了互联网的力量。马云把杭州的望湖宾馆搬到了网上，结果 1995 年，联合国第四次世界妇女大会在北京召开，美国的很多妇女代表就是通过网络看到这个宾馆，结果虽然会议是在北京召开，但住的地方还是定在了望湖宾馆。这给了马云极其重要的提示。另外，马云将自己的海博翻译社搬到了网上，也接到了很多国外的 E-mail 来洽谈业务。正是这些实践，让马云坚定了互联网的信心。

那又是什么让马云开始做起了电子商务 B2B 呢？回头来看，也不复杂。马云毕业后，被分配到杭州电子工业学院（现为杭州电子科技大学），任教国际贸易系，他的学生中有很多就是做外贸的，既然他已经见识到了互联网的作用和力量，那互联网想必对国际贸易也是有作用的，于是，马云又干起了电子商务 B2B。那马云有做 B2B 的商业模式吗？说实话，没有。一直到 2003 年，阿里巴巴才实现了收支平衡，但马云认为只要自己做的这个东西对买卖双方有用，就一定会有它的价值，“你的客户富了，你也穷不了”。阿里巴巴的赢利模式也是在实际经营过程中，一步步地摸索出来的。从整个阿里巴巴的发展历程来看，我们可以明白，马云也不可能一下子就能看到多远，但正是在一步步地实践之后，也看得越来越远，对于国内大趋势的把握也比较准。马云在 2008 年，就曾预言，互联网在中国还有十年的黄金发展时期。现在来看，我们当下大谈特谈的“互联网+”，就是写照。2008 年，马云也曾看到，中国的内需会慢慢起来，于是他加大了淘宝的支持力度，后来淘宝的快速发展也印证了马云的判断。阿里巴巴今天也不是单纯的 B2B 和 C2C，它已布局文化、健康、金融等多个产业，那么今天引领企业发展的又是什么呢？马云指出，是使命感。只要是给人们带来便利，帮助大家获得便利、福祉的，就是阿里巴巴努力的方向。流传的马云一句名言，“哪里有抱怨，哪里就有机会”，或许能更形象地说明这点。

资料来源：改编自袁开春．真正的马云是什么样的［N］．光明日报，2015-05-14.

阅读并思考：要想取得职业生涯的成功，个体在职业生涯发展的过程中，应该做好哪些准备工作？

第三章　职业生涯目标的设计和实施

学习目标

~掌握自我认知的概念与自我认知的方法；
~掌握 SWOT 分析法及其应用；
~理解职业生涯目标的定义、影响因素以及其设立原则；
~理解职业生涯目标的类型、评估方法及调整方法；
~掌握职业选择的含义、影响因素及决策过程；
~掌握实现职业目标的适当策略选择方法；
~了解职业生涯准备的含义及内容；
~了解挑选最佳职业生涯发展路线的方法。

【引例】

故事一则：疯长的鱼

单位办公室门口摆着一个挺大的鱼缸，缸里放养着十几条产自热带的杂交鱼。那种鱼长约三寸，大头红背，长得特别漂亮，惹得许多人驻足凝神。

一转眼两年时间过去了，那些鱼在这两年时间里似乎没有什么变化，依旧三寸来长，大头红背，每天自得其乐地在鱼缸里时而游玩，时而小憩，吸引着人们惊羡的目光。

忽一日，鱼缸的缸底被本单位领导那顽皮的小儿子砸了一个大洞，待人们发现时，缸里的水已经所剩无几，十几条热带鱼可怜巴巴地趴在那儿苟延残喘，人们急忙把它们打捞出来。怎么办呢？人们四处张望了一下，发现只有院子当中的喷水泉可以做它们的容身之所。于是，人们把那十几条鱼放了进去。两个月后，一个新的鱼缸被抬了回来。人们都跑到喷水泉边来捞鱼。捞来一条，人们大吃一惊，又捞出一条，人们又大吃一惊。等十几条鱼都被捞出来的时候，人们简直有点手足无措了。两个月，仅仅是两个月的时间，那些鱼竟然都由三寸来长疯长到一尺长！人们七嘴八舌，众说纷纭。有的说可能是因为喷水泉的水是活水，鱼才长这么长；有的说喷水泉里可能含有某种矿物质；也有的说那些鱼可能是吃了什么特殊的食物。但无论如何，都有共同的前提，那就是喷水泉要比鱼缸大得多！

年轻人的成长也是这样，要想使自己长得更快、更大，就不要拘泥于一个小小的鱼缸。

资料来源：改编自佚名．故事一则：疯长的鱼［EB/OL］．［2015-04-01］. https：//wenku. baidu. com/view/d827d157e2bd960591c67743. html.

法国著名作家蒙田曾说："灵魂若找不到确定目标，就会迷失。"明确而适合的目标，是一个人职业生涯中的灯塔，将指引我们走向成功。成功的人与不成功的人唯一的差别就在于，成功的人可以无数次修改方法，但决不轻易放弃目标。与之相反的是，不成功的人总是修改目标，但就是不修正方法。

第一节　自我认知

自我认知是对自己的洞察和理解，包括自我观察和自我评价。自我观察是指对自己的感知、思维和意向等方面的觉察；自我评价是指对自己的想法、期望、行为及人格特征的判断与评估，这是自我调节的重要条件。如果一个人不能正确地认识自我，看不到自我的优点，觉得处处不如别人，就会产生自卑，丧失信心，做事畏缩不前。相反，如果一个人过高地估计自己，就会骄傲自大、盲目乐观，导致工作的失误。因此，恰当地认识自我，实事求是地评价自己，是自我调节和人格完善的重要前提，也是职业生涯规划与管理的第一步。

一、自我认知的概念与方法

（一）自我认知的含义

心理学上的自我是指一个独特的、持久的同一身份的我，主要包括作为认知对象的我和行为主宰者的我。认知自我属于自我意识范畴，包括自我觉察、自我认知、自我分析、自我评价等，可以从"我是谁"、"我从哪里来"、"我要到哪里去"三个问题进行说明。

第一个问题——我是谁？这包括物质自我、社会自我和精神自我三部分。

物质自我是对自己生理状态如身高、体重、形态以及住房、财产、衣物和装饰等的认识。一个人对自己的外貌长相、服饰打扮的定位和评价是物质自我的认识反应。这一部分有形的自我可以说是每个人对于"自我"最直接的感受和理解。

社会自我是对自己在社会关系、人际关系中角色、地位、作用和权力等的认识和体验。社会自我使个体在社会化过程中得以发展和成长。

精神自我是自我认识中最核心的部分，是对“我”的内部主观存在的认识，是对自身心理特征如需要、动机、价值观、能力、气质、性格等的认识。

第二个问题——我从哪里来？这包括自己的籍贯、家庭状况、学历、阅历、现有知识储备、能力、社会地位和社会资源等。

第三个问题——我要到哪里去？这包括对自己未来的人生设计，如希望自己在情感、经济、社会成就上达到什么样的目标，以及实现目标的具体方法。

正确认识自我是一个人迈向成功职业生涯的第一步，一个人如果无法充分认识自己，所有的努力都可能只是符合他人的期待和要求，而与自己的内心状态不符。因此，只有通过自我探索，了解自己的内在需求，个人的潜力才能得以充分发挥。

(二) 自我认知的方法

在古希腊帕尔纳索斯山南麓阿波罗神庙的一根巨大的石柱上，刻着苏格拉底的名言“认识你自己”，卢梭称其比伦理学家们的一切巨著都更为重要，更为深奥。那么，我们应该如何进行自我探索，认识自我？

1. 通过与别人的比较来认识自我

一个人对自己价值的认识，是通过与他人的能力和条件的比较而获得的，在与他人比较的过程中，应注意比较参照系和立足点，并且要注意以下事宜。

第一，跟别人比较的应该是行动后的结果，而不应该是行动前的条件。

第二，跟别人比较要有标准，而且标准应该是相对标准而不应该是绝对标准，应该是可变的标准而不是不可变的标准。

第三，比较的对象应该是与自己条件相类似的人。此外，大学生在认识自我过程中要努力拓宽生活的范围，增加生活阅历，积极参加社会实践和社交活动，这将有益于他们找到正确的参照系来了解自己。

2. 通过自我比较来认识自己

通过与过去的自己相比，与理想中的自我相比的方式，来自我比较和认识自己。前者可以发现自己的成绩和进步，提高自尊和自信；后者可以明确努力方向，进一步完善自我。

3. 通过分析他人对自己的评价来认识自我

一个人对自己的认识难免有偏差，因此有必要根据他人的评价、他人对自己表现出的言行态度来认识自己。不过要注意的是别人对你的评价，由于受到多种因素的影响，不一定完全正确，不能把别人的评价和态度作为唯一的衡量标准，需要结合其他相关信息进行综合分析。

4. 通过内省来认识自我

个体既是心理活动的主体，又是心理活动的对象。通过内省，我们可以了解到自己的智力、情绪、意志、气质、性格和身体条件等特点，内省也是自我意识形成的重要途径之一。在内省认识自己的过程中，一定要注意客观、全面、辩证地看待自己，形成正确的自我意识，真正地了解自己。

5. 通过自己的活动表现和成果来认识自我

自我的各个方面都是表现和反映在具体事件中，当代大学生可以通过学习文学、艺术、体育、社会工作、人际交往等各方面的能力来加深自我认识，获得关于自己的能力、意志、兴趣和投入角度等多方面的信息。

6. 认识自己的窗口

心理学家鲁夫特和英格汉提出了“周哈里窗（Johari Window）”模式，“周哈里窗”展示了关于自我认知、行为举止和他人对自己的认知之间在有意识或无意识的前提下形成的差异，由此分割为四个范畴：面对公众的自我塑造范畴，被公众获知但自我无意识范畴，自我有意识在公众面前保留的范畴，公众及自我两者无意识范畴。人的心理也是如此，因此，人的内在可被分成四个部分：开放我、盲目我、隐藏我、未知我。

“开放我”是代表自己和别人都了解的部分。对初次交往的朋友而言，这个区域就可能很小；对于自己的父母，这个区域可能就变得很大。

“盲目我”是代表自己看不清楚而别人却一目了然的部分，也就是所谓的个人盲点，通常是我们不自觉的瑕疵或怪癖、习惯等缺点。有自知之明、常常自我反省的人，这个区域比较小。

“隐藏我”是代表个人很清楚且隐秘，他人不了解的部分。我们对自己的秘密、弱点都不愿让别人知道，因为暴露这个部分可能会让自己受到伤害或被鄙视，唯有当我们很信任对方不会出卖、伤害自己的时候，才会开放自己的隐藏区。

“未知我”是代表自己和别人都不清楚的部分，这个区域范围大小是个未知数。有的时候经过反思或特殊的际遇，可能会突然有所顿悟，发现自己的潜能或潜藏的一些特质；有的时候则需要通过心理咨询、测评工具进行开发；还有的部分可能永远都不会察觉到。

根据周哈里窗模型，要想提高沟通的有效性，就要从两方面进行努力。一方面是增加自我暴露的程度，缩小隐藏区，让对方了解自己更多些，诚实坦率地与对方分享信息。另一方面是提高他人对自己的反馈程度，缩小盲区，扩大开放区。

7. 通过心理测试认知自我

心理测试法是通过回答有关问题来认识自己、了解自己。测试题目是心理学家们经过精心研究设定的，只要如实回答，就能大概了解自己的有关情况。常用的测试方法有人格测试、智力测试、能力测试、职业倾向测试等。

二、SWOT 分析法

SWOT 分析方法是一个战略分析工具，最早是由美国管理学教授在 20 世纪 80 年代提出来的，后来逐渐得到完善和改进。1971 年，安德鲁斯（Andrews）在《企业战略概念》一书中提出了战略理论和分析框架。S（strengths）即优势、W（weaknesses）即劣势，O（opportunities）即机会、T（threats）即威胁（见图 3-1）。

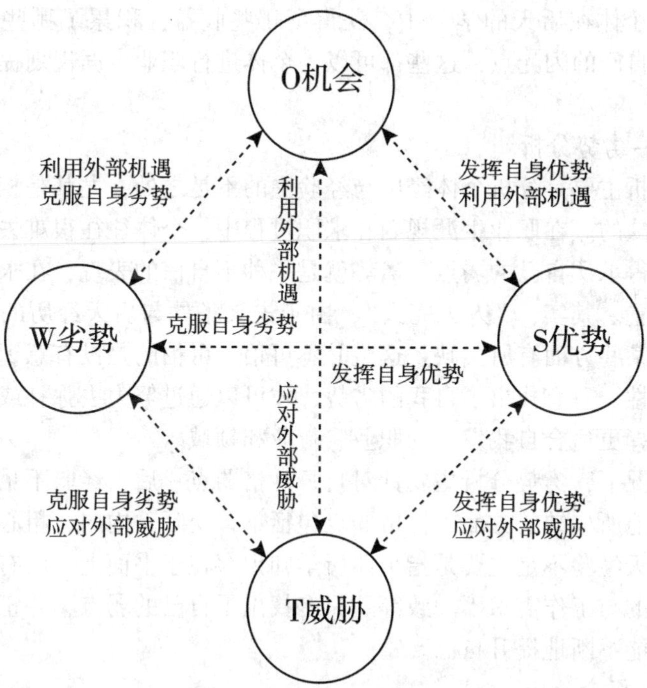

图 3-1　SWOT 分析示意图

同时，SWOT 可以分为 SW 和 OT 两部分，其中：SW 表示内部原因，故 SW 分析主要是分析个体的内部因素，研究个体自身的能力以及与竞争对手的比较；OT 表示外部因素，OT 分析主要是分析个体的外部因素、外部环境对个体的影响。因此 SWOT 分析法是在内部环境和外部竞争的基础上，将个体的独特的优势、劣势、所面临的威胁以及机遇挑战列举出来，做出基于内外部竞争环境和竞争条件下的态势分析。就是将与研究对象密切相关的各种主要内部优势、劣势和外部的机会和威胁等，通过调查列举出来，并依照矩阵形式排列，然后用系统分析的思想，把各种因素相互匹配起来加以分析，从中得出决策性的结果。

1. S——优势分析

优势分析主要是分析出个体具有优势的地方，特别是相对于其他的竞争对手和自己在这个职业领域的优势地方。我们每个人都有属于自己独特的技能和天赋，这是任何人无可取代的。其次，每个人由于后天环境的不同，受教育的水平不同，成长的文化理念不一致，往往后天的能力也不一样。这时，个体通过问自己："你学习了什么"，"你曾经做过什么"和"你过去最成功的是什么"来了解个体在后天的学习中，获得了哪些收益，积累了哪些经验，以及寻找到属于自己的闪光点，这些都可以为个体进行职业生涯规划提供有利的支撑。

2. W——劣势分析

劣势分析主要是分析个体经历与经验中的不足之处，尤其是相对于其他竞争对手所欠缺的。在职业生涯规划和求职过程中，个体往往很难去正视自我不足之处，觉得承认自己的弱点、劣势就是一种不自信的表现，在求职中害怕处于不利的位置。其实，"人无完人"，由于先天条件与后天经历的局限性，每个人都会在某些方面有所欠缺。这些并不可怕，可怕的是没有意识或者不承认自己的局限性。只有找出了自我的劣势，才可以通过努力去弥补或者避免自己的劣势，选择更适合自我发展的职业、行业和领域。

一般情况下，劣势分析主要针对自身性格弱点、后天经验不足，或自己专业知识、技能所欠缺的方面。性格弱点包括不善交际、内向、粗心大意、感情用事等；后天经验不足主要是指个体所学知识存在于书面上，没有去实践，或者后天实践的与工作需求不一致等。只有找出了自己的弱点，并正确对待，想办法克服才能不断地提升自己。

3. O——机会分析

机会分析一般是分析外部环境中有利于个体自我发展的因素，例如，好的职业选择和发展机会等。一般情况下，机会分析从三个方面进行分析。第一，对社会大环境进行认识和分析。具体包括对当前政治政策、社会经济发展形势、文化和科技发展几个方面进行分析，看这些是否对个体的职业发展有利，以及具体在哪些方面有利。第二，对个体目前所处的环境和以后所选择的单位的外部环境进行分析。具体包括分析行业和组织的外部竞争优势，以及内部有利于个体发展的职业通道优势。第三，对人际关系进行分析，即对个体的人际关系网进行有利的分析。具体包括哪些人员会对个体的自我发展提供有利帮助。

4. T——威胁分析

威胁分析主要是对个体所处的环境中潜在的威胁进行分析。个体需要全面认识自己所处的环境，做到防患于未然。对个体所处环境的潜在威胁分析一般包括：对当前经济发展中不利于个体职业发展的分析，政府政策不利于个体发展的分析，行业规模的分析，组织内部岗位空缺的分析，以及对自己产生竞争威胁的分析等。

三、SWOT 分析法的具体应用

将 SWOT 分析法运用在职业生涯规划中，最主要的是让个体了解自我。俗话说“知己知彼，百战百胜”，要想策划出适合自己的最佳的职业生涯规划，首先需要构建个体的职业生涯矩阵，对个体自身的优劣势（如 IQ、EQ、性格、专业、能力等）、内外部环境（经济、政治、文化等）进行系统而全面的分析。具体分析内容如表 3-1 所示。

表 3-1　**个体 SWOT 分析表**

	优势（S）	劣势（W）
内部分析（SW）	指个体可控的内部积极因素 如： 高学历 优势专业 丰富的工作和学生干部经验 乐观开朗等	指个体可控的内部消极因素 如： 缺乏工作经验 胆小 不善于表达 悲观的情绪等
	机会（O）	威胁（T）
外部分析（OT）	指外部环境中不可控但有利的条件 如： 该行业缺乏优秀的竞争人才 良好的经济环境 政府有利的政策支持 科技进步等	指外部环境中不可控但存在的威胁 如： 地震等自然灾害 经济危机 政府管制行业发展 行业人才饱和等

通过列表分析对比，个体对自我的优劣势、职业需求、职业兴趣等有了一

个清晰的认识，就可以清楚地知道我们自己的竞争力和有利的发展机会，并在职业选择与规划的过程中，可以逐渐地提高优势，减少劣势，抓住机会，避免威胁，从而能够科学地设定合理有利的职业目标，寻找到符合个体自我发展的行业。

第二节 职业生涯的目标

目标是行动的导航灯，是未来的现实。职业生涯目标是个体在职业生涯过程中渴望获得的与职业相关的结果、也就是意欲达到的职业期望。它是个体在某一时期期望达到的职业高度，是个体职业生涯规划和设计的关键和核心。有效的生涯设计需要切实可行的目标，以便排除不必要的犹豫和干扰。

一、职业生涯目标的定义

谈到职业生涯目标，首先就要了解职业期望。职业期望是员工对某项职业的向往，也就是希望自己从事某项职业的态度倾向。职业期望直接反映着个体的价值观。每种职业有其各自的特性，不同的人对职业特性可能有不同的评价和取向，这就是所谓的职业价值观。萨帕曾经将职业价值观或职业取向概括为15种类型：助人、美学、创造、智力刺激、独立、成就感、声望、管理、经济报酬、安全、环境优美、与上级的关系、社交、多样化、生活方式。

一般来说，职业期望有如下特点：职业期望来自员工个体方面的行为；职业期望不是空想、幻想，而是员工的一种主动要求，是员工将自身的兴趣、价值观、能力等与社会需要、社会就业机会不断协调，力求实现的个人目标；职业期望不同于职业声望。职业声望是职业地位的反映，是人们对某种职业的权利、工资、晋升机会、发展前景、工作条件等社会地位资源情况，即社会地位高低的主观评价。其含义完全有别于职业期望，二者不可混淆。但二者也有联系，员工个体所追求和希望从事的职业，大多是有社会声望的职业。

因此，职业生涯目标是个体在职业生涯过程中渴望获得的与职业相关的结果、也就是所愿达到的职业期望。它是个体在某一时期期望达到的职业高度，是个体职业生涯规划和设计的关键和核心。

二、职业生涯目标的影响因素

在职业生涯规划中，影响职业生涯目标设定的因素有很多，总体上可以分为社会因素和个人因素。

1. 社会因素

社会因素一般是指社会大环境，比如政治 、经济、文化、科技变化等因素、组织支持以及其他社会因素。一般来说，社会大环境是影响个体的根本因素。个体在政治稳定、经济发展、科技进步的国家里更能找到有利于自我发展的条件。其次，组织支持与否，对于员工自我发展来说也很重要。研究表明，员工在支持力度大的组织里更容易获得学习的机会，工作会更努力、更有成就。反之，员工则容易产生倦怠心理。其他的社会条件，如社会关系网络等也会影响个体职业生涯的发展。

2. 个人因素

个人影响因素一般是指个体的能力因素和非能力因素。能力因素一般是指智力、特殊能力、知识能力等因素。而非能力因素包括兴趣、情感和意志等。

兴趣是人们成长的起点。兴趣广泛的人眼界开阔，容易从多方面受到启发，从而在职业生涯设计方面有着较大的主动权，有利于取得职业生涯的成功。

情感是人对待外界事物的一种内心体验。情感包括心境、热情和激情三种状态。心境是一种比较持久的情绪状态。人的人生观、性格和心胸的开阔与否，对心境具有直接的影响。良好的心境促使人们发挥积极性、主动性和创造性，可以提高学习和工作效率；不良的心境则使人心灰意冷，陷入消沉状态而降低学习、工作效率，阻碍成功。

意志是一个人自觉地确定目标，并支配与调节自己的行动，克服各种困难，从而达到预期目标的心理状态。一个人的意志，对于自身的具体成长过程和职业生涯发展，都有着重要的作用，没有坚强的意志，人在顺境中就会得意忘形，在逆境中就会消沉颓废。

三、职业生涯目标的设立原则

1. 设立职业生涯目标的八个指导原则

（1）可行的。就自己的能力和特点而言，实现这个目标是现实的，可能的。

（2）可信的。对自己的能力非常有信心，相信自己能够在设定的时间内完成。

（3）可控的。对一些可能会最终影响到目标实现的因素的控制能力。

（4）可界定的。目标必须是以普通人都能理解的口头语言或书面语言表达，并且目标是可以分解的。

（5）明确的。只陈述某一特定的目标，并且在一段时间之内只集中于这一个目标。

(6) 属于自己的。制定的目标应该是自己真正想去做的事情，不是强加的。

(7) 促进成长的。目标应该是对自己和他人均无伤害或破坏性的。

(8) 可量化的。目标应当尽量以一种能够用数字加以量化的方式来表达，而不是宽泛、模糊的或抽象的形式。

2. 设立职业生涯目标的方法

为了正确地设定职业生涯目标，一般采用五“What”法确定职业生涯目标。

五“What”法即通过不断地问自己五个问题来了解自己、确定出适合自己发展的职业生涯目标。

五“What”为：“What are you?”“What you want?”“What can you do?”“What can support you?”“What you can be in the end?”即“我是谁?”“我想干什么?”“我能干什么?”“环境支持或容许我干什么?”“最后我能干成什么?”。

针对第一个问题“What are you?”我们需要的就是对自我进行认知，深刻地了解自我。

针对第二个问题“What you want?”是对个体职业发展的心理偏好进行调查。由于每个人不同时期的发展目标不一致，有时是摇摆不定甚至是完全相对立，只有通过不断了解个体内心自我发展的趋向，才能有效地选择出适合个体长期发展的职业目标。

针对第三个问题“What can you do?”我们需要做的是对个体的能力和职业潜能做出全面盘点和总结。一个人职业发展的长短、好坏主要是取决于个体的职业能力和职业潜能的大小，因此，了解个体的职业潜能是非常有必要的。

第四个问题是“What can support you?”主要需要解决的问题是了解环境可以给个体提供什么样的支持，以及现实可以容许个体干什么。这时需要了解的是客观方面包括经济、社会发展、企业制度、职业发展空间等的情况，以及自己的人际关系、家庭关系、家庭负担等主观方面的情况。把两方面的情况综合起来考虑，有利于形成全面、客观、促进长期发展的职业目标。

只有通过上述四个问题对自我发展、心理偏好、个体自我发展能力和职业潜能，以及主、客观条件有了深刻的了解后，才能排除职业发展中的不利因素，最后确定出“我能干什么?”即回答第五个问题：“What you can be in the end?”

四、职业生涯目标的类型

1. 依据职业生涯目标的具体程度划分

概念性目标：反映一个人的价值观、兴趣、才干和生活方式的偏好。比如，想从事与市场相关的工作就是一个概念性目标，它包括广义上的研究与分析，有机会承担较多的责任，有广阔和多样的空间，能够和多种多样的客户打交道，家庭的事务不受到过多的影响等。

操作性目标：是将概念性目标转换为具体的工作或岗位。比如，想要获得某公司的市场调研部经理的职位就是操作性目标。

2. 依据职业生涯目标的时间维度划分

长期发展目标：基于自身的能力、发展潜力和社会经济发展的趋势，树雄心、立大志，勾画出未来的个人职业前景，甚至是自己的职业生涯高峰。通常比较粗，不具体，可能随着企业内外部形势的变化而变化。目标特征表现为：目标有可能实现，具挑战性；对现实充满渴望；非常符合自己的价值观，为自己的选择感到自豪等。

中期发展目标：相对长期目标要具体一些，如参加一些旨在提高技术水平的培训并获得等级证书等。目标特征表现为：与长期目标保持一致；用明确的语言来定量说明；是结合自己的志愿和企业的环境及要求来制定的目标；基本符合自己的价值观，充满信心，愿意公布于众。

短期发展目标：是一种现实性的目标，是有实际价值的目标，是以长期的人生大目标为发展方向的行动性目标。目标特征表现为：明确规定具体的完成时间；目标的可操作性；对现实目标有把握；服从于中期目标；目标可能是自己选择的，也可能是企业或上级安排的、被动接受的；目标需要适应环境；目标要切合实际。

3. 依据职业生涯目标的存在状态划分

美国心理学家施恩把人的职业生涯分为“外职业生涯”和“内职业生涯”。因此，职业生涯目标也可以分为外职业生涯目标和内职业生涯目标两个层次。

外职业生涯目标包括职位、工作内容、工作环境、收入、工作地点等，它侧重于职业过程的外在标记。

内职业生涯目标包括观念、掌握新知识、提高心理素质和工作能力、工作成果、处理与他人的关系等，侧重于职业生涯过程中的内心感受。

五、职业生涯目标的评估

在确定了职业目标后，需要对职业目标进行评估，主要包括对职业目标的合理性评估和可行性的评估。在对职业目标进行评估前，要了解选择目标的方法之一：多叉树法（见图 3-2）。

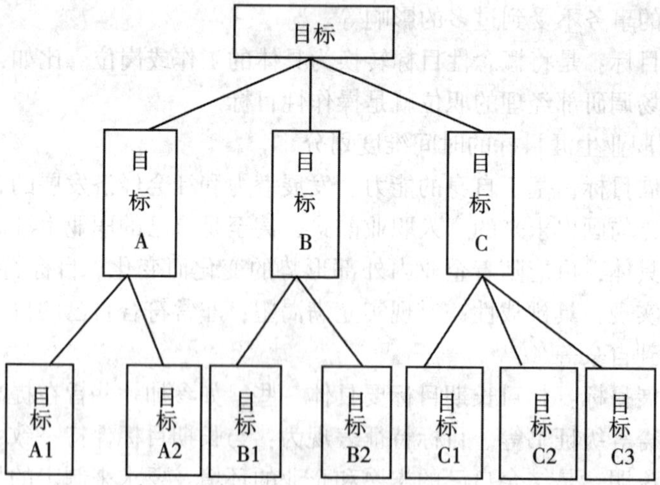

图 3-2　多叉树法示意图

什么是多叉树法？可以想象一下：有一棵大树，从树干开始，就会有若干个分枝，每个分枝会有更小的树枝，每个更小的树枝有再小的树枝，直到叶子。我们将树干表示成大目标，每个树枝代表小目标，叶子就是我们现在的目标，或是我们现在要去做的每件事情，每件事情所应该达到的结果。

因此，我们在使用多叉树法时，一定要弄清楚大小目标之间的逻辑性关系：第一，小目标是大目标的条件之一，每一个小目标是大目标的一层分叉；第二，大目标是小目标的结果，即小目标的实现都是为了大目标的终极实现；第三，小目标如果都实现了，那么大目标则一定也会实现。一个大目标就像一个集合，每一个小目标都是其中的一个子集，所有的小目标则构成了一个大目标的完整集合，因此，所有小目标都实现了，说明大目标也得以实现。

在达成目标多叉树法的分解后，我们可以了解目标是否可以在单位时间内有效地完成。如果在单位时间内无法完成，则表示目标过大，会为个体带来较大压力，不利于个体有效地工作；如果在单位时间内个体能够很轻松地完成，则表示目标太小，不利于时间的利用，同时容易造成个体松懈、懒惰。

六、职业生涯目标的调整

(一) 职业体验与反思

人们在初次职业选择时会思前忖后，对不同的职业难以取舍，这是必然的，因为他们没有职场经验和人生实践。他们对未来的期望并不确定；对于职业自我的认知相当主观，没有把握；对外部世界如何接纳自己心中无数；不清楚某一项职业决策的机会成本与收益，即不知道选择了某个职业会丢掉哪些职业和职业受益，以及自己的选择是不是最优的。

但是当我们在职场锻炼三五年以后，一般都完成了职业适应期，有了一定的职业实践经验和感悟。在职业实践中，人们发现了职业自我，体验了职业世界对自己接纳情况，了解了个人所从事职业的收益和机会成本，对自己未来的认识和期望也更加清晰。但要注意的是，即使人们有了一定的职业实践，即体验以后，都只是有了一部分“解”。要取得“完全解”即真正合理的答案，还需要有更长期的职业阅历，有更多的对社会、对自身的了解，有更加深刻的人生哲理。因此，人们在基本完成职业适应以后，面对新的职业机会时仍然需要慎重思考。

(二) 长期职业体验后的认知

经过一二十年的职业生涯实践，有了相当丰富的职业阅历、对自己的能力、价值观有了充分的自省以后，基于外界环境与自身情况，人们通常会对自己的职业产生一种心理认同，这种在心理上的认同使得人们真正愿意从事某一种职业，以至终身从事该种职业。因为人们对自己所从事的职业能够满足自身的心理需求，这根源于一个人的价值观，而不是为了一种职业的表面称谓。这种“职业认同基于心理需求和价值观”，并反映在以下三个方面。

(1) 相同职业对于不同的人有着不同的意义，也就是说不同的人即使从事同一种职业也是基于不同的价值观，有着不同的工作目的。美国的职业社会学的研究指出，同样是当警察，有的人看重的是作为“政府公务员”的职业稳定性，有的人是为了打击罪犯、维护社会正义，有的人觉得当警官威风，有的人则乐于干富有探索性、冒险性的工作。

(2) 一个人在原有工作和前途很好的情况下转换职业、重新选择，是基于新的职业更加符合自身的心理需求、对自己有更大价值、更加接近自己从业的根本目标。

(3) 人们会在不同单位的同种职业之间进行流动，这显然是基于相同的两个职业对于人的价值和效用不同。

施恩提出的“职业生涯留点”或者“职业锚”观点，就反映了人们对于职业人生价值的理性认知，是人们在具有较长时期的职业体验以后能够比较清楚地认识自己、了解职业世界与自身的关系，比较现实与合理地估算从事某种职业的成本和收益，从而在职业生涯中期以至后期，对个人职业生涯进行正确的认识和符合理性的塑造。

（三）职业的再选择

人们在初入职场的时候，对行业的不了解使个体对职业生涯存在很多未知，导致个体自我认知不清晰，不知道如何选择有利于自我发展的职业，对自身未来发展不清晰、不明确甚至有时是盲目的。而个体在进入职场三五年后，度过了职场适应期，对自我有了新的认识，积累了一定的实践经验，才能开始慢慢地明确自己未来的发展方向，知道哪些行业哪些职位可以满足自我需求。这时候职业生涯目标的再选择就变得非常有意义。

根据马斯洛的需求层次理论，个体经过长期职业体验或者人到中年后，从最开始初入职场只是为了满足基本的生理和安全上的需求，到后来为了满足自我的情感、归属、尊重或自我实现的需求，很多人会重新审视自己最初的选择，重新定位职场生涯目标。

根据美国管理学家巴达维总结的职业生涯再选择的内容，个体在进行职业生涯目标再选择时主要需以下七个步骤：

①明确自我的终身职业目标与职业期望；

②进行职业生涯目标再选择的分析和抉择；

③自我评价以及分析成功与否的风险；

④为新的目标做准备；

⑤努力实现新的职业目标，提高自我能力；

⑥确定职业发展的行动战略；

⑦跟踪再评价。

第三节　职业目标的实施

一、职业生涯准备

（一）职业生涯准备的含义

20世纪六七十年代职业生涯准备概念被提出。所谓职业生涯准备，是指个体为了实现自我的职业生涯目标，在一定的时期内，为职业生涯发展而做的各种准备，它有广义和狭义之分。广义的职业生涯准备是指为了获取某项职业而做的所有准备工作，而狭义的职业生涯准备仅指为了获取某项工作，在某一时期内所做的就业准备工作。

职业生涯准备是职业生涯的开端，它有利于完善个体的职业生涯规划，使得职业生涯规划越来越合理；有利于个体提前了解行业情况，可以为职业生涯发展打下基础，是职业生涯规划与管理中非常重要的环节。

(二) 职业生涯准备的内容

首先，无论从事何种职业，都需要具备一定的思想道德素质。在职业生涯发展中，不仅要求思想道德素质，还要求具有一定的职业道德素质。我国的《公民道德建设实施纲要》指出："职业道德是所有从业人员在职业活动中应该遵循的行为准则，涵盖了从业人员与服务对象、职业与职工、职业与职业之间的关系。所谓职业道德素质，就是同人们的职业活动紧密联系的符合职业特点所要求的道德准则、道德情操与道德品质的总和。它是人们在特定的工作和劳动中以其内心信念和特殊社会手段来维系的，以善恶进行评价的心理意识、行为原则和行为规范，它是人们在从事职业的过程中形成的一种内在的有很大限制性的约束机制。"因此，职业道德素质具有实践性、职业性和继承性，是职场中用来规范个体行为、道德总则的指南针。

其次，在职业生涯准备过程中，还需要知识准备。尤其是在知识时代，知识决定着命运，知识准备显得尤为重要。知识准备不仅指的是基础知识，需要准备与职业发展有关的专业知识。如公务员备考中，需要提前准备行政职业类型测验、公共基础知识、申论等知识，对于一些特定岗位像银监会等的备考，还需要准备与之相关的专业知识。

再次，对于信息的准备也非常重要。对于各种就业信息的了解，会使全体犹如找到了进入职场的大门，通过对就业政策、经济发展的趋势以及人才需求信息等的了解，可以为个体带来很多求职机会。

最后，自我对心态的不断调整也非常重要。在激烈的竞争中，全面地认识自我有利于知道自我的职业目标，拥有健康的心理，面对职场暂时的成功与失败都能保持平和的心态，有助于实现自我职业生涯规划的长期目标。

二、职业选择

(一) 职业选择的含义

职业选择是个体根据自我的职业目标、兴趣、爱好等对工作岗位、就业方向和行业领域等的比较和选定的过程。通俗来说，职业选择就是选定一个职业，开始新的工作。它是个体开始正式的职业生活的开端，是人生道路上非常关键的一步。因此，个体在进行职业选择时要从客观实际出发，根据个体自身的素质、能力，社会的经济体制、政策制度、社会需求等实际情况的对比、分析，从现实的角度选择自我的职业。

同时，职业选择是个体职业意向由计划、设想逐渐走向现实化的阶段，包括主动选择和被动选择两种模式。主动选择，即个体根据自我的职业意向，主动的选择行业领域和工作岗位。它是不断地将个体意向与社会岗位相统一的过程，是将个体机会推向现实。被动选择，则是个体有可能没有认清自我能力或者岗位要求，以至于个体的职业选择意向与现实的行业、岗位要求不相符，甚至是矛盾、对立的，个体不得不向现实妥协，根据客观现实来修正自我的职业目标。

（二）职业选择的影响因素

个体的职业选择因素主要是个体因素和社会因素。其中，个人因素主要包括；个人能力和职业期望等因素。社会因素则包括职业岗位、职业声望等因素。

1. 个人因素

（1）个人能力。

个人能力是影响职业选择的内在因素，是个体进行职业选择的最基本的砝码。个人能力包括一般能力和特殊能力。在职业生活中，一般能力是指个体在职业生活中所具备的基本能力，如智力的高低直接影响着个体的职业选择；特殊能力又称专门能力，是个体完成职场中的某项活动而具备的能力，如对行政办公人员要求的写作能力。

个人能力是个体在长期自我发展中形成的，它是个缓慢而长期的过程。一般情况下，个人能力的形成受先天条件和后天情况的共同影响。父母的遗传因素、生活水平以及出生环境等的不一样，导致个体的某些个人能力不一样，这些是由先天决定的，不受个体自身调控。而个体出生后，所受的教育水平、教育类型以及个人自身努力情况等的不同，也导致了个体的个人能力不一样；个体的个人能力形成以后，并不是一成不变的，它会随着时间以及内外部环境的变化而出现强化、弱化和转化三个方面的变化。强化即通过长期的职业积累，个人能力得到强化提升；弱化则是由于客观条件的改变，如工作环境的改变等，出现的暂时性弱化即相对弱化，或者是由于自身原因导致的能力的绝对弱化；转化则是指兴趣、爱好等原因的变化，而将能力转移到其他职业中，这种变化有可能导致能力的强化也可能弱化。

（2）职业期望。

由于个体的差异性，每个人对职业“好”“坏”的评判标准不一样，因此对职业的向往和追求都不一样。职业期望即职业意向，是指个体在进行职业选择时对某项职业的倾向和偏好，是职业价值观的外在表现。它主要受个体自身的性格特质、心理状态、教育水平、年龄和阅历、社会人才需求等因素的影响，同时也受职业知识和职业信息来源的影响。

但是，职业期望也不是一成不变的，环境和个体自身的变化都可能带来个体职业期望的改变。例如，刚毕业的大学生一般的职业期望都是获得一份高薪和具有发展前景的工作，可是随着阅历和经验的增长，个人价值的实现状况、社会角色和家庭角色的变化，以及行业发展等，都会影响到个人的职业期望，使职业期望变得越来越现实，同时也会提高自我的职业期望水平。

2. 社会因素

(1) 职业岗位。

职业岗位是职业选择的前提，它是个体在进行职业选择时的重要前提条件。如果没有岗位的空缺，那么个体的职业选择、职业发展都是泡影。因此，职业岗位也影响着职业选择，甚至有时是决定着个体的职业选择。

职业岗位与职业选择者间存在着供大于求、供小于求、供求平衡等三种关系。供大于求是指市场上需要引进大批量的该种职业岗位的职业选择者。供小于求则是指市场上能胜任该职业岗位的人远远多于该职业岗位，这时求职者往往面临巨大的竞争压力，进入该行业的壁垒很大。而供求平衡则是完全竞争状态，通过个人努力容易获得该岗位。因此，在进行职业选择时，调查好职业岗位的需求、供应情况是非常关键的。

(2) 职业声望。

职业声望是指人们对各种职业的社会地位、职业收入、社会贡献和知识技术专业性要求等的综合评价，是人们道德价值观评判的结果。它一般受到宏观层面的核心价值观和微观层面的个人价值观的影响。

宏观层面上，职业期望根据的是整个社会环境中一种共同的核心价值观念体系来评判的。例如，在核心价值观注重经济发展的国家和地区，人们追求的是经济地位，谁的收入越高，经济价值越大其职业期望就越高；而在注重政治地位的国家和地区，人们往往觉得政治地位越高的职位其职业声望越高；而在注重宗教的国家和地区，宗教者的职业期望会比较高。

微观层面上，个体主观的职业价值观也影响着职业期望的高低。在同一国家和地区，有的人认为高收入的职业，社会地位高；有的人则认为政治地位高的职业，社会地位高。因此不同的价值观念也决定着职业声望的高低。

但是，职业声望一般都比较固定，它受一个国家和地区群体的社会心理影响，又随着社会的发展而变化着。因此，职业声望的高低影响着个体的职业选择。

三、职业选择的决策过程

职业选择的成功与否直接关系着个体的职业目标能否实现、职业生涯发展能否成功。因此需要将个人能力、职业期望、职业岗位与职业声望协调好，做出适合个体发展的职业选择。

职业选择的决策一般包含以下几个步骤。

（1）探索：根据个体的个人能力、职业期望、职业岗位和职业期望等因素选择职业生涯发展目标。

（2）成形：确定职业生涯发展目标，同时考虑该职业生涯目标可获得的价值。

（3）选择：初步选定职业生涯发展的具体目标后，分析、寻找以及确定个体所期望的具体行业、具体职业。

（4）澄清：在初步选择职业的基础上，不断地从多角度寻找可能发生的问题并解决。

（5）入职：根据选定的职业走上职业岗位。

（6）坚定或矫正：如果选择的职业是正确的，需要坚定并完善目标；如果选择的职业部分不正确或者完全错误，或者由于对所从事的职业有所了解后需要重新调整职业目标，需要勇于矫正自己的职业。

（7）总结：个体在职业发展一段时期后，不断的自我总结、积累经验。

四、挑选最佳职业生涯发展路线

职业生涯路线选择的重点是通过对自身因素和环境因素进行系统分析，权衡利弊，做出路线选择，挑出能够实现自身目标的最佳路线。

典型的职业生涯路线图是一个 V 形图（见图 3-3）。假定 22 岁大学毕业，即 V 形图的起点是 22 岁。从起点向上发展，V 形图的左侧是行政管理路线，右侧是专业技术路线。将路线分成若干等分，每等分表示一个年龄段，并将专业技术的等级、行政职务的等级分别标在路线图上，作为自己的职业生涯目标。当然，职业生涯路线也可能出现交叉与转换，具体可以根据自身的情况与处境来决定。

五、实现职业目标的策略选择

1. 练内功策略

练内功策略主要是通过培训来提高自己的能力和竞争力，并在实际工作中取得业绩，获得外界的认可。如考虑自己的经济状况、精力和时间安排等，选

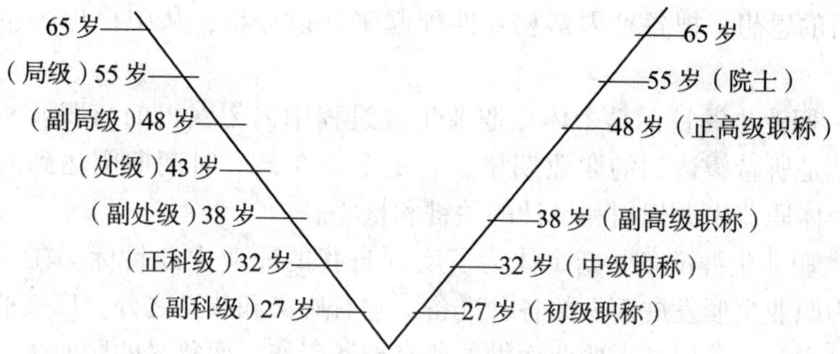

图 3-3 职业生涯路线图示例

择适合自己专业知识和技能的培训渠道和培训方法。

选择培训渠道——培训公司组织的专业化知识培训、进修学习或攻读 MBA 等。

挑选培训方法——传统的演讲授课法、角色扮演法、在职培训法（工作扩大法、岗位轮换、工作丰富化）等。

2. 练外功策略

练外功策略主要是指个人通过充分的开发自己，主动地展示自我，如追求自己的职业理想；积极展现自己的实际工作表现，合理提出自己的职业理想和追求，不可盲目夸大或不切实际；以展示自己的客观表现为主，少谈自己的愿望和态度。

3. 关系策略

关系是一种重要的资源，在职业目标的实现过程中，培训、晋升等都需要社会资源的支持，应注意处理好各种关系。

本章小结

（1）心理学上的自我是指一个独特的、持久的同一身份的我，主要包括作为认知对象的我和行为主宰者的我。认知自我属于自我意识范畴，包括自我觉察、自我认知、自我分析、自我评价等，可以从“我是谁”“我从哪里来”“我要到哪里去”三个问题入手来进行说明。

（2）SWOT 分析法是在内部环境和外部竞争的基础上，将个体独特的优势、劣势、所面临的威胁以及机遇挑战列举出来，做出基于内外部竞争环境和竞争条件下的态势分析，就是将与研究对象密切相关的各种主要内部优势、劣势和外部的机会和威胁等，通过调查列举出来，并依照矩阵形式排列，然后用系统分析的思想，把各种因素相互匹配起来加以分析，从中得出决策性的结果。

(3) 职业生涯目标是个体在职业生涯过程中渴望获得的与职业相关的结果，也就是所希望达到的职业期望。它是个体在某一时期期望达到的职业高度，是个体职业生涯规划和设计的关键和核心。

(4) 职业生涯准备是指个体为了实现自我的职业生涯目标，在一定的时期内，为职业生涯发展而做的各种准备，它有广义和狭义之分。广义的职业生涯准备是指为了获取某项职业而做的所有准备工作。而狭义的职业生涯准备仅指为了获取某项工作，在某一时期内所做的就业准备工作。

(5) 职业选择是个体根据自我的职业目标、兴趣、爱好等对工作岗位、就业方向和行业领域等的比较和选定的过程。

复习思考题

(1) 请尝试进行自我认知分析。

(2) 如何将 SWOT 分析法应用到你的职业生涯规划中？

(3) 你的职业生涯长期目标是如何形成的？如何根据长期目标来确定你的中期和短期职业发展目标？

(4) 职业选择的影响因素有哪些？如何找到关键影响因素？

(5) 结合自己的实际情况（专业，能力，特长等），画一份你的职业生涯目标实现路线图。

案例分析

“90后”大学生，就业观念的改变

毕业季时，高校校园内开始了新一轮的求职大战。诸多即将毕业的“90后”大学生已不再将“北上广”为代表的“人才高地”视为他们寄托梦想的唯一，面对残酷的现实，他们开始有了自己的思考。

1. 过自己想要的生活

王丽丽是兰州某高校的应届毕业生，她学的是新闻学专业。2013年3月在甘肃农业大学举行的一场招聘会上，王丽丽签好了工作协议。王丽丽说，她找工作首先关注与自己专业对口的用人单位，了解用人单位的相关要求之后，

觉得自己基本符合要求，就递上了简历。

毕业前，王丽丽一直执著于找工作。她相对于周围的同学年长些，而家里的两个弟弟都到了结婚的年龄，父母身体一直不好，想到这些，她便会鼓足劲头，开始努力。她跑了三四场招聘会，只要听到周围的高校有招聘会，她就会尽量挤出时间去看看。

“虽然用人单位没有明文规定要男生还是女生，但显然更偏重要男生，说法是，新闻工作机动性很强，女生不方便。”参加了多场招聘会后，王丽丽如此总结，“用人单位在很多时候不会有具体的要求，主要是专业对口。但一旦涉及要签工作，他们便会有很多理由等着应聘者。”

王丽丽一直留意新疆那边的用人单位。“我有新疆情结。也不知道什么力量在吸引着自己，在高中的时候，我从一本书上看到有关天山的一张图片，觉得那个地方很神圣，就偷偷剪下来，夹在书里，现在还时不时拿出来看看。”说话中，她从随身携带的书中拿出来那张剪下来的图片，看着那张图片，又开始回到自己的世界，“想去新疆，还有一些原因是小时候妈妈在新疆那边打工，我想自己去感受一下母亲生活过的地方。有些人就适合一些地方，虽然对那个地方一无所知，对我而言，觉得新疆适合自己。以后想在新疆租几亩地，自己种种菜，然后把家里人接到新疆，家里环境不好，山大沟深。而且有亲戚在新疆那边，去了也有人照应。”

“在那边过自己想要的生活。”王丽丽幽幽地说出了隐藏在她内心的大胆想法。王丽丽的同学们找工作，眼睛只盯着薪水、福利，就业期望值过高，可理想与现实有很大差距。他们往往对自己估计过高，眼高手低，“这山望着那山高”；有些片面追求大城市，不愿去一些小城市发展。面对一些小企业，他们觉得发挥不出自己的“真材实料”，致使高不成，低不就。

“现在工作是签订了，可心情焦虑，总觉得自己不够优秀，而用人单位却选择了自己。”面对工作，她流露出些许的不自信，这也许是毕业生的通病，觉得自己没有能力，只是在学校时，读了几本书而已，对于工作，自己一无所知。

2. 一万名，风险小，投资少

“一万名，风险小，投资少。”苏霞笑着说，“这听起来像理财产品的广告，但是这的确是我最现实的选择。”即将毕业的苏霞，来自于甘肃状元县会宁，她从一开始就没有打算找工作，就想好好复习通过“一万名”考试，“对我来说，考‘一万名’是比较好的选择，相对也保险一点。”在他们看来，“一万名”相对于考取公务员和事业单位来说比较容易，没有那么大的竞争，与此同时未来获得一份稳定工作的可能性却比较大。苏霞说，她毕业后想回到家乡，鉴于自身的条件，她觉得自己在大城市找份稳定的工作不容易，便选择了通过考“一万名”来得到一份自己眼中的稳定工作。苏霞说：“回到家乡没有什么不好，在那里成长，学习，熟悉那里的一切，就算闭着眼睛也能找到家在哪里，可在大城市就不一样。在我现在看来，待在老家，相对大城市的工作单位比较悠闲，没有那么忙碌。考取这些岗位，相比较其他工作更稳定，而且家乡那边消费低，工资可以满足自己的消费。另外，和家乡人打交道，感觉很亲切，做工作也比较得心应手。”

苏霞不得不承认，她做出这样的选择受到了自己同学的影响。苏霞的同学中已经有人有考取“一万名”工作的，听他们描述，“工作很稳定，每天朝九晚五，只要不出错就不用担忧哪一天会丢掉工作，而且还有正常节假日。”这在他们这些来自农村孩子的眼中，已经是很不错的待遇了。

在面对充满诱惑的世界，苏霞也有过犹豫。“有时候，会不甘心，也想去外面闯闯，想走出去看看外面的世界，可这仅限于冲动、头脑发热时候的想法，自己知道自己有几斤几两，要是自己折腾，苦的是父母。”苏霞说她没有很大的抱负，她只想安稳地生活。

3. 在家乡寻求发展

晓莹是地地道道的兰州姑娘，在兰州生活了23年的她连上大学都没有走出兰州。

2013年7月毕业的晓莹一向开朗，学习成绩也不错，毕业后想出去闯一闯。但谈起就业，晓莹却是满腹牢骚。“你是个女孩子，到外面去人生地不熟的，怎么吃穿，怎么住宿，遇到困难怎么办，我们离你又很远。”晓莹父母说。在晓莹看来，父母的话不无道理，但对找工作，她也有自己的打算，思虑良久后，晓莹试图劝服父母，听从自己的想法。但父母和亲友的一番话，将她从美好的理想中拉到残酷的现实里。

晓莹的表哥五年前大学毕业，由于这位表哥从大二开始就做兼职，自己供自己上学，在一次次的打工过程中，他觉得做生意可以赚大钱，将来就可以改变自己和家庭的状况，所以毕业之后就直奔南方继续从事销售工作。晓莹的表哥和伙伴一起来到了广州，从小百货做起，试图走一条属于自己的创业之路。

转眼五年时间过去了，晓莹的表哥才发现在学校做兼职和真正在商场上真刀实枪地打拼完全是两码事。每天起早贪黑、辛辛苦苦，至今尚未成功。现在表哥已年届三十，仍然只身在广州闯荡。晓莹说自从进入大四之后，每次去姨妈家，姨妈都要问自己毕业后打算干什么，每次照例都会把表哥搬出来给自己当反面教材，临了还不忘强调“况且你还是一个姑娘”。

晓莹父母认为，发展还是在家乡好，外面的困难和艰辛不是一般人能够承受的，在自己熟悉的地方有亲切感，做事情比较容易、轻松。“父母认为，在兰州发展，可以用他们的社会关系来支持我。”晓莹小声地说道。与此同时，在学校忙活了一个多月的晓莹，也无意中知道很多学长学姐最后都回家乡发展的消息。看到学姐的选择，晓莹也想，自己一个瘦弱的女生，从未单独在外面生活过，将来的生活怎么过呢？最终，经过再三考虑，晓莹决定就在兰州发展，还方便将来照顾父母。

其实，像晓莹这样的学生很多，开始都想着自己年轻，有的是青春拼。但是，在毕业当头，才发现现实远比理想更重要，最终放弃了现在还看不到的未来，选择留在自己家乡，依靠近缘优势求发展。

4. 适合自己的就是最好的

从最初参与公益项目，到后来逐渐自己带公益项目，大学四年，沈竹除了学习之外，主要的心思基本上都在公益事业上，几乎每周有几天都在公益组织办公室忙活。现在，她和其他同学一样，准备毕业的事情，而最重要的就是就业。谈起就业去向，沈竹倒是显得比较淡定。“我自己做公益这么久了，也渐渐地喜欢上了公益这条道路，我希望自己能在这条路上走下去。”沈竹现在已经和过去服务的公益组织续约了，虽然包括他的父母在内，都反对她将自己未来的工作寄望于公益。沈竹说：“不得不承认公益相对于传统意义上的正式工作，在薪酬、福利以及前景上都没法比，但是我相信这是一份有前景的事业。”沈竹不愿意把公益看成是一份单纯的工作，她更愿意强调这是一份事业。

资料来源：改编自佚名．“90后”大学生，就业观念的改变［OB/OL］．［2013-05-23］．https：//wenku. baidu. com/view/3c9b921da2161479171128b1. html.

阅读并思考：王丽丽、苏霞、晓莹、沈竹的职业目标分别是什么？为实现自己的职业目标，她们分别做了什么样的努力？

第四章　职业生涯规划

学习目标

~掌握个人职业生涯规划的编制原则；
~掌握个人职业生涯规划的战略选择和决策方法；
~掌握职业生涯发展规划的基本内容，个人职业生涯规划的有效实施途径；
~理解个人职业生涯的四个“迷茫期”和“职业迷茫”的原因；
~理解个人职业生涯规划的环境认知；
~理解组织职业生涯发展路径设置和个人职业生涯发展路径的选择；
~了解个人职业生涯规划的特征；
~了解职业生涯发展规划中的组织支持的相关内容；
~了解组织中的各种职业生涯发展通道。

【引例】

康美药业股份有限公司职业生涯管理系统

康美药业股份有限公司职业生涯管理系统的内容包括：(1) 完善的职位系统；(2) 规范的招聘与测评系统；(3) 健全的能力培训与开发系统；(4) 培训计划；(5) 培训师；(6) 员工培训方式；(7) 人才开发战略；(8) 与高等院校和科研院所合作；(9) 合理的绩效考评与薪酬系统；(10) 功能强大的企业文化。

康美药业股份有限公司虽然是典型的家族企业，但自创立之初就十分注重管理的规范化，目前已基本建成了职业生涯管理系统，其效果也日益体现出来，昔日的许多业务员，现在已成长为地区市场主管或省级市场经理，这个系统既满足了员工的成长需求，也为公司发展储备和培养了人才。

康美药业股份有限公司建立了比较完善的职位体系，并设立了多重职业发展通道，以满足员工的发展需求。具体包括技术路线、管理路线和市场营销路线三条路径，不同发展路径的员工可以相互实现转换。

新进员工不定级，一个月培训合格之后正式聘用，定为6级，岗位包括业务员、技术员、质检员等一般工作人员；基层管理者如地区市场主管（一般辖两个地级市）定为5级，一般专职培训老师也属于5级；省级经理（一般辖两个省级市场）为3~4级；分公司经理为1~2级，总公司部门经理也属于1~2级；公司总经理副总经理为特级。员工基本工资由岗位工资和绩效工资两部分构成，岗位工资参照级别执行，根据工作地区的差异做出微调，如广东、深圳的工作人员级别工资比内地同级别员工高20%；绩效工资完全由工作绩效决定，公司每个月对员工绩效进行考核，作为发放工资、工作安排和学习提高的依据，在工资构成中，绩效工资占员工收入的1/2。康美药业的这种三重职业发展路径的设计，为各种不同职业发展方向的人提供了成长的路径。康美药业对员工的晋升采用任命和竞聘相结合的办法。员工的晋升需由主管提名、总经理批准方可任命；竞聘则是公开竞聘职位，其竞聘流程是：发布竞聘信息、接受报名、资格审查、理论考试、竞聘演说、评委综合评分排名、总经理批准、报公司人力资源核准。无论是任命还是竞聘，晋升者都需逐级晋升，破格提拔者由公司总经理直接提名。新晋升人员，在新岗位上试用三个月。跳级提拔者，试用期为四个月。

为实施公司人才发展战略，进一步完善员工职业生涯发展规划，为公司骨干人员充分发挥潜力提供成长平台，康美公司还推出了以基层管理干部、基层专业技术干部、基层技术工人三大类人才管理为框架的人才开发战略计划，即利用2~5年时间，建立一支德才兼备、能够担当重任、经得起风浪的创新型、复合型、开拓型的基层管理干部；培养一支具有高学历、高智能、具有丰富专业知识和实践经验、能够解决生产、经营、管理等难题的专业技术干部；建立一支文化素质较高、适应先进工艺技术和掌握先进设备的稳定的工人队伍。为了实施这一战略，公司与华南理工大学工商管理学院合作，针对中层以上管理人员，公司全额出资开展MBA培训；针对销售人员，公司每季度邀请销售专家开展专业培训；此外，公司还为其他部门提供了学习机会，如不定期派遣技术人员、质量管理人员参加专业培训等。通过自学获得本科毕业证书者，经事业部提名，总经理批准发放300元奖金。

资料来源：谌桂蓉．康美药业股份有限公司职业生涯管理系统研究［D］．武汉：武汉科技大学学位论文，2012.

组织为个体设计好职业通道，有利于个体的晋升和自我职业生涯的发展。但是个体的职业生涯发展离不开自我职业生涯的设计。个体通过自我剖析和对内外部环境的分析，来对未来职业发展行业领域进行选择，并对自我的职业生涯做出规划和设计。对于个体来说，职业生涯规划既关乎个体职业的近期和长远发展，也影响个体的整个生命历程。

第一节　个人职业生涯规划的基本知识

一、个人职业生涯规划的特征

个人职业生涯规划是一个复杂、动态的过程，它不仅需要个人具有根据自身情况进行职业选择、职业准备等的能力，同时也需要个人拥有根据环境变化来调整职业计划的技能。

（一）个体性

职业生涯规划的个体性特征是指职业生涯规划必然和个人相联系，没有脱离个人而存在的职业生涯规划。一方面，个人必须对自己的职业生涯规划负主要责任，成功的职业生涯规划离不开自身的参与和努力。另一方面，由于个人的成长环境、文化背景、教育水平、个性、职业兴趣、职业能力等存在差异，尤其是个人职业认知能力表现迥异，不同的人对职业生涯的规划呈现出千差万别。

（二）组织性

个人职业生涯规划的组织性指个人职业生涯活动依赖于组织管理的有效性，组织是个人职业生涯实现的载体。没有依附的组织的人由于缺乏组织为个人发展提供的平台，所以个人职业生涯就成了无本之木、无源之水。具体来看，自我评估、目标选择和行动方案设计等环节都离不开个人对组织的依赖，自我评估要求个人不仅要分析自身情况，还要了解组织的职业发展政策，以及个人获取组织信息的可能性。对目标的选择需要个人确立在组织中发展的中、长期任务，以及完成任务可能获得的支持情况；行动方案设计则需要考虑方案策略在组织中实现的可能性大小。

（三）时间性

按照规划的时间长短，个人职业生涯规划可以分为短期规划、中期规划、长期规划和终身规划四种基本类型。由于现实环境变化的复杂性和无序性，长期和终身职业生涯规划只能作为指导性意义存在，在具体的操作层面上，人们主要关注于中短期职业生涯规划。但是长期职业生涯规划和中短期职业生涯规划应该保持一定的稳定性、持续性和发展性。

（四）动态性

职业生涯作为一个动态的概念，不仅表示职业工作的时间长短，而且包含职业发展和变更。同时，职业生涯既包括一种职业内的不断提升，又包括从一种职业向另一种职业的转化。“从一而终”的职业理念已经失去了存在的基础和价值，终身就业的职业思想促使人们不断地根据环境变化调整自己的职业发展之路。

二、个人职业生涯的四个“迷茫期”

个体职业生涯发展的过程中，往往会面临着四个“迷茫期”，即面对生命中重要的转折点，很多个体不知道该何去何从。在制订职业生涯规划时，了解这四个阶段有助于我们做好应对这些特殊时期的心理准备。

(一) 职业迷茫的四个时期

一般情况下，职业生涯的第一个迷茫期是在14~22岁。这个时期的个体主要是学生和求职者双重的身份，往往缺乏社会经验，不知道该干什么，就会陷入“我是谁?”“我可以做什么?”“我能给社会带来什么样的价值?”等的疑虑中。

职业生涯的第二个迷茫期一般是在22~28岁。这个时期，大部分的个体已经从学校步入社会，度过了第一个迷茫期，慢慢接触社会，初步建立了自己的人际关系网，拥有了一定的社会经验和社会地位。这时，就会开始重新审视自己的职业发展、工作环境以及职位权利等是否与自己的职业期望、职业梦想相匹配，尤其是这个时间段，很多个体可能会步入婚姻的殿堂、面临着养家糊口的重责，对目前职业是否满意会出现疑虑。

职业生涯的第三个迷茫期一般是在28~35岁。这是个体职业生涯发展的最重要的时期。这个时期的个体家庭压力进一步增大，其工作经验也比较丰富，潜能也得到了开发，这个时期，个体需要的职业声望、职业地位以及职业薪酬等会更高。因此，个体会觉得工作回报与付出不成正比，还有很多个体会觉得自己工作多年没有成就等。

职业生涯的第四个迷茫期一般是在35~45岁。这个时期的个体由于丰富的人生阅历往往会感叹世事无常，反而不知道未来该朝着哪个方向走，这时，他们会开始重新审视自己的职业生涯目标、自我价值有没有通过现在所从事的职业得以实现，然后思考“在未来有限的生命里，我到底该做些什么才不辜负此生”?

(二) “职业迷茫”的原因

(1)“职业迷茫”的最主要的原因是因为没有进行职业生涯规划。即没有根据自身的素质、能力与现实客观的环境进行比较分析，就来确定自己发展的职业生涯目标；或者没有根据自己的特点以及变化的环境，适当地调整自己的职业生涯目标与发展方向。

(2)“职业迷茫”是因为“人生迷茫”。“人生迷茫”是指个体发展到一定阶段，对未来发展方向的迷茫，其本质就是缺乏人生目标。一个人生活在世界上，如果缺乏人生目标，就像航行缺乏方向，不知道航船驶向何方。因此人生有了目标，你才会为之而奋斗，才会安然地度过迷茫期。

(3)“职业迷茫”还因为爱的缺失。人类的行为和发展都不是盲目的，而是伴随着一定的动力，爱就是其中非常重要的一种推动力。人只有为爱才会舍得付出，例如，因为热爱祖国，我们才会将毕生心血投入祖国的建设中；因为爱，很多人才会提起兴趣，将自己的精力投身于工作，忘我的工作，平稳地度过迷茫期。

其实每个个体因为职业目标、需求以及职业发展等的不一样，都会遇到“迷茫期”。那么，应该如何让自己有效地度过“迷茫期”，可以参照如下建议。

首先，在迷茫时，个体不要紧张。迷茫是个体发展一个很正常的状态。迷茫是因为需求与现实发展不一致，找到迷茫的根源才能解决问题，同时有利于个体进一步了解自我、环境等，重新制定适合自我发展的职业目标。

其次，冷静地寻找迷茫根源，冷静地对环境、自我、就业、行业形势做出客观的分析，自我定位，以平和的心态去解决它。

三、个人职业生涯规划的编制原则

1. 量体裁衣原则

由于个体的独特性，每个人的职业目标、职业理想职业兴趣和爱好等都不一样，职业生涯规划就应该遵循量体裁衣的原则，根据个体的喜好等特点，设计出适合个体的独特的、唯一的、适合的职业生涯历程。只有适合自己的才是最好的。

2. 可操作性原则

职业生涯规划的可操作原则主要是体现在职业生涯规划的具体性上。职业生涯规划必须围绕着个体职业生涯发展历程中需要达到什么样的职业目标、实现什么样的人生价值，可以借助什么样的外界帮助手段（如可以通过组织获得什么样的帮助等）、选择什么样的组织等问题进行具体的考虑和设计。这样可以将具体问题细致化，可以帮助个体在职业生涯发展中进行科学的规划和发展，减少盲目性和失误。

3. 阶段性原则

由于职业生涯有着不同的发展阶段，每一阶段都有着不同的目标和任务，并且职业生涯发展的前后两个阶段都有一定的关联，在进行职业生涯规划的时候，一定要把握住职业生涯的阶段性特点，让个体的职业生涯与职业发展相结合。

4. 发展性原则

职业生涯伴随着个体一生的发展历程，它是随着个体发展而发展的。个体因外界知识、社会发展以及自身素质的提高等因素，其职业素养、能力等都在提高。因此在设计个体的职业生涯时应该遵循发展性原则，以便职业生涯与社会发展、个体发展相适应。

四、个人职业生涯规划的环境认知

环境认知指的是个体在职业生涯设计中，需要对职业所处的社会环境、行业环境以及组织内部环境等做出了解和认识。

（一）社会环境认知

社会环境因素包括经济发展水平、社会文化环境、价值观念以及政治制度和氛围。通常在经济发展水平较高的地区，企业相对集中，优秀的企业也会比较多，个体在进行职业选择时，所拥有的机会也会比较多，因而，更有利于个体职业的发展。社会文化影响着人们的行为和思维，在良好的社会文化环境中，个体能力受到良好的教育和熏陶，从而可以为职业发展奠定良好的基础。一个人生活在社会环境中，必然会受到社会价值观念的影响，每个人的思维发展、成熟的过程，其实就是认可和接受社会主体价值观念的过程。当然，政治制度和氛围也是影响职业的因素，政治不仅影响一国的经济体制，而且影响着组织的组织体制，从而直接影响个人的职业发展。政治体制和氛围还会潜移默化的影响个人的追求，从而影响着一个人的职业生涯。

（二）行业环境认知

行业环境包括对目前所在行业和将来想从事的目标行业的环境认知。首先，要进行行业发展现状分析，对自己所处的行业在整个国家经济发展的大环境里处于什么样的地位？有着怎么样的发展趋势？是属于夕阳行业还是属于朝阳行业？其次，要分析国际国内重大事件对该行业的影响，这往往影响到该行业的职业机会的多少。最后，要关注目前行业优势以及所存在的问题，即本行业所存在的问题是可以改进或避免的吗？行业优势又能维持多久？行业自身的生命力如何？国家政策未来会调整吗？调整的幅度有多大？会对本行业有较大的影响吗？

（三）组织内部环境认知

一般情况下，组织内部环境主要指的是组织的企业文化、企业制度、领导人素质和价值观、企业的实力。对组织内部环境认知，指的是在组织中，员工对工作环境的认知，即组织成员对组织奖励、支持、期望的政策、实践和程序的认知。通过对组织内部环境进行了解，可以知道组织在本行业和新的发展领域中的地位和发展前景以及个体是否适应或适合该组织的内部环境，从而可以修正和完善个体职业生涯的设计。

企业文化是全体员工在长期的生产经营活动中形成并遵循的最高目标、价值标准、基本信念和行为规范。企业文化决定了一个企业如何看待员工，因此在一定程度上，员工的职业生涯是为企业文化所“左右”的。一个主张员工参与管理的企业显然比一个独裁的企业能为员工提供更多的发展机会，但是如果一个人的价值观与企业文化相冲突，则很难适应该企业文化，这也将使得个体在该组织中难以得到发展。

企业制度包含培训制度、晋升制度、绩效考核制度和薪酬制度等，企业员工的职业发展归根结底是靠企业的管理制度作保障。企业价值观、企业经营哲学也只能渗透到制度中，才能使制度得到切实的贯彻执行，没有制度或者制度制定得不合理、不到位的企业，其员工的职业发展很难得以实现。

企业的文化和管理风格与其领导人的素质和价值观有很直接的关系，企业经营哲学往往就是企业家的价值观，企业主要领导人的抱负以及能力是企业发展的确定因素。

另外，企业在本行业中是否具备很强的竞争力，企业有无发展前景等因素也是个体在做职业规划时要考虑的因素。在激烈的市场竞争中，只有那些适应环境、适应发展趋势的企业才能得以生存。

通过对组织内部环境的认知，可以使个体及时地了解组织的实际发展状况和发展前景。有利于个体做出合适的职业选择，从而有利于个体的职业生涯规划与设计。

第二节　个人职业生涯规划的战略选择和决策

一、个人职业生涯规划的战略选择

个人职业生涯的战略规划就是对人生战略目标的规划，即对未来的人生发展所做出的规划和安排。一个人的成功与否，主要在于自我人生规划的设计与实施。每个人可能最开始的起点和平台一样，但是个体所拥有的职业兴趣、个人能力以及职业目标不一样，在每一个职业迷茫期所采取的应付手段不一样，都会导致不同个体间的不同生活轨迹。而不同的应付手段就是不同的战略目标不一样。因此，个体应该根据不同时期，不同的主、客观情况来选择自己的职业生涯发展方向。

个体在确定职业生涯发展方向的时候往往都是根据自我愿望、自我条件与社会环境来共同决定。因此，理想的职业生涯规划就是根据自我愿望（包括职业愿望、生活愿望等）、自我条件（包括个体自我的能力、气质、兴趣等）和社会环境（包括社会的就业形势、行业的发展前景等）这三者的交集地方寻找出适合自我发展与社会变化的职业。

但是，现实社会中，往往很难达到这种理想的职业选择。一般会存在三种情况。第一，自我愿望与自我条件相重合，但是很难与社会环境想适应。这样的职业选择往往是不切实际的，不利于个体的长期发展。例如，一个人能歌善舞，表演欲望很强，很具有娱乐精神，期望能成为当地的一个“知名艺人”。可是当地是一个传统文化氛围很浓厚，崇尚的是孔、孟文学，对娱乐性、表演性质的市场需求几乎为零。那么，在这种情况下，该个体能力与愿景再强，在当地也很难去实现他的“明星梦”。第二，就是自我愿望与社会环境相重合，但个体的自我能力却有限。在现实中，这样的人群大有人在。往往有很多人都是自我定位不清楚，导致能力无法匹配愿景与现实环境。例如，很多低学历的个体往往期望能够成为领导者，企业中也有领导空缺岗位，但是自我能力达不到，不具有领导者应有的气质和能力，还是很难做到领导职位。第三，就是自我能力与社会环境相匹配，但与个体的自我愿望不一致。这类情况，在现实中也是普遍存在的。很多个体由于现实压力、生存压力不得不继续从事着可以给自己带来经济报酬的职业，而非自己喜欢的、感兴趣的职业。

很多人不是天生就可以达到理想的职业选择，往往都会处在上述三种状态中。因此，我们需要做的是：要么耐心的等待机会、寻找机会或者改变环境、换一个适合自我发展的新环境去寻找机会，要么不断努力、加强自我素质的提高，要么培养兴趣或者改变理想、接受现实。

二、个人职业生涯选择的决策

职业生涯选择是指个体根据自我的职业目标、兴趣、爱好选择出适合自己发展的职业岗位的过程。这是一种使个体选择适合自己发展的、排除不适合自己发展的职业选择过程。故而，职业生涯选择是一种决策。

人们在面对职业生涯选择的过程中，往往会面临着很多因素的诱惑和困扰。因此，人们往往感觉很难去找到适合自己的或者令自己满意的理想职业，有时，面对一些理想的职业，自己又无法承担，此时，个体不得不降低自己的职业意向来适应社会的需求和变化。

在进行职业生涯选择的过程中，个体不得不综合考虑个体自我的职业能力水平、职业发展潜能空间、竞争系数、社会的职业需求量等各种因素，分析自己能够胜任某一岗位的可能性，从而从众多的职业岗位中选择出对自身而言胜算概率大的职业岗位。

一般而言，个体得到某职业岗位的概率公式是：

$$J=A\cdot C\cdot Q\cdot O$$

其中：A 表示的是个体自我的职业能力水平和职业发展潜能空间；

C 表示的是社会竞争系数；

Q 表示的是社会的职业需求量；

O 表示的是其他因素。

三、个人职业生涯评价

生活和工作中的一切，都需要知道他们表现的如何，即需要反馈，才能够知道行动和梦想间的差别，找到解决和调整的办法。个体在确定职业目标、选择职业生涯后，就需要了解职业生涯策略的执行情况。职业生涯评价就是个体在工作中获得并利用职业相关反馈的过程，如图 4-1 所示。

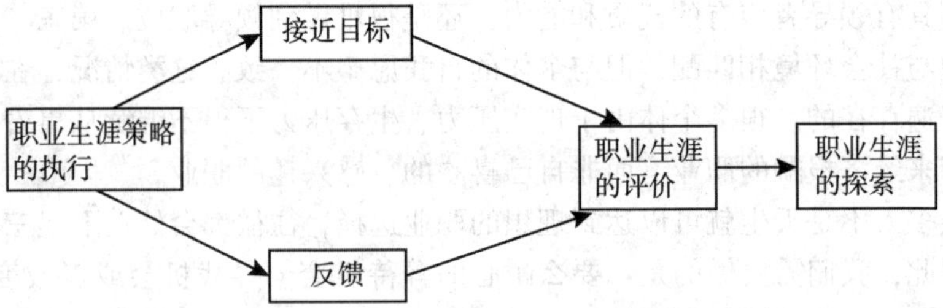

图 4-1　职业生涯评价过程

职业生涯评价的过程就是对职业生涯的执行进行监督、控制，可以从很多渠道对职业生涯进行评价，例如，客户的反馈、领导、上司、同事等的评价和反馈、工作绩效的反馈等。这些重要的反馈可以让个体将经验信息运用在探索下一个职业目标和职业环境中去，有利于个体的职业发展。

第三节　职业生涯发展路径设置

在确定了职业和职业生涯目标以后，个体就将面临着职业生涯发展的路径选择问题。职业生涯发展路径是指个体选定职业后从什么方向上实现自己的职业目标，是向专业技术方向发展还是向行政管理方向发展。职业生涯路径选择实际上包括一个个职业阶梯，个人由低至高拾阶而上。这一过程描述了在职业中个人发展的一般路线或理想路线，但它仅是一种流动方式而不是纵向、横向或稳定的硬性规定。

一、组织职业生涯发展路径设置

从组织角度考虑的职业生涯路径设置是组织为内部员工设计的自我认知、成长和晋升的管理方案，组织在帮助员工了解自我的同时掌握员工的职业需求，以便帮助员工实现自我、满足员工需要。同时，通过帮助员工胜任工作、了解组织内部晋升的不同条件和程序来对员工职业发展产生影响，使员工的职业生涯目标和计划与组织目标和机会相符、有利于组织的发展。组织职业路径设计指明了组织内部员工可能的发展方向以及发展机会，使得组织内的每一个员工都可以按照该组织的发展路径来变换工作岗位。因此，良好的组织职业路径设计一方面有利于组织吸收并留住优秀的员工，另一方面能够激发员工的工作兴趣，挖掘员工的工作潜能，故而组织的职业生涯路径设计尤为重要。

通常，组织有四种职业生涯路径设计方式，即传统的职业路径、行为职业路径、横向技术路径和双重职业路径。

传统的职业路径是一种基于过去组织内部员工的实际发展道路而制定出的一种发展模式。

行为职业路径是一种建立在对各个工作岗位上的行为需求分析基础上的职业发展路径设计。

横向技术路径指组织采取横向调动来使工作具有多样性，使员工焕发新的活力、迎接新的挑战。虽然没有加薪或晋升，但员工可以增加自己对组织的价值来使得他们获得新生。

双重职业路径主要是用来解决某一领域中具有专业技能的员工，既不期望在自己的业务领域内长期从事专业，又不希望随着职业的发展而离开自己的专业领域。

二、个人职业生涯发展路径的选择

职业选择与职业期望有着密切的联系。职业期望得以实现，职业选择是第一步。同时需要明确：员工是职业选择的主体，是择业行为能动的主动方面，各种职业则是被选择的客体；尽管员工是择业主体，但不能随心所欲地进行选择，因为员工不能也不可能有从事一切职业的能力和兴趣，而且各项职业有各自的劳动对象，劳动手段，有不相同的劳动条件和作业环境，也会受到各种职业对员工能力有相应的特定要求的制约；职业选择是一个过程，一方面是员工作为主体自动择业的过程，另一方面又是职业选择员工的过程，它是员工与职业岗位互相选择、相互适应的过程。

个人在选择职业生涯路径时，首先要对职业生涯要素进行系统的分析。可以试着问自己如下所述的问题。

（1）希望自己向哪条路径发展？

（2）自己适合往哪条路径发展？

（3）自己能够朝着哪条路径发展？

（4）自己在哪条路径可以取得较好的发展？

第一个问题主要是根据个人的爱好兴趣、价值观、理想和成就动机等主观因素，计划出自己希望朝着哪条路径发展。比如，是向专业技术方向发展，还是向行政管理方向发展？以便确定自己的目标取向。第二个问题是分析个人适合哪一条路径的发展，主要是考虑自己的性格、经历、特长、学历、家庭影响等一些客观条件对职业路径选择的影响，确定自己的能力取向。第三个问题主要考虑自身所处的社会环境、经济文化环境、政治环境和组织环境等，选定自己的机会取向。第四个问题是判断自己所选择的职业发展道路是否可以取得发展。当然，这需要综合分析各种影响因素以后才能做出比较准确的判断，职业生涯选择过程图如图 4-2 所示。

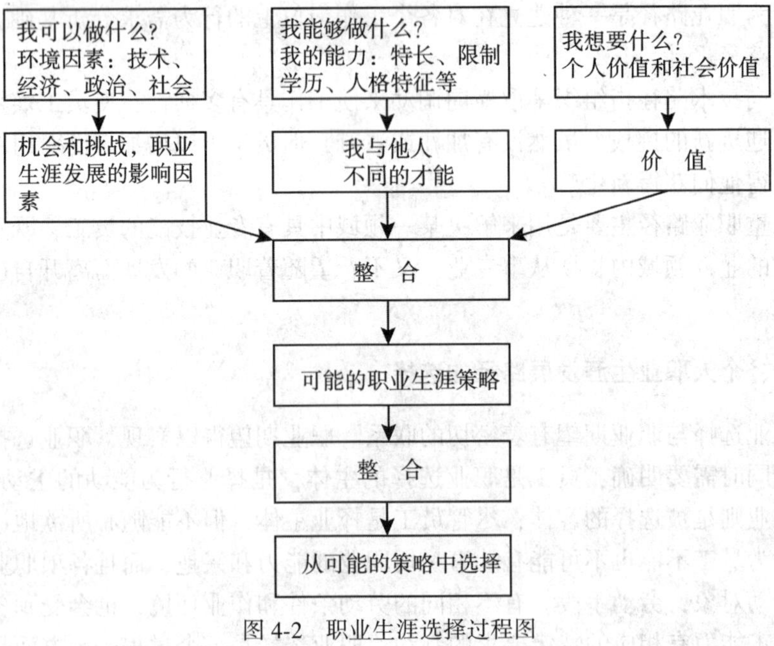

图 4-2 职业生涯选择过程图

通过系统地分析自身因素和环境因素，权衡利弊后做出路径选择，挑选出实现自己目标的最佳路径。典型的职业生涯路径图是一个 *V* 字形的图形。图形的一侧表示从事管理活动的路线，另一侧表示从事专业技术路线，如研究、开发。不过，在不同的职业阶段，职业生涯路径远远并不止两种，可能会出现 *S* 形（螺旋上升形）、*W* 形（横向转换、起伏形）等形态。

第四节　职业生涯发展规划

职业生涯发展规划是组织或个体把个人发展与组织发展相结合，对决定个体职业生涯的个人因素、组织因素和社会因素等进行分析，制定出有关于个体一生中在事业发展上的战略设想与计划安排。因此，职业生涯发展规划包含两个方面的内容，即员工职业生涯自我规划和组织帮助员工制订职业生涯规划，从组织的角度，包含组织提供必要的教育、训练、提升机会，促进组织和员工职业生涯目标的实现。

一、职业生涯发展规划的基本内容

（一）职业生涯发展规划的意义

从个体的角度来说，职业生涯规划有助于我们树立明确的职业生涯发展目标，运用科学的方法，采取切实可行的措施，发挥个体的专长，开发自己的潜能，克服职业生涯发展过程中可能带来的各种困阻，避免人生陷阱，不断地修正自我发展的方向，最后获得事业上的成功和自我的突破。其目的绝不只是帮助个体按照自己的资历条件找到一份工作，达到和实现个人目标，更重要的是帮助个体了解自己，为自己订下事业大计，筹划未来，进一步详细地估量主、客观条件和内外环境优势和限制，在衡量外界与个体的具体情形后，设计出符合自己特点而又可行的职业生涯发展方向。

对组织来说，都希望造就组织精英，追求长期稳定成长。而职业生涯发展规划能帮助组织了解员工的现状、需求、能力以及目标，调和他们在组织现实与未来的职业机会和挑战之间的矛盾，更合理有效地录用人才并为员工提供平等的就业机会，促进组织持续发展。

从社会的角度来说，职业生涯规划能提供社会变化的前景，促进整个社会正视职业问题，提高人才利用率。

一个好的、成功的职业生涯规划不是试图消除风险或是使风险最小化，而是让个体了解自己“所面临的风险是什么”，并明确自己“应该承担什么样的风险”，使自己获得“承担风险的更大能力”，并能够在不同行动路线中和不同风险间做出合乎情感、理性和实际之间的选择，而不是以预感、谣言或经验为依据，陷于不确定性之中。

（二）职业生涯发展规划的特征

1. 个性化

职业生涯发展规划是个体在自我内心驱动的驱使下，结合自身优、劣势与内、外部环境综合分析考虑，制订出适合自我发展的个人职业生涯规划。而每个人在人生成长与发展的过程当中，所受的文化环境、经济环境、教育环境、家庭环境、工作经历等不同的影响，导致每个人的价值观、文化层次、需求层次等都不一样。而每个人在进行职业生涯规划时，都是遵从自己内心的追求，所做出的一系列包括产生需要、制定目标、选择职业、自我发展、自我控制等的行为过程。因此，每个人的职业生涯规划都不一样，具有个性化特性。

2. 开放性

个体在制订职业生涯发展规划时，并不是封闭自我、独自完成的，而是在社会、企业的大环境中，通过不断的协商，如与父母、爱人、朋友或者与上级主管、同事或者能够为其提供帮助的相关专业人员和管理人员相互沟通协商，这样可以开阔自己的视野、尽量减少自己主观判断带来的失误。同时，个体在职业生涯发展规划的过程中，可以利用一些测评工具来了解自我，如 *SWOT* 分析法、*MBTI* 职业人格测试、16*PF* 等。最后，职业生涯规划是要与时俱进、适时调整，而非一成不变的。因为职业生涯发展规划是有效帮助个体全面发展的一种工具，而不是一种固定的模式。当个体的动机与需求随着能力的变化而慢慢改变时，个体的职业生涯发展规划就应当做出相应的调整来符合个体发展。因此，个体的职业生涯发展规划应该具有开放性，而非固定不变。

3. 预期性

个体在制订职业生涯发展规划时，往往是为了满足个体对未来职业生涯所能达到某种目的的期望，例如，个体希望某一段时期在组织中能够获得的薪水、培训的机会、需要层次的满足等。它是建立在个体期望与组织期望相互协调、统一的基础上的。而随着组织变化、个体生活变化，可能会导致组织期望与个体期望都发生改变，因此，需要定期对心理期望进行分析、修正以达到与组织期望相平衡。

（三）职业生涯发展规划的步骤

职业生涯发展规划一般包括自我认知与职业定位、职业生涯发展机会评估、职业生涯发展目标与路线的设定、职业生涯发展策略的落实和职业生涯规划的调整，职业生涯发展规划步骤图如图 4-3 所示。

1. 自我认知与职业定位

自我认知与职业定位就是利用测评工具了解自我，然后选定出自己的职业

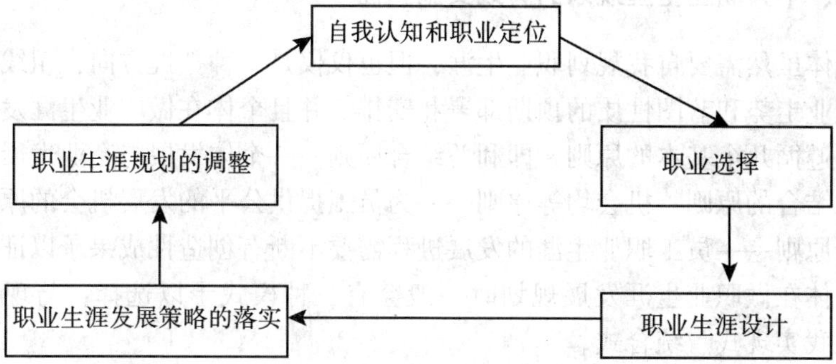

图 4-3　职业生涯发展规划步骤图

道路，清晰地认识自我的职业目标的过程。它是职业生涯发展规划的基础。

2. 职业选择

在确定个体的职业目标后，根据自我的职业目标、兴趣、爱好等选定工作岗位、就业方向和行业领域。它是个体进行职业生涯设计的基石。

3. 职业生涯设计

选择职业后，结合内外部发展前景、组织可能提供的机会来设计个体自我的职业生涯路径。

4. 职业生涯发展策略的落实

职业生涯发展策略是指为了实现自我的职业生涯目标，让自我职业发展朝着职业生涯设计的方向发展而采取的一系列的行动和措施，是将职业生涯规划付诸具体的行动，是职业生涯发展规划中很关键的一步。如你将计划采取哪些手段和措施来提高工作效率以达到自己设计的工作目标，你将通过什么样的方式来提高业务能力从而达到拓展业务的目标等。这些都需要具体的行动计划和措施。同时，职业生涯策略还包括平衡职业目标与生活目标、家庭目标等所需要采取的行动和措施。因此，在职业生涯路径设置好了后，我们需要具体的、明确的、可实际操作的行动计划和措施来确保职业生涯有序的发展。

5. 职业生涯规划的调整

职业生涯规划的调整是指由于受到自身条件与外界条件的变化，之前的职业生涯规划已不能完全满足个体的自我发展或组织要求，需要对个体的职业生涯规划做出适当的调整。它一般包括职业的重新选择、职业生涯路线的重新规划、职业生涯目标的修订、实施职业生涯发展策略的落实。根据不同的情况，需要调整的内容也不相同。

二、个人职业生涯规划的有效实施途径

个体虽然需要自我规划职业生涯，但也仅仅是一种把握方向，粗线条勾画未来职业走势和蓝图性质的预期部署和安排。并且个体在做职业生涯发展规划时，要遵循几个基本的原则，即利益结合原则——个体发展与企业发展和社会发展相结合的原则；机会均等原则——为员工提供公平的发展机会的原则；发展创新原则——员工职业生涯的发展进程需要不断有创造性成果予以证明的原则。个体在做职业生涯发展规划时一般会有三种模式予以选择：与现实妥协式、自我实现式、统合式。

员工要做好个体职业生涯发展规划，首先，需要设定好目标，如想要实现的收入目标、职务目标、职称目标、重大成果目标，以及社会影响目标等；其次，要对自我有清醒的认识，自己的能力所长、知识结构、兴趣爱好、优缺点、工作表现以及考核结果等；最后，要找到适合自我发展的组织，需要综合考虑企业文化，战略远景、策略方针、发展动向以及胜任要求等。这三个环节用一句话概括就是“知己知彼”。

接下来的问题就是要寻求职业生涯规划的有效实现途径。总的说来，有效实现途径包含以下几个方面。

（1）树立正确的心态。包括突破自我设限，放开心胸；职业生涯规划是一种投资，可降低个人风险；放下身段，虚心学习；了解他人专长等。

（2）选择好学习的领域。例如，选择有发展潜力的行业；选择有高附加值的行业；从个人兴趣出发；选择与工作相关的跨业领域等。

（3）善用学习渠道。可以向同行学习，向有经验的前辈学习。21世纪的经济是信息经济，要善于利用信息资讯，善于运用媒介学习。另外，积极地参加社会活动也是不错的学习途径。

（4）采取有效的学习方法。向优秀者学习是一种很不错的学习方式，学习过程中要经常对职业生涯规划进行思考，要努力找出关键成功因素。当然，学习时也要计算好成本，但是一旦做出决定就要坚持不懈，持之以恒。

（5）突破思维盲点。人的思维存在盲区，因此，在做职业生涯规划时要尽量采取创新的思维模式，同时要善用逆向思考、系统思考和价值导向等思考方式来解决问题。

三、职业生涯发展规划中的组织支持

职业生涯发展是基于这样的事实：组织发展依靠员工，员工依靠组织提供的工作机会和发展机会。两者相互依存，互相影响。组织制订职业计划，使个

体需要和组织需要相互均衡，使组织和员工均能受益，是组织进行职业生涯发展规划和管理的出发点和最终目标。

(一) 组织职业发展规划的目标

职业生涯规划一般是就个体而言，组织对员工的职业生涯规划的影响主要是通过影响员工对自身、环境、目标的认知。组织应该积极了解并参与员工的职业生涯规划，并通过相应的职业生涯开发管理政策，结合组织目标帮助员工落实职业生涯规划目标。组织是员工落实个体职业生涯的重要场所，借助组织的招聘、培训、评估、晋升等有效手段，组织可以对员工的职业生涯发展规划产生巨大的影响。

从组织的角度而言，职业生涯发展规划师根据组织自身的发展目标并结合员工的发展需求，制定组织职业需求战略、职业变动规划与职业通道，并采取必要的措施加以实施，以实现组织目标与员工职业发展目标相统一的过程。组织职业生涯发展规划不仅包括组织生涯规划的方法与程序，还包括组织人力资源招聘计划、职业生涯阶梯设置、组织继任规划、顾问计划、退休计划以及组织职业生涯孵化落实措施等诸多内容。

1. 实现员工组织化

一般来说，员工的组织化即员工在一个组织中完成社会化、成为合格员工的过程。在这一过程中，个体要实现对职业岗位的适应、对组织文化的适应和职业心理的转换，组织则要把没有职业阅历或者在其他单位职业经历的新聘员工塑造成基本符合本组织需要的员工，即在本组织中被认同、能够完成组织工作、具有与老员工同样或相近特征的人。

2. 实现员工发展与组织发展的统一

任何组织都是由不同层次、不同级别的员工组成，组织与员工之间的协调至关重要。组织不仅要为员工的发展指明方向，还要为员工的发展提供基础和条件，如人力资源部门要通过提高必要的信息，创造成长的机会，给予员工必要的帮助和指导，使员工在组织中得到较好的发展，同时又能满足组织的需要，从而实现员工的职业生涯目标与组织的发展目标相统一。实施职业生涯规划，协调组织与员工的关系，承认员工的个人利益和目标，使员工的个人能力和潜能得到较大的发挥，使他们努力地为组织完成生产经营任务，从而实现“双赢”。

3. 实现员工能力和潜能的发展

人力资源是一种能动性的资源，对发挥其能力和潜能至关重要。通过职业生涯规划，可以使组织更加了解员工的能力，从而恰当地使用这一资源。在组织正常发展的情况下，实行职业生涯规划和管理措施，尽量考虑员工的个人意愿，为员工提供发展机会，也是组织发挥员工主动精神的重要手段。组织职业规划要根据员工的个人特点，考虑不同员工的特殊需要，并据此设计出不同的职业发展途径，使员工扬长避短，更好地发挥自身优势。对不同年龄、性别、学历的员工按照不同的方向和途径发展，使其获得平等的就业和发展机会。这有利于员工技能水平、创造性、主动性的发挥，使员工在追求更高层次的自我价值实现的同时，得到持续稳定的发展。

4. 促进组织事业的长久发展

个体都需要以组织为载体来获得职业价值的晋升，个体的发展离不开组织的发展。同时，组织的发展离不开员工的职业付出，尤其是优秀员工的努力。职业生涯规划是组织吸引和留住人才的重要措施。对于一个组织来说，核心员工的流失是其相当大的损失。从现实来看，员工离职的原因很多，但是主要原因是“英雄无用武之地”。职位与社会地位低于预期，心理不平衡而不甘于现状，所以选择跳槽；报酬待遇太低比较收入差距过大，人才难留。组织职业生涯规划就是要通过适当的职业管理工作，发挥员工个体的才能和专长，实现其个体职业目标和人生目标。

（二）组织职业发展规划的原则

1. 利益均衡原则

组织的发展和员工的发展是相互依存的，各方的利益只有均衡享有才能谈“双赢”，组织需要处理好员工个体发展和组织发展的关系，需要寻求最佳的契合点来实现这一目标。法国学者朗贝提出，职业生涯开发与管理必须注意协调组织与管理人员之间的矛盾和冲突。他认为企业应该给予管理人员这些支持；关键岗位上任用优秀管理人员并最大限度地发挥他们的能力，从而优化效益成本关系体系；利用竞争吸引人才，并通过对人才职业生涯发展的精明管理，激发其积极性；实行灵活机动的政策，避免造成僵化的管理人员配置体系，不要禁锢于僵化的规定或固定的管理人员职业生涯模式，应该鼓励灵活性与柔韧性。

2. 公开、公平、公正原则

组织为员工提供有关职业发展的各种信息、提供教育培训机会、提高任职机会时应该遵循公开、公平的原则，只有做到公开、公平才能保证公正，才能让员工真正感觉到受尊重，增强对组织的心理契约。

3. 协作原则

组织和员工共同制定、实施关于职业生涯规划的各项活动。彼此信任、有效沟通，尊重员工意愿。如果没有遵循共同制定、共同实施的协作原则，组织单方面制定的职业生涯规划很可能会误导员工，使员工成为组织职业生涯开发和管理战略的受害者；员工作为跟随者，被动地接受组织安排，不利于个体的发展；最后，员工还可能成为“躲避者”。因为他们担心该规划和战略限制了自我的发展，这将挫伤员工的积极性，组织也会因为自己的员工与岗位的不匹配而遭受损失。

4. 时间梯度原则

由于人生具有发展阶段和职业生涯周期发展的任务，职业生涯规划与管理的内容就必须分解为若干阶段，并划分到不同的时间段完成。每一时间段有明确的时间规定，会使职业生涯规划免于空谈和失败。在实施职业生涯规划的各个环节上，应对员工进行全过程的观察、设计、实施和调整，以保证职业生涯规划与管理活动的持续性，使其效果得到保证。

在不同的时间坐标上，组织是变动的，组织的职位是动态的。在“未来职位”的供给方面，组织除了要用自身的良好成长加以保证外，还要注重员工在成长中所能开拓和创造的岗位。

5. 发展创新原则

职业生涯规划中的发展创新，是指在人的职业生涯发展及组织的职业生涯管理中，提倡发现和解决新的问题或用新的方法处理常规问题。要发挥员工的创造性，让员工充分发挥自己的能力和潜能，达到自我实现、创造组织效益的目的。新的时代赋予了职业生涯新的含义，员工不仅仅追求职务的提升，还包括工作内容的转换或增加、责任范围的扩大、创造性增强、工作和生活平衡等内在质量的变化。

6. 全面评价原则

在组织的人力资源绩效管理中，多角度的“360 度考核”可以对一个员工进行真正全面的了解和把握。与此同时，为了做到对员工的职业生涯发展状况和组织的职业生涯规划与管理工作状况有正确的了解，要由组织、员工个体、上级管理者、家庭成员以及社会有关方面对职业生涯进行全面的评价。

（三）组织职业生涯规划的落实

不同的组织可能会采取不一样的措施，一般包括帮助员工设计职业生涯规划方案、开展职业生涯年度评审、建立职业记录及职业公告制度、建立组织职业信息系统等方法。

1. 建立职业记录及职业公告制度

建立职业记录及职业公告制度的基本目的在于，确保内部候选人的职业目标和技能与各种晋升机会公开、公正并有效地匹配起来。

如设立“内部工作配置中心”，该中心可以向管理人员提供关于员工职业发展机会空缺职位的信息，该机构设置的目的即是想要唤起企业内部员工对追求在企业内不同领域中谋求职业发展机会的兴趣；设立工作公告及职业协调体系，企业的职位空缺一般都会在某个固定时间通过电子信息系统予以发布，申请空缺职位的所有员工都将根据各自的工作绩效和服务时间的长短被赋予一个量化的分数。同时，系统还会提出建议，判断他们是否适合被作为空缺职位的候选人，并建立职业信息系统，以便更好地落实组织的职业生涯规划。

2. 制订职业生涯规划方案

在职业生涯规划中，要基于个人条件，如能力、个性、人格特征和职业意愿或职业原动力、组织及外部环境和设定的职业发展目标开展活动，对职业目标与规划的内容进行确定和调整。

首先，要明确职业生涯规划涵盖的内容。概括来说，职业生涯规划方案内容包括十个项目。

（1）题目。包括方案人姓名、规划时间等最基本的信息。

（2）个人职业方向。主要是指职业类别的方向，如医生、律师等，如果是长期计划还要注明等级。

（3）社会环境分析。包括宏观的政治经济发展趋势以及其对职业的影响。

（4）所在单位分析结果。这部分内容应该比较细致，尤其是有个人培训机会、晋升可能性方面的材料。

（5）相关人物及建议。包括直接领导、职业生涯管理工作人员、高层领导、家人等。

（6）职业生涯目标和落实时间。该目标包含多项并不相互排斥的目标，如专业目标、职务等级目标、工作能力目标、工作成果目标和经济收入目标。上述目标都可以划分为短期、中期和长期目标。

（7）成功的标准。根据个体的差异（个人价值观）差别对待。

（8）自身的条件、潜力状况。通过业绩考核和素质评价做出判断，应当把握知识水平、专业能力、管理能力、身体状况和发展潜能等方面的情况。

（9）目前能力与职业生涯目标之间的差距。这是要寻找和解决个体职业发展能力的问题。

（10）解决差距的办法。解决方法有教育培训、讨论交流和在实践中锻炼。

其次，是制定职业生涯规划表。职业生涯规划表（见表4-1）是组织对员工实施职业生涯规划与管理的主要方法之一，也是设计、实施和观察职业生涯规划与管理的具体工具。职业生涯规划表可以有不同的内容和多种模式，要根据一个组织的具体情况和职业生涯规划与管理需要选择和制定。马士斌基于职业类别、生涯目标体系内容和生涯通道的综合考虑，对“人生”、“长期”、“中期”、“短期”各个规划的时期和目标与实施内容分别列项，设计了职业生涯计划表，并得到广泛使用。

表 4-1　　　　　　　　　　　　**职业生涯规划表**

第　次生涯计划时间：　　年　　月　　日

姓名		员工编号	
年龄		性别	
所学专业		学历	
目前任职岗位		岗位编号	
目前所在部门		部门编号	
计划制定时间	年　月　日	部门负责人	

职 业 类 型

(在选定种类的题号上画钩：可选择两个或以上)

(1) 管理；(2) 技术；(3) 营销；(4) 操作；(5) 辅助

如选择的职业类别更具体、细化，请进一步说明：

人 生 目 标

(1) 岗位目标：

(2) 技术等级目标：

(3) 收入目标：

(4) 社会影响目标：

(5) 重大成果目标：

(6) 其他目标：

人生通道：

(1) 图示

(2) 简要文字说明：

实现人生目标的战略要点：

再次，是提供职业生涯发展通道。员工职业生涯发展，首先需要自身的积极努力，自身的开发与发展尤为重要。但是也绝离不开组织的支持和帮助。员工职业生涯发展，是组织存在和发展的必要条件和动力源泉，并与组织的发展相互促进。因此，提供条件，设置职业通道，给员工职业发展予以帮助，是组织应尽的责任和义务。

(1) 帮助员工制订和执行职业生涯规划。个人可以依据职业生涯计划在短期内充分发挥自我潜能，运用环境资源达到各阶段的成功，并最终达到既定的生涯目标。组织要帮助员工依据组织的需要和个人情况制定发展目标，给予达到目标的手段和措施。

（2）为员工提供职业通道。职业通道是员工实现职业理想和获得满意工作，达到职业生涯目标的路径。组织中的员工职业目标能否实现，其个人特质、能力很重要，但如果离开了组织的需要和机遇，其发展不会实现。组织设置员工职业生涯通道时，应首先建设主干道，其次是设置多条临近主干道的辅助职业通道，通过不同的道路共同实现职业发展的目标。

（3）为员工疏通职业通道。组织要帮助员工扫除职业发展通道中的障碍。员工职业发展的障碍，可能来自员工职业工作本身，也可能来自家庭，还可能来自个人的生物社会生命周期。因此，组织必须从员工总生命空间中去发现和解决问题，寻找障碍来源，有针对性地解决问题，排除障碍，使员工职业发展通道畅通。

此外，组织在为员工提供生涯发展通道方面还需要注意以下几个问题。

第一，基于组织前途建立员工的职业发展远景。可持续发展和快速成长的组织，能够给员工提供较多的发展机会。组织及其决策者和广大员工要紧密团结和协作，解决好组织的发展和壮大问题，从而使“职位”和机会大大增加。

第二，明晰组织职业生涯发展的路径。组织要全面展示自己的机构、职业阶梯、任职条件、竞争情况和成长概率，使每一位员工都清楚地了解本组织的职业生涯路径。在有条件的情况下，还应当帮助每位员工进行个性化的职业生涯发展设计。

第三，注重工作与职业的弹性化。职业生涯规划的目的之一是促进员工的全面发展。组织要积极推动工作再设计，要采取多通道的职业生涯管理，使员工的职业发展有更多选择的余地，为员工的成长开辟成功的路径。

最后，是进行职业年度评审。年度评审时，要周期性地对组织实施职业生涯规划与管理进行“盘点”，这有利于组织检查职业生涯规划与管理工作的效果，发现问题，并根据组织以及环境的变化及时调整职业生涯规划工作，而且还可以使职业生涯规划与管理的对象了解情况，积极参与并及时地做出调整。通过这种方式可以使组织预计的职业生涯整体管理与根据员工潜能和意愿所确定的职业生涯前景相联系。许多有关员工职业生涯发展的决定就是通过这种年度评审所得出的结论而做出的。除了有关个人可能的培训、晋升机会的决定外，年度评审还可以直接发现员工的潜能，对分配给一个员工一个工作岗位时所作的假设是否成立做出判断。一般来说，组织通过职业生涯年度评审达到这几个目的：使员工发现自己的缺点，并促其愿意改正；满足员工想要知道别人怎样看待它的工作的正常愿望；使员工能够无拘无束地讲述自己的才干、自己所遇到的问题、挫折和意愿；消除组织内可能存在的误解。

组织职业生涯年度评审的具体方法可以采取“自我评价、直接上级评估和全员评估”。一般来说，自我评价是自主和自觉的评估，能取得较好的实效。直接上级评估则比较详细，能够与组织的工作有机地结合起来，而且容易联系组织的职业生涯管理措施。全员评估类似于人力资源绩效评价中的“360度考核”，评估结果比较全面和客观。

年度评审之后，往往要进行职业生涯年度会谈，通过面谈来发现问题，并采取职业生涯规划调整措施，这有利于员工目标的实现。职业生涯面谈，一般是由人力资源部门的职业生涯专职管理人员或者由员工精神导师予以实施。当然，不管是职业生涯专职管理人员，还是员工的精神导师，都要学习和掌握面谈技术和一些心理咨询与诊治知识，才能达到较好的职业生涯面谈效果。

第五节 组织中的职业生涯通道

一、技术或管理的单一发展通道

在有了相当多的职业能力和阅历积累以后，员工的职业存在走“技术通道”还是走“管理通道”的选择。这不仅是员工个人的选择，也是组织对员工进行职业生涯规划的最基本通道选择。

员工的单阶梯通道即员工进入某一条通道以后就与另外的通道割裂和隔离。

1. 技术通道

对白领阶层的员工来说，走技术专家的道路通常是多数人的选择。这条道路要求人们比较多地考虑自身的因素，特别是自身的创新意识和创新能力，同时要考虑企业产品结构调整的方向、技术发展走向以及企业关于技术管理的政策、硬件设施条件。

2. 管理通道

走管理者发展通道，对于组织中的人来说，会存在岗位数量的限制和内部、外部的竞争对象以及企业组织变革因素的限制，因此，其岗位机会的数量相对较少。组织应根据自身发展目标与战略，规划组织的职位结构。

3. 职业发展的两通道选择

在任何组织中，“技术专家”和“管理者”两条不同的职业生涯发展通道，对于员工所从事的职业岗位来说，有着工作任务和性质的差别。根据工作性质的不同合理地选拔人员，根据个人的素质潜能帮助其寻找合适的工作目标并进行培训，是组织对员工进行职业生涯设计的重要任务。技术人员与管理人员的职业生涯发展路径图如图 4-4 所示。

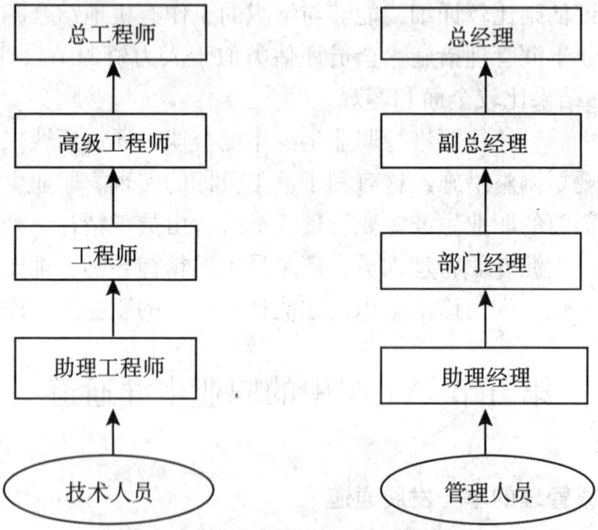

图 4-4　技术人员与管理人员的职业生涯通道

从图 4-4 中可以看出，相对而言，技术职业发展通道所提供的升迁机会十分有限。这种模式将员工的发展限制于一个职能部门内或一个单位内，通常是由员工在组织中的工作年限来决定员工的职业地位。它假定每一个当前的职位是下一个较高职位的必要准备。因而，一名员工需要通过逐级台阶实现从一个职位到另一个更高的职位变动，以获得所需要的经历和准备。

二、横向技术通道

组织内不会有足够多的高层职位为每一位员工提供升迁的机会，尤其在组织结构扁平化趋势下。但是长期从事同一项工作会使人倍感枯燥和乏味，影响员工的工作效率。横向技术阶梯模式是为拓宽个人职业生涯通道，满足人们不同的职业规划需求，消除因缺少晋升机会造成的职业生涯停滞而设计。这种职业通道模式的设立，可以使人们的职业生涯焕发新的活力，迎接新的挑战，同时为个人提供了更广阔的空间，通过规划自己的职业生涯，实现在各种岗位上工作的经验和资历。虽然只是横向发展，并没有得到加薪或晋升，但个人可以增加自己对组织的价值的自信，与此同时也使自己获得了新生。

三、从技术向管理的转行通道

在现代组织管理中，可以看到一种比较普遍的职业生涯变动现象，即从技术人员“转行”成为管理人员。巴达维对此做了具体分析，如表 4-2 所示。

表 4-2　**从技术到管理的职业计划**

阶段	目标	职业计划制定方法	与转行做管理的关系
1. 终身计划和执业意识	探讨职业目标和终身目标	正规和非正规的职业计划方法	进一步认清终身目标和职业方向
2. 职业选择分析和抉择	斟酌可供选择的职业途径和评价每一种选择	职业评价准则和有关的职业信息	更好地了解职业选择，了解技术专业的任务和技术管理任务
3. 自我评价和风险分析	设法使自己的兴趣与职业要求相吻合	自我评价方法	加深自我认识并了解职业行为和动机
4. 为从事管理工作做准备	探讨通向管理职位的选择途径	评价可选择的管理职业途径，建立优秀工作成绩的记录	量体裁衣，使自己的资历和能力与可选择的管理职业的要求相匹配
5. 使自己成为一名有效的管理者	培养自己的管理能力，提高资历和技能	各种管理技能评价法	分析自己作为一名管理者的优势和劣势，制订提高管理能力的计划
6. 职业发展战略	明确职业发展途径，制订坐稳管理职位的计划	使自己成为管理者的技巧，坐稳管理职位及与上司打交道的技巧	增强把握命运的能力，策划职业发展能力
7. 循环往复及对管理职业再评价	评价职技绩效和终身目标	评价内部的职业意向和外部的职业实况	得到反馈，至此事业周期告一段落或周而复始

资料来源：巴达维．开发科技人员的管理才能．金碧辉，等，译．北京：经济管理出版社，1987：83.

四、双重职业通道

传统职业通道是个体在组织中向较高管理层的升迁之路，而双重职业通道主要用来解决某一领域中具有专业技能，但并不期望或不适合通过正常升迁程序调到管理部门的员工的职业发展问题。职业通道设计的思路是：专业技术人员没有必要也不可能因为其专业技能的提升而从事管理工作，技术专家能够而且应该被允许将其技能贡献组织而不必成为管理者。技术专家的贡献被组织承认的方式更多体现在报酬的变更和地位的提升上，并且处于同一岗位上不同级别专业人员的报酬是可比的。双重职业通道有利于激励在工程、技术、财务、市场等领域中有突出贡献的员工。实现双重职业通道能够保证组织既聘请到具有高技能的管理者，又雇佣到高技能的专业技术人员。专业技术人员实现个人职业生涯发展可以不必走管理层晋升的道路，避免了从优秀的技术专家中培养出不称职的管理者这种现象。这无疑有助于专业技术人员在专业方面取得更大的成绩。

图 4-5 就是一个双重通道发展道路系统。在双重通道发展道路系统中，技术人员有机会进入三条不同的职业发展道路：一条技术的职业道路和两条管理的职业道路。由于在这三种路径中员工的薪资水平相近，发展机会也较为相似，因此，他们就会选择一种最符合自己兴趣和技能的职业发展道路。

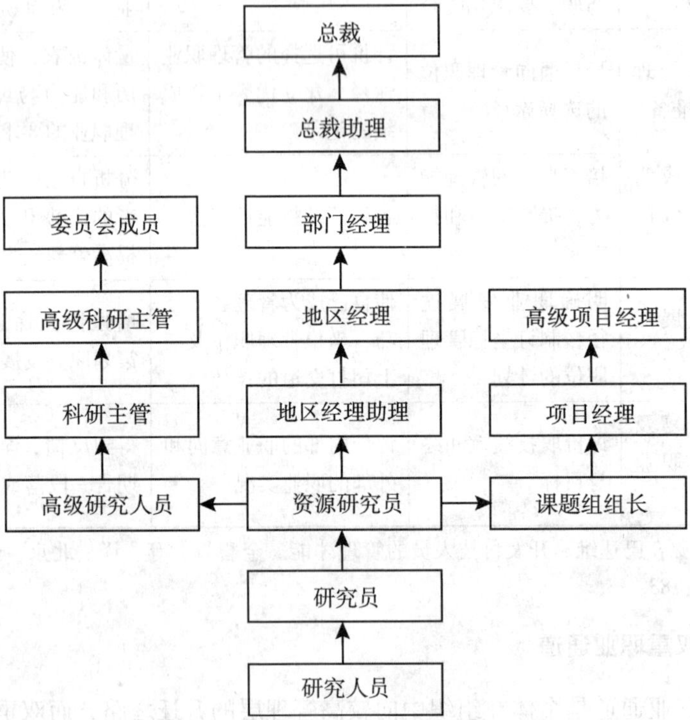

图 4-5　职业生涯的双通道模式

随着高新技术发展和现代企业的革新再造，双重职业道路日益流行，专业知识和管理技能同样重要。双阶梯模式不是从合格的技术专家中培养出拙劣的管理者，而是允许组织既可以培养高水平的管理者，又可以开发出高技能的专业人员。

在此基础上，一些组织还采取了“三通道”、“四通道”的做法，将人的发展途径进一步细化。例如，美国的*ESCA*公司实行技术人员、技术专家（指技术服务）、行政管理人员和经理四条道路的模式，每条道路都有其固定的发展阶梯，且各条道路之间有一定的等级对应关系。在我国的高技术企业中，某大型通信公司也实行技术系统、管理系统、业务系统、市场（销售）系统四条道路的做法。

五、技能与服务发展通道

我国学者马士斌对占据社会劳动者大部分的一般体力劳动者的职业生涯发展通道研究后提出了“技能型通道”和“服务型通道”的观点。

马士斌指出，在一般的组织中，大多数员工的工作是以本行业的生产经营活动操作和技能性为特征的，这就使得他们有着“技能”类型的职业生涯，其主要职责是在现有技术条件下提高产品质量和生产效率。因此，他们在设定人生目标时，要考虑未来的技术发展走势，慎重选择成为哪一领域的操作能手，其“操作性”的短期目标的设定，要考虑市场的产品需求变化对本企业生产结构的影响（从而影响到工作岗位）。这蕴含着技术性员工在市场变动的情况下受冲击大，可能会遇到裁员和进行员工更新的问题，这是应当引起组织关注的。马士斌指出，在企业的各类辅助人员、服务人员问题上，他们的工作相对重要性较低，对其技能要求也比较少，因此，他们的职业生涯目标主要考虑其在服务范围的质量等级等方面的成就。对于那些有潜力的员工，可以鼓励他们向其他职业类型转化。

本章小结

（1）个人职业生涯规划具有个体性、组织性、时间性和动态性四个基本特征。

（2）个体职业生涯发展的过程中，往往会面临着四个“迷茫期”，即面对生命中重要的转折点，很多个体不知道该何去何从。因此，了解职业生涯的四个“迷茫期”是非常有必要的，有助于我们为应对这些特殊时期做好心理准备。

（3）个体在职业生涯设计中，需要对职业所处的社会环境、行业环境以及组织内部环境等做出了解和认识。

（4）职业生涯选择是指个体根据自我的职业目标、兴趣、爱好选择出适合自己发展的职业岗位的过程。这是一种使个体选择适合自己发展的、排除不适合自己发展的职业选择过程。因此，职业生涯选择是一种决策。

（5）职业生涯发展规划具有个性化、开放性、预期性三个基本特征。

（6）职业生涯发展规划一般包括自我认知与职业定位、职业生涯发展机会评估、职业生涯发展目标与路线的设定、职业生涯发展策略的落实和职业生涯规划的调整。

（7）职业生涯发展是基于这样的事实：组织发展依靠员工，员工依靠组织提供的工作机会和发展机会，并且两者相互依存，互相影响。组织制订职业计划，使个体需要和组织需要相互均衡，使得组织和员工均能受益，是组织进行职业生涯发展规划和管理的出发点和最终目标。

（8）组织职业发展规划具有利益均衡原则，公开、公平、公正原则，协作原则，时间梯度原则，发展创新原则，全面评价原则六个基本原则。

（9）在有了相当多的职业能力和阅历积累以后，员工的职业可能存在走“技术通道”和走“管理通道”的选择。这不仅是员工个人的选择，也是组织对员工进行职业生涯规划的最基本通道选择。

（10）传统职业通道是组织中向较高管理层的升迁之路，而双重职业通道主要用来解决某一领域中具有专业技能，但并不适合通过正常升迁程序调到管理部门的员工的职业发展问题。

复习思考题

（1）职业生涯规划的意义是什么？职业生涯规划包括哪些内容？如何进行生涯规划？

（2）开发个人潜能有哪些方法和途径？

（3）填写一份关于你自己的职业生涯规划表。

（4）个体进行职业生涯路径选择时，从职业发展的角度来说，需要重点考虑的因素有哪些？

案例分析

打开HW的升职通道

HW在很早以前就设置了两条平行的职业通道，管理类——行政干部，其发展路径为：基层业务人员→骨干→基层管理者→中层管理者→高层管理者；技术类——技术专家，其发展路径为：基层业务人员→骨干→核心骨干→专家→资深专家。两类职位的级别基本对应，对应的级别可以享受相同的待遇。这样，HW的员工就有了更明确的工作目标——选择适合自己或愿意去走的职业上升通道，管理型人才可以走管理专家的道路，技术性人才可以走技术专家的道路。两条职业通道的设置，有效地避免了大家都走管理独木桥的局面。

1. 从秘书开始

借鉴英国NVQ企业行政管理资格认证，HW建立了文秘的行为规范，提高了工作效率，还解决了秘书的职业发展通道问题，极大地促进了秘书的积极性。

1996年，随着自主开发的C & C08交换机市场地位的提升，HW的年度销售达到了15亿元，标志着HW结束了以代理销售为主要赢利模式的创业期，进入了高速发展阶段。但随着生产规模和员工队伍的迅速壮大，HW的管理层次不断增加，其中仅秘书就有500名，这些秘书在公司各级管理层面和交叉点上工作，为推动公司的管理和发展发挥着重要作用。

稍微了解HW的人都知道，HW的秘书学历普遍较高，基本是大学本科毕业，一开始进HW大都看重高工资，说自己什么都能做，便做了秘书。但几个月后发现自己主要是做一些文件收发、资料录入、会议召集等工作，时间一长，觉得秘书好像就是打杂，便不想做了。

刚开始，文秘人员对实行的英国NVQ企业行政管理资格认证并不适应。李元（化名）也觉得非常简单，不知考核的目的何在。“就一些平常的工作指标，觉得对工作没有什么提高作用。”随着学习的深入，李元和其他秘书们才逐步认识到：工作效率的提高是建立在有序的工作之上的，任职资格认证帮助建立工作秩序，从而提高了工作效率；要处理好例行公事之外的工作，需要有思路，资格认证正是提供一个思路、一个想法，帮你找到处理问题的共性，建立一种逻辑思维上的顺序，从而提高工作效率。任职资格认证的思路就是建立一个文秘行为规范，以及建立达到这一规范的机制。

经过几个月的单元考评后，李元感觉自己好像被一个具备全面素质的优秀秘书指引着工作一样，考评中对照文秘标准来检查自己的工作，有差距时会感自责或恍然大悟，达到标准要求时会感到一种满足。考评员与自己的关系是帮你早日达标，从而使员工在考评过程中能够比较自如、正常地发挥自己的能力。一年后，在普考阶段参加考评的HW秘书就达到了300多人，完成1级考评的人数达180人，考评优秀的秘书可以到市场部锻炼，也可以获得逐步的提升，秘书的职业发展通道被打开了。

2. 确定任职资格

员工可以根据自身的任职资格，对照自己的工作流程。

北大纵横管理咨询公司合伙人陈颖说HW在引进NVQ体系的试点工作中，组织文秘和有关管理人员对国际企业行政管理标准进行了认真的学习，对照标准要求来考核工作，使员工们明确了工作改进的目标和文秘人员的职业发展通道。

刚开始，在学习的同时，人力资源部反复探索秘书的任职资格，HW依照英国NVQ企业行政管理标准体系建立公司人事管理和人员培训的平台，确定了文秘工作规范化和职业化的目标，并根据公司自己的实际情况修订和细化了文秘资格标准，建立了一套符合HW实际的有多个级别和任职资格考评体系。

资格体系做好后，秘书们终于明白了自己发展的方向。HW秘书的职业能力迅速提高，像电脑管理、文档管理、电话处理等工作，别的单位得招三个人来做，在HW一人足矣。省下了工资、管理费用、办公空间，效率还更高。HW还建立了资格认证部，组织培训了专门人员负责文秘人员的考评工作，同时还带动了公司员工的培训工作。

秘书问题解决后，人力资源部成立了两个任职资格研究小组，每组三人，开始制定其他人员的任职资格体系。销售人员任职资格标准的确立，是先在全国各地选出了20名优秀的销售人员，研究小组人员跑到各办事处，看这些优秀销售人员怎么拜访客户、怎样谈判，最后订出一到五级的任职资格标准。

紧接着HW正式成立了任职资格管理部，对各个岗位设立相应的任职资格标准。为了使员工不断提高自身工作能力和价值，有一个更大更广的发展空间，任职资格管理部设计了管理与专业技术双重职业发展通道。以李元为例，他当时可以有两个选择：一是走管理岗位通道，进入人力资源系统，以人力资源经理为职业目标；二是走技术岗位通道，坚持做人力资源技术性工作，成为内部的人力资源技术专家。

3. 推进过程三位一体

在HW，六个培训中心统统归属于任职资格管理部之下，乍看不可思议，其实顺理成章。许多企业都为之头痛的培训无效问题，往往是由于缺少任职资格体系，无法得知“现有”和“应有”的差距。而在 HW，有了任职资格体系，从某一级升到上一级，需要提高的能力一目了然，培训便具有针对性。任职资格标准牵引推动，培训体系支持配合，强调开发功能，真正解决员工职业发展问题。

1999 年，HW 的人力资源管理架构基本成形，绩效管理体系、薪酬分配体系和任职资格评价体系互相支撑，动态相连。这套标准的优越性在于，HW 对员工的评价、待遇和职位不一定具有必然的关联性，在摆脱利益裙带关系之后，职位只是企业中做事的一个简单标志。去除了官本位后的任职机制，员工上升通道自然打开。

“2002 年，我从秘书岗位转到了人力资源岗位，转的过程基本顺理成章，因为任职资格认证的各期成绩都一目了然。”李元说。

陈颖认为：HW 资格认证的过程，充分体现了与客观标准比较的相对公正性；任职资格制度的实施，使 HW 对干部的选拔，转变到组织考核、职业化遴选等更加科学、合理的机制上来；为员工的培养、培训工作明确了方向和具体课题；同时，打开了员工的晋升通道，也是 HW 实现制度化新老接替所必须经过的一个过程。

资料来源：张一军．打开 HW 的升职通道［N］．中国经营报，2007-10-21.

阅读并思考：HW 的组织职业生涯规划与管理举措对其他企业有何借鉴意义？

第五章　职业生涯开发

学习目标

~掌握个人职业生涯开发的内涵和目标；
~理解个人职业生涯开发系统的含义与目的；
~掌握个人职业生涯开发内容、开发策略及开发方法；
~掌握分析个人潜能和职业目标间的差距以及提升个人职业潜能的实施途径；
~理解组织职业生涯开发系统的内容、开发渠道和开发方法；
~理解学习型组织的内涵和特征；
~了解有效提高管理者职业潜能和个体职业资本的方法；
~了解如何实现员工组织化。

【引例】

吴玉光：清华 MBA 借我飞翔的翅膀

一个石油国企的技术员，如何通过调整职业发展跑道实现华丽转身，成长为知名的战略管理专家?

吴玉光 1968 年出生在豫南大别山麓的一个风景秀丽的乡村，童年虽然清苦，但也充满着欢乐。小时候他经常躺在山坡上，看着天上的白云苍狗，眺望几十里外的青山，梦想自己长大以后可以坐飞机到处跑。

乡村小学的课程只有语文和数学，能看到的杂志和书籍特别少，喜欢读书的吴玉光如饥似渴地将父亲珍藏的书籍和姐姐们拥有的课外书全都看遍了。他的语文成绩特别好，记忆力也超强，经常被语文老师“邀请”去其他班级“秀”背课文的功夫。这个“偏科”的习惯一直保持到高中。因为语文成绩不错，初中时语文老师每次上课都会向吴玉光提问，给他很多表现机会，很大程度上鼓励了他继续学好语文。

1. 圆梦清华

吴玉光本科读的是工业电气与自动化专业，毕业后去了中石油旗下的一家炼油厂从事技术工作。勤奋好学的他业务“上手”很快，毕业不到两年就成为当时工厂最年轻的车间主任。

1997年，吴玉光遇到了职业发展瓶颈。对于国有企业论资排辈的上升通道，他有了深切的感受，他厌倦了那种相对单调、程式化的生活，希望能够转换一条职业跑道，像雄鹰一样去更广阔的天空翱翔。于是，他开始为自己的未来发展积极谋划，准备报考西安交大的研究生。然而，当年正赶上清华大学首次通过全国联考招收MBA，中石油、核工业总公司得到了一些内部推荐指标。吴玉光作为中石油内部后备人才，通过层层选拔，终于脱颖而出，得到了参加全国首次MBA联考的机会。为了做好联考准备，吴玉光与来自全国各大油田的近百人一起，在石油管理干部学院集中复习准备参加考试。毕竟离开校园已有五六年，重新复习英语、数学、逻辑、写作等课程有一定挑战性。知道自己要什么，了解考试成败对自己意味着什么，带着背水一战的决心，他的学习效率非常高，最终联考顺利过关，成为清华大学MBA学生。在美丽的清华校园，吴玉光度过了两年多时光。他和同学们都是工作几年后重新考入清华的校园，特别珍惜来之不易的学习机会，一直都如饥似渴地学习。MBA课程包括企业管理、战略管理、市场营销、人力资源、财务管理、会计学等，对吴玉光日后的工作有很大的帮助。MBA注重体验式学习，吴玉光还积极参与到联想、三九、东风汽车和一些大中型国有企业实习考察，在实践中提升了能力。

回眸往昔，吴玉光觉得读MBA最直接、最大收获就是改变了他的职业生涯，让他有机会更换职业跑道，走上创业之路，同时开阔了他的视野，让他在思维方式、工作风格上有较大的提升和转变，而读书期间建立的师生、同学情谊也成为他人生不可多得的财富。

2. 创业路漫漫

离开清华以后，吴玉光来到深圳，先后在华为、三诺电子和TCL电脑工作过，他也在不断调适自己，希望找到合适的岗位，创造更高的价值。三诺电子和TCL电脑两家企业当时正处于快速成长的阶段，吴玉光作为高层团队的一员，承担了非常有挑战性的工作，涉及企业运营管理的方方面面，包括公司战略、人力资源、销售管理、资本运作等，也为他后来成为管理咨询专家打下了扎实的基础。

吴玉光内心一直有一股创业的冲动，再加上深圳本身的创业氛围比较浓厚。因为没有资金，也没有什么背景，刘冀生教授一直认为他是做咨询的“好料”，也多次邀请他加入，这也给他很大的信心和支持，他最终选择了管理咨询这个“食脑”的行当。2001年底，他真正开始创业，第一单业务是为上海一家国有纺织企业提供战略咨询服务。

2008年金融危机时，吴玉光的一个客户遇到了非常大的困难，当时董事长感觉身心俱疲，非常诚恳地邀请他去帮忙，救场如救火，吴玉光放下自己的事业，去这家企业担任董事总经理的职务，经过他一系列有效的工作，销售收入当年有了100%的增长，利润圆满完成指标，也构建了有序的管理体系，管理团队，为这家企业后来的高速成长奠定了坚实的基础。

功成身退，吴玉光重新又回到了咨询行业，创立了中和正道管理咨询有限公司，最大的挑战还是如何找到合适的合作伙伴，也就是找到合适的合伙人。咨询这个行业对于人才的要求还是比较高的，分析思维能力、沟通表达能力、经验与心态都很重要，更关键的是要在困难面前有坚忍不拔的毅力。当然，中和正道也一直坚持自己培养和实战锻炼人才队伍，已经形成了自己的核心骨干团队。

3. 专攻战略绩效

开始从事咨询行业以后，吴玉光结合之前的工作经历开始思考：如何将公司的战略与最终的绩效实现贯通？后来，吴玉光在导师的指导下和同事们的共同探讨中，同时也吸收了一些客户的建议，提出了“从战略到绩效”的提法，形成了相对完整的理论、方法、工具体系，也在不同类型的企业中进行实践，都取得了非常显著的效果，成功帮助不少的客户实现了快速业绩增长。现在，吴玉光带领着中和正道管理咨询团队，在战略转型、营销突破、组织变革和机制创新方面都有了比较坚实的积累，在钢铁、能源、汽车制造等行业有许多非常成功的案例。他们曾经为一个客户连续十年提供了30多个不同类型咨询项目的服务，创造了咨询行业客户回签最高的纪录，也切实帮助客户不断跨上新的发展台阶。

资料来源：吴玉光. 清华MBA借我飞翔的翅膀［EB/OL］.［2014-09-24］. http://www.ceconlinebbs.com/FORUM_POST_900001_900008_1073294_0.HTM.

个人职业生涯开发是为了获得或改进个人与工作有关的知识、技能、态度、行为等因素，为实现其职业生涯目标的各种有计划的努力。通过开发实践活动，有助于提高员工个体职业生涯规划的适应性和创造性，落实个人在职业生涯管理中的主体地位和突出职业生涯管理的系统性。对于企业来说，员工职业生涯开发是企业以人为本进行的发展规划，能够将组织发展的需要与个人职业发展的需求紧密结合，提高雇员的忠诚度，有利于企业留住人才和增强企业发展的可持续性。

第一节　个人职业生涯开发

一、个人职业生涯开发的内涵和目标

1. 个人职业生涯开发的内涵

个人职业生涯开发指个人在客观分析内在和外在条件的基础上，运用一切有效的手段，通过传授知识、转变观念、提高技能，改善个人目前或将来的工作绩效，提高与职业生涯目标相应的潜在职业能力的过程。

个人职业生涯开发的内涵主要体现在以下几个方面。

（1）个人职业生涯开发是一个双方活动的过程，它依靠个人和组织的相互配合。

（2）个人职业生涯开发是全方位、多层次的活动，通过多种方式和途径来实现人员素质的提高。

（3）个人职业生涯开发的内容丰富，既包括个人要素开发如个人的心理开发（价值体系和劳动态度等）、生理开发（体力、体能等）、职业行为开发和智力开发（知识结构、知识存量和流量等）等，还包括社会资本开发。

（4）个人职业生涯开发的目的是为了有效发掘组织和个人潜能。与个人职业生涯规划相比，个人职业生涯开发是一个更高层次的概念，是对个人职业生涯规划的进一步拓展和提升。

2. 个人职业生涯开发的目标

确立科学的个人职业生涯目标，是个人职业生涯开发的重要内容之一。目标的确立，要注意目标的幅度，要将目标细化到能够轻易实现和达成，聚焦于一点。个人职业生涯开发的目标是指在职业生涯开发中个人最终达到的职业结果或状态。从目标的层次看，个人职业生涯开发的目标包括终极目标和具体目标两个层次。终极目标是个人希望通过职业发展获得的终极状态，是个人获得的全面发展。获得的全面发展主要表现在自然素质、社会素质、心理素质的发展，是个人在各种素质综合作用的基础上实现个性的发展。个人职业生涯开发的具体目标涉及职业能力开发、职业资本开发和社会资本开发。

二、个人职业生涯开发系统

（一）个人职业生涯开发系统构成

1. 个人职业生涯开发系统的含义和目的

个人职业生涯开发系统是指在特定时间（一定职业生涯周期）和空间（主要指组织内外环境）内，由个人职业生涯开发目标、职业生涯开发策略和职业生涯开发方法等若干相互制约的动态要素所构成的具有特定功能的有机整体。

个人职业生涯开发系统的目的是使个人的能力与工作岗位要求、组织文化、组织制度规范匹配一致，在保证个人职业生涯规划实施的前提下，协调个人职业生涯开发的各个环节，兼顾个人与组织的利益，实现个人和组织效益的最大化。

2. 个人职业生涯开发系统的构成

个人职业生涯开发系统主要由三部分组成：个人职业生涯开发的内容、个人职业生涯开发策略及个人职业生涯开发方法。

（1）个人职业生涯开发的内容。

开发内容主要包括职业能力开发、职业资本开发和社会资本开发。职业能力开发包括基础能力开发、业务能力开发和素质能力开发。基础能力开发主要包括知识和技能技巧开发两部分，涉及个人进入职场，承担各类工作所需要的共通性能力的培养，这些能力影响个人能力能否实现从“社会人”向“职场人”顺利过渡；业务能力开发是针对具体岗位要求，促成个人成长为“职场达人”所需要开展的系列活动。素质能力主要针对个人生理能力和心理能力进行开发，是促使个人拥有良好身体素质的同时关注自身心理健康的主要方面，是个人作为“社会人”的必然要求。职业资本是一个人选择职业、发展自我、运作金钱和创造财富等能力的总和，包括职业素质、职业技能和职业阅历等方面的开发。社会资本的开发包括得体的服饰与仪表、对权力关系的把握、引起领导的注意、人际关系的处理、掌握构建职业人际关系网的技巧等方面。

（2）个人职业生涯开发策略。

个人职业生涯开发策略是对职业目标实现要素的有机整合，它是个人在职业生涯规划基础上，针对职业生涯开发内容所计划采取的活动和相关措施，即个人为争取职业生涯目标的实现，从策略层面对自己的生涯活动进行安排与调控所采取的各种行动和个人资源配置措施。依据个人职业生涯目标、职业价值观、职业生涯周期、组织人力资源管理政策的不同，个人职业生涯策略主要分为：①工作策略，即为达到工作业绩目标，计划采取的各种改善工作效率和效果的措施；②学习与培训策略，即为获得与工作相关的知识、技能而计划采取的各种措施；③人际关系策略，即为获得更广泛支持而搭建个人人际关网络所计划采取的各种措施；④工作—家庭平衡策略，即为平衡职业目标和生活目标、家庭目标等计划采取的各种措施。

（3）个人职业生涯开发方法。

个人职业生涯开发方法的效果取决于个人职业生涯开发方法的选择。个人职业生涯开发方法是个人依据职业生涯开发内容及开发策略所采取的具体方法和相关措施。方法有：职业测评法、学习培训法、社会活动法、迁移流动法、保健锻炼法和职业咨询法等。

（二）个人职业生涯开发系统的功能

系统的功能是指个人职业生涯开发系统的基本作用，主要表现为能力获取功能、能力配置功能、能力使用功能和能力再开发功能。

个人职业生涯开发的能力获取功能是个人在准备进入某一组织，即将开始职业生涯的时候，有针对性地参加学习和培训，获得职业所需的基础性能力、业务性能力和素质性能力。能力配置功能是个人获得能力后，要通过自身条件与职业岗位能力匹配，提高工作绩效，实现个人价值。一般情况下，个人能力的证明是通过其工作业绩来实现的，而要想取得良好的工作业绩往往取决于是否找到了一个与个人能力匹配的岗位，并获得锻炼的机会。因此，从一定意义上讲，个人在能力获得后，需要根据自身条件去配置能力，并在工作中使用能力。当个人进入职业生涯晚期后，因面临自身技能下降、知识结构老化、创新意识衰退及组织新人不断涌现等内外压力，重新进行能力开发的迫切性日益明显，个人职业生涯开发再次回到“起点”，即能力的获取。

个人职业生涯开发系统各功能之间的关系：能力的获取是能力配置的基础，能力配置是合理使用能力的前提，能力使用的过程促成了个体对个人能力优劣势的进一步认识，从而有了能力开发的动力和目标。从四种功能的效果看，任何一种功能都离不开其他功能的支持，缺失其中任何一种都将严重影响个人职业生涯开发目标的实现。

（三）个人职业生涯开发系统功能与人力资源管理职能的关系

从组织视角看，个人职业生涯开发系统功能的实现需要借助组织人力资源管理职能来实现，个人职业生涯开发策略和开发方法的选择都必须紧密围绕组织能力和个人能力的匹配来展开，并表现为不同的个人职业生涯开发功能与人力资源管理各职能间的配合。组织通过招募和甄选来确保员工社会化过程的实现，并促使员工个体获取组织内部相关职业的发展信息和知识存量、心理素质、职业技能等能力要素和组织岗位的特定需求进行匹配，为员工职业生涯规划的落实提供载体。而组织实施的人力资源培训活动将有效开发员工个体潜在能力和现有的职业能力。

三、开发个人的职业潜能

“知己知彼，百战不殆。”只有清楚地了解和分析个人职业潜能和职业目标之间的差距，才能确定和选择合理有效的方法和途径来提高自身的知识、技能和态度，不断提升个人的职业潜能，使职业目标按机会实施，并经常对实施方案进行评估和修改，促进职业目标顺利实现。

开发职业潜能，就是通过开展内在或外在的、正向或逆向的身心修炼计划和课程，激发情感、开发右脑，或获得潜意识的“放松性警觉”以获得“灵感”，从而达到磨炼意志、提高智力素质和强化学习能力的目标。

（一）分析个人潜能和职业目标间的差距

在职业目标制定后，通过分析目前的状况以及实现目标所需要的知识、能力、观念等，找出二者之间的差距，才能采取有效的措施来实现目标。职业目标的实现过程就是一个不断缩小差距的过程。而这些差距往往存在于以下几个方面。

(1) 思想观念上的差距。思想观念是人对事物认识的一种价值观，不同的观念会导致不同的行为方式。只有和管理层面相适应的思想观念，才能有效地促进个人的职业目标更好地按计划实施。要客观的分析实现职业目标所需要的思想观念，如基层管理工作要求管理人员有正确的观念、较好的人际关系处理能力和较强的技术能力，而高层管理工作则要求其人员在技术方面掌握的较少一些，但是正确的概念最为重要，要有较强的概念技技能和人际技能。比照分析自身的观念，找出差距后设法修复。

(2) 知识的差距。随着时代变迁，环境、科学技术都在发生着变化，知识量和信息量的激增，许多传统观念和行为方式在发生着不可逆转的变革。知识的加速更新导致人们过去取得的绝大部分知识过时，学历、文凭不再是永久的通行证，延长其价值的唯一方法是进行知识的更新。分析了解自己的知识水平和实现职业目标的要求，找出二者之间的差距。然后，通过培训、进修等方式补充新知识，不断提高学习新知识的能力并将其应用于工作实践中，以便促进目标的顺利实现。

(3) 能力的差距。能力差距是指自己实际拥有的能力与实际工作需求之间的差距。能力差距的判断可以参照各种不同能力的具体要求进行自查，如表5-1所示。

表 5-1 不同能力的具体要求

能力分类	能力要求
创新能力	有想出新的解决问题的办法并在实践中运用的能力
学习能力	有根据工作要求主动向书本学习、向他人学习和自学的能力
组织能力	有能力设计一个组织机构，制定目标、制度等，并组织实施
决策能力	有根据不全面的信息分析、评价、选择并做出决策的能力
领导能力	有能力确定目标、激发别人的热情，让人接受一种观点或行动计划并进行组织落实，有能力对工作进行追踪
适应能力	在变化的形式中，仍能把握住方向，创造巨大的效益
人际交往能力	能随时地与人为善、与人沟通、与人协商的现代自主精神和民主

（4）心理素质差距。心理素质差距涉及一个人的毅力、面对变故和挫折时的心理承受能力和情绪智力。良好的心理素质能够使自己在各种关键时刻仍能保持冷静的头脑、平和的心态。制定出正确的战略和实施规划。

（二）提升个人职业潜能的方法

在了解自身条件和分析差距的前提下，找到适合自己的缩小差距的方法，就可以根据这种方法来制订实施方案，职业生涯的每一次质的飞跃都是以学习新知识、树立新概念为前提条件的，具体来说提升个人职业潜能的方法主要有以下几种。

（1）教育培训法。根据目标分解和能力差距，制定教育培训的具体内容、时间、地点等、根据自身情况选择合适的培训方式，如在职培训、脱产培训等，通过教育培训提高自身的竞争力和职业潜能，不断缩小与职业目标之间的差距。

（2）实践锻炼法。要求个人投入实践中，着重处理自己努力较差的工作，把自己能够做好的工作交给别人去做，这样既能给自己实践的机会，也能给同事或下级较多的实践机会。在实践中发现问题、解决问题，提升自己。

（3）讨论交流法。对某一专题进行深入探讨的培训方法，其目的是解决某些复杂的问题，或通过讨论的形式使众多受训人员就某个主体进行沟通，谋求观念看法的一致，通过讨论交流可以获得新知识、经验或帮助等。

（4）时间处理法。由个人自行收集亲身经历的案例，将这些案例作为个案，利用案例研究法进行讨论，并用讨论结果来警戒日常工作中可能出现的问题。通过自编案例建立的交流分析，可以提高自己理论联系实际的能力、分析解决问题的能力和表达交流能力等。

(5) TA (transactional analysis) 训练。人际关系是一个人心理健康、生活幸福和事业成功的关键因素。世界著名的成功学大师卡耐基经过大量的实证研究得出结论：在一个人的所有成功因素中，专业知识技能只占15%，而人际关系方面的沟通技巧则占到85%。因此，在工作和生活中的大多数时候，人与人的差距并不在于专业技能方面，而是在沟通技巧方面。TA就是一种旨在通过内外在交流提高人际心理沟通能力的普适技术。TA意为“交流分析”或“沟通分析”。TA训练起源于20世纪50年代初期，它是美国心理学家艾里克·伯恩博士创立的一种小团体精神分析和心理治疗方法，后经玛丽与罗伯特·高尔顿等人的发展，推广应用于人际交往技能开发的广泛领域，成为培养员工自律自省、互动沟通、理解他人和宽容待人等人际交往能力的训练项目。

人们工作不仅仅是为了求生，更是为了完善生命的意义，实现自我价值。作为一个活生生的生命个体，人们除了工作之外还有感情、家庭以及个人爱好等方面的追求。TA能够让人们透视自己、认清自我、善待他人、深刻领悟和把握人与人之间沟通的奥妙，以全面提升工作绩效、生活质量和人生价值。TA训练的要点有以下几点。

①从内心着手，先帮助人们改善“心智模式”，进行自我认识，充分了解自己的人格状态、信念心态、沟通模式以及“常玩的心理游戏”是什么，做好内在交流再解决外在沟通问题，通过内驱力驱动与他人的交流动力。

②着眼于改变行动，不仅心里知道人际沟通是什么、为什么和怎么做，还要能够行动起来将思想转化为行为。因此，训练的核心任务就是在充分了解自我的基础上经由导师引导，找到超越自我的训练行动方案。

③沟通分析是一种契约式心理疗法，训练目标与历程以一种成人对成人的契约关系为基础。当事人均被契约界定了各自的责任，以此使当事人专注于目标并对其有明确的行动承诺。

④训练程序和方法科学、系统，并且有针对性。针对受训对象量身定制个性化课程设计，采取互动式、演练式、体验式教学、循序渐进，持续收获改善效果。

(三) 提升个人职业潜能的实施途径

1. 利用现场培训提升个人职业潜能

现场培训就是在原来工作场所和原工作过程中进行的边工作边学习的培训，具有很强的实效性。现场培训的方法有三种。

(1) 工作岗位轮换。

工作岗位轮换是指通过与性质不同的岗位或不同部门的岗位进行轮换，能够全方位开发个人潜力，获得不同岗位上的丰富工作经验；也可以创造更加和谐的人际关系，增加全局意识，提高适应能力。

（2）在职培训。

在职培训是指在不脱离当前工作岗位的情况下，在实际工作职务和工作场所进行的职业训练和学习，受训者可以通过模拟熟练工人的作业过程，模仿他们的动作和行为来进行在职培训。在职培训特别适用于技术性和操作性很强的岗位员工的培训，这种培训通常因为培训费用低和可迅速运用到实际工作情境中而广受欢迎。

（3）见习培训。

见习培训是在实际生产线的附近安排适当的培训任务，培训并不影响正常的生产活动。这种培训方法比较适合于那些技术要求比较高的职业岗位。见习的方法比较灵活，易于安排和设计，受到广大受训者和企业人力资源部门的欢迎。但是这种方法的训练效率比较低，不可能很多人同时受训。

2. 利用脱产培训提升个体的职业潜能

离开原来的工作岗位进行专门的培训即是脱产培训。脱产培训的方法很多，个体可以根据不同的提升需求选择不同的培训方法。

（1）参加演讲听课法。

参加演讲听课法是指参加由单位组织的集中演讲和授课，接受由培训专员或教员讲授的知识。这种方法可以直接吸引与工作密切相关的专业知识，演讲的内容往往直接而且成本比较低，但也存在着因单向沟通而缺乏讨论交流和及时反馈等缺点。

（2）进修学习。

进修学习是指离开工作单位，直接去学校或者教育机构进行学习。该方法可以使个体及时掌握当前国内、国际一些新的、前沿的知识和发展趋势，可以广泛地参加各种学术交流活动，不断提高自身的文化素质，但是学习成本往往比较高。

（3）影视培训法。

使用现代化电子教育方法，即用电子化的教育手段，伴以培训师细致入微的讲解，便于强化个人的理解，收到良好的效果，在技术培训中可以发挥很大的作用。

（4）游戏培训法。

游戏培训法是由两个或多个受训者在一定的游戏规则约束下，相互竞争达到某种目标的培训方法。由于游戏本身的趣味性，这种训练方法能激发学习兴趣，使个体在不知不觉中学习、巩固所学的知识、技能、开阔思路，提高解决问题的能力。但游戏作为培训的复制方法，是为了达到特定的培训目的而使用的，不能把它当做纯粹的“游戏”，应根据培训目的、培训内容的需要适当地选用。

(5) 计划性指导。

计划性指导是一种通过书面教材和电脑屏幕提供阶段性培训信息的培训方法。受训者在学习了一个阶段的教材后，首先必须回答这一阶段的有关问题，每回答一个问题后，电脑会提供正确答案作为反馈。受训者只有通过前一阶段的所有问题后，才能进入下一个阶段的学习。计划性指导的优点是学员可以根据自己的进度反复学习，反馈程度高而且及时有效，不受时间的限制等。

(6) 远程培训法。

远程培训法是指学习内容通过远距离传输到学员的学习地点，以供学员学习。其具体的形式有广播、电视、网络等。目前利用网络进行培训是最常见的远程培训方式。它可以克服空间上的距离、节省时间，在特定时期内能不定期、持续地接受培训。

3. 有效提高管理者的职业潜能

作为管理者，因为工作服务广、工作复杂多变，需要有随机应变的能力、良好的协调能力和组织管理能力。为了更好地提升自己的管理职业潜能，达到职业目标管理的要求，个体可以根据自身的情况和需要，选择能有效提高管理职业潜能的方法。

(1) 角色扮演法。

角色扮演法是在一个模拟的真实情况中，由两个以上的学员相互配合，通过扮演不同的角色，并表现出自己认为适合于某一个角色的行为和情感，达到掌握必要技能的目的；通过讨论其他学员的反馈，使角色扮演者学会如何在该情况下改进他们的行为。因管理人员不仅需要掌握具体的管理技能，包括作决策、解决问题和支配下属的能力，而且还需要掌握处理人际关系的技能，角色扮演法比较适用于培养人际关系技能，它能在很大程度上增进管理者的同情心、洞察力和理解力。

(2) 模拟法。

模拟法以工作中的实际情况为基础，将实际工作中可以利用的资源、约束条件和工作过程模拟化。个体在假定的工作情境中参与活动，学习从事特定工作的行为和技能，提高自己处理问题的能力、认知能力、决策能力和处理人际关系的能力。通过情景模拟，使人在同样环境中进行判断和决策，在不知不觉中增强学习者的紧迫感、树立竞争意识，提高行为能力。

(3) 敏感度训练。

敏感度训练是提高管理人员的意识水平和改善人际关系的有效方法。其训练是通过向管理者表明其他人是如何看待他们的，从而使他们对自己有一个更清晰、更为明确的看法。它也使管理者有机会了解他们的行为对其他人会产生什么影响。在进行敏感度训练的时候，通常不指定固定的题目，一切由学员小组的成员自己决定，形成“现实、现地”的问题，通过在解决问题中的表现，了解他人的行为，同时感受他人的态度。敏感度训练可以明显地提高人际关系技能，增强自我意识，提高心理素质。

(4) 案例研究法。

案例研究法是指把一个经理或行政人员日常遇到的复杂的经营问题或组织问题提出来交给受训者进行思考，使他们熟悉这些问题，然后带着这些问题去查找相关资料，找到一个适当的解决方法，并进行讨论。每个学员都要发表自己如何解决这些问题的建议和意见，并讨论其他人提出的办法的可行性。通过交换不同的看法，使受训者认识到可以从不同的角度看待问题，以及可以采用不同的方法来解决问题。通过案例法研究，可以提高受者的个人分析能力、解决问题和做出决策的能力。

4. 有效提高职业资本

职业资本是一个人选择职业、发展自我、运用金钱和创造财富等能力的总和。它是一个人与生俱来的，并通过后天的社会经验和教育改造而逐步形成的，主要包括职业素质、职业技能和职业阅历等多个方面。职业素质主要涉及一个人的气质、性格、智商、职业兴趣等多个方面。不同的工作对个体职业素质的要求也不一样，它所需要的智力水平、气质和人格都不相同。而个体的气质和人格特质又决定了一个人所适宜从事的工作，二者在动态中相互适应和变化。职业技能是在职业素质的基础上，通过后天的职业教育和训练形成的从事某种职业的能力。职业阅历是从事某种相关工作的资历，以及从事这类工作中所积累的经验和教训等实战技能。提高职业资本的附加值，可以从以下角度着手。

(1) 努力汲取营养。

进入职业生涯早期阶段后，不要满足于在学校学到的书本知识，还要不断地进行自我修炼、提高自身素质。因为知识是知识经济时代最重要的生产要素，不能掌握最新的职业知识，就无法适应企业中采纳的新知识、新技术。持续的学习和知识更新已成为社会职业发展的必然要求。

(2) 树立效率观念，强调功效。

当代社会的显著特征之一就是“变化快”，没有效率就谈不上竞争。只有不断地提高工作效率，才能降低成本。因此，一个人除了应该讲求勤奋、诚信之外，还要注重效率和实绩。提高效率，合理规划和利用时间，是实现职业生涯成功的重要措施。

(3) 高瞻远瞩，树立国际化观念。

随着全球化和国际化脚步的加快，没有国际化的思路，没有渊博的知识和先进的概念，很难适应日益激烈的国际竞争。因此，职业生涯的开发和发展，必须从全球化的角度进行思考，按照国际人才的标准要求自己，并从全球的角度进行职业定位。

(4) 脚踏实地，积极参与。

职业生涯能力的培养需要从小事着手、从大处着眼，现代社会不欢迎那些"一屋不扫"而想"扫天下"的空想家。在职业生涯发展的过程中，要积极参加到各项活动中，这不仅可以锻炼个人能力，更可以扩大和传播思想，更新观念，从而能更好地促进个人的发展。

一个人只有不断地提高自我职业资本，并拥有雄厚的职业资本，才能获得更大的择业自由，获得更多的就业机会、职业生涯发展和成功的机会。

(四) 实现员工个体的组织社会化

施恩将组织社会化定义为：新成员学习和适应一个组织、社会或团体的价值系统、规范及所需要的行为模式的过程，是一个学习"在组织中有效表现的诀窍"的过程，一个被灌输及培训的过程，组织希望通过这个过程向组织成员传授组织及其部门里什么才是重要的。这个过程可能存在于学校；存在于毕业生毕业后进入一个组织开始他的第一份工作；存在于组织成员在组织里从一个部门调往另一个部门，或从一个级别到另一个级别；存在于一个组织到另一个组织；存在于再回到学校学习后并再返回到组织中。

由施恩的表述可知，个体的社会化是经过个体和社会环境相互作用而实现的，是一个逐步内化的过程。通过社会化，个体学习社会中的标准、价值和所期望的行为。社会化概念从宏观的社会背景移植到组织背景下，就形成了"组织社会化"的概念。组织社会化不仅仅发生在新员工身上，而是在员工接触的新工作、角色、团体、部门和组织的时候，都广泛存在的过程。因此本书所指的员工不再细分新员工和老员工，而是广泛的指称为组织中的员工。

另外，霍尔认为职业生涯是个体在其一生中进入、承担、离开许多工作相关角色的过程中，所形成的一个长期的社会化经历的集合。职业生涯是一个比社会化更宽泛的概念，它包含人们每一次在组织内部的流动和组织之间的流动，而组织社会化是个体掌握必要的社会知识和技能从而承担组织的角色。一方面，每一次经历不同的岗位、团队、部门、组织，都需要重新学习相应的知识、技能，寻求必要的组织支持和信息，从而能快速适应新角色的需要，融入新岗位、新组织中去。另一方面，在交换自己的工作和角色的过程中，人们有意识有目的地在追求职业上更高的标准（更高的薪水、职位和更大的权力等）或者心理上的成就感、幸福感和满意。这种更高的标志和更强烈的满意就意味着人们对于职业成功的追求。

第二节 组织职业生涯开发

组织职业生涯开发是指组织为了提高员工的职业知识、技能、态度和水平，进而提高员工的工作，促进员工职业生涯发展而开展的各类有计划、有系统的教育训练活动。有组织地进行职业生涯开发，有意识地将个人的职业生涯规划与组织机构的劳动力需求相联系，作为提高劳动力效率的策略，组织职业生涯开发已经逐渐成为有远见的组织机构的关键性战略资产。

一、组织职业生涯开发系统

组织职业生涯开发系统包括管理、控制和引导，并且重视培训、训练、组合和激励，是一项十分复杂的系统工程。为了确保组织职业生涯管理任务有效地开展，应当建立多维的职业生涯系统，如图 5-1 所示。

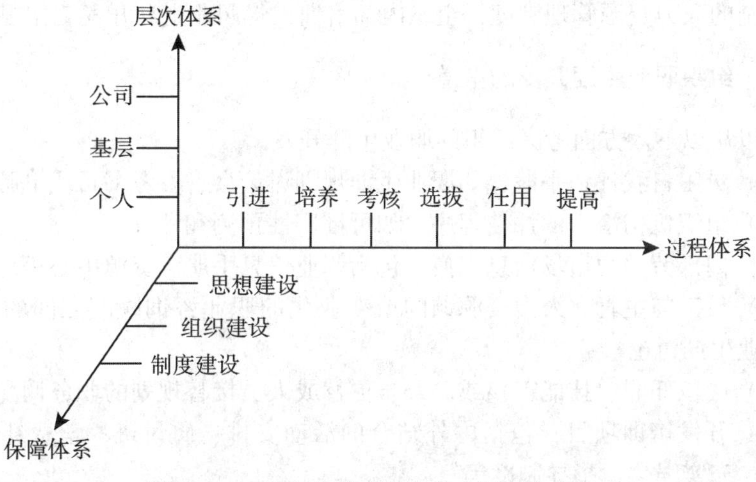

图 5-1 多维结构的组织职业生涯开发系统

1. 层次体系

层次体系指导组织员工职业素质的培训和普遍性项目作为组织制定与其发展战略配套的职业开发战略的基本技能训练，同时调整组织结构；基层组织根据整体发展规划结合专业生产、人员情况对职业生涯开发计划进行制定；个人出于对自己理想工作的设想，将其对工作的技能充分得到展现并最大限度地应用到工作中，并实现个人目标。针对不同层次的需求应该努力相互协调，在总体战略的指导下有序地进行。

2. 过程体系

组织职业生涯开发系统的引进、培养、考核、选拔、任用、提高等各个环节具有紧密的相关性，根据人才需求的弥补程度与供给的不足为组织发展提供新的力量这两个不同的角度，同时对培养的方式、培训的内容、考核的方法进行恰当地安排，根据员工考核情况的不同，对其分配不同的工作岗位，并在员工职业技能水平提高的基础上，给予新的学习机会、提高机会，使员工个人和组织共同成长起来。

3. 保障体系

保障体系是组织职业生涯开发系统中最重要的一部分，层次体系和过程体系只有在保障体系完善的情况下才能顺利运转。其中，保障体系主要涉及三个重要内容：（1）思想建设，结合组织对人员的需求、个人职业的发展规划，推动“职业生涯开发”的概念深植人心；（2）组织建设，选拔有创新意识的人才从事职业生涯开发工作，建设从事职业生涯开发的队伍；（3）制度建设，建立健全的人力资源管理制度，组织内部培训，将职业生涯开发工作规范化。

二、组织职业生涯开发的渠道

可以从以下六方面考虑组织的职业生涯开发。

（1）员工自我评估手段，如职业生涯规划讨论会、参考书目或电脑软件。

（2）组织机构潜力的评估程序，如可推广性预测和评价。

（3）内部劳动力市场信息交换，包括职业信息手册、资源中心等。

（4）员工与主管、人力资源顾问或专业化的职业咨询顾问之间的个人咨询和职业生涯讨论。

（5）岗位任职、技能审核或调查、更替或人员接替规划的职务调配制度。

（6）开发培训项目，包括内外结合的活动安排、研讨班、学费补偿、岗位轮换、充实强化、指导制度等。

组织职业生涯开发注重的是工作场所的学习，以及创造一种有利于这种学习的文化，所以组织必须采用多种多样的活动方式和策略方法来让员工适应不同的学习形式。另一个关键因素是要确认适合公司的价值观。一项职业生涯开发政策必须明确公司、员工和主管都将遵守的“实施准则”。组织必须能够通过职业生涯规划使个人发挥他们的才干，以积极合作的精神投入公司要求他们从事的工作中。

在职业生涯开发中，最主要的问题是要使员工的技能与工作相匹配。随着组织的发展，应当让员工更多地了解相关的职业生涯发展机会，并对职业成功进行重新的界定，因为职业成功对员工的重要影响远远超过为晋升准备的培训与开发。成功的员工职业生涯开发系统一般都会鼓励员工、管理人员和组织积极参与其中，各自担当具体的角色和责任，以使整个系统可以发挥作用。在这种参与中，员工负责自我评估与开发的运作程序，管理人员负责协助和鼓励这一过程，而组织则通过提供工具、资源及持续的鼓励与指导，对这一过程给予支持。

三、组织职业生涯开发的方法

组织职业生涯开发的方法种类繁多，具体的开发方法随职业种类和岗位的不同而不同。开发方法主要包括一般培训、岗位轮换和晋升等方法。这些方法的有效选择和使用，有助于组织职业生涯开发工作的顺利开展。

（一）一般培训

1. 讲授法

讲授法是一种传统的培训方法，使用也很普遍，一般通过集中办班的形式，由培训师在固定的场所系统地向受训者讲解某些概念、知识、方法及原理。讲授法主要是培训师讲授知识、受训者记忆知识。在培训中一般会穿插提问环节，由受训者提出问题，培训师进行回答。与其他方法相比，讲授法的优点在于能够被大多数人所熟悉和接受，在短时间内向大批受训者提供大量信息，培训成本最小，适于系统地进行知识更新和传授。缺点在于这是一种单向沟通的培训方法，培训效果完全取决于培训师的演讲水平，培训方式单调，可能会产生消极听讲、学习者参与度不高，互动性不强和缺乏针对性等情况。

2. 讨论法

讨论法可分为一般研讨会与小组讨论两种形式。研讨会多以专题演讲为主，中途或会后允许学员与演讲者进行沟通与交流，优点是信息可以多向传递，与讲授法相比反馈效果较好，但费用较高；小组讨论常用于巩固知识，训练学员分析、解决问题的能力及人际交往能力。

3. 情景模拟

情景模拟法是一种模拟现实中真实工作情况的培训方法，采用一组模拟情景和模拟工作任务来对员工进行培训。通过培训来提高其认知能力、解决问题的能力、决策能力等。这种方法常用于高层管理人员和技术人员的培训。情景模拟可以运用适当的技术设备，也可以采取十几个人的群体模拟活动。但由于通过模仿现实工作中的场景，通常成本较高，且要不断适应实际而革新。因为受训者是在硬件、软件与实际相仿的环境中受训，所以能够有效地做到工作技能和管理技能的展示。

4. 指导

指导是一个持续地在行动中学习的过程，但是要使指导能够取得理想的效果，就必须在员工和他们的主管间保持一种健康的开放关系。但是，和其他在职培训方法一样，也存在着在没有任何计划的情况下就轻易地进行指导现象。而实际上，即便有人擅长一项工作或一项工作的特定部分，也不保证他/她就能指导他人做好工作。而且“教练”往往不愿系统地指导学习者，即便他们本人知道系统的经验是最重要的。

5. 网络教学法

网络教学法是指使用因特网和局域网进行信息传递，并通过浏览器进行培训。特点是方便、节省、交互，提高效率和可控性。同时也具有模拟的虚拟情景，培训材料新颖、真实，也可提供实际案例分析，提高实用性。但要求受训者有一定基础的理解能力和分析能力。

6. 户外培训法

户外培训法注重利用有组织的户外活动来开发团队协作和领导技能，又称野外培训法。培训形式有攀岩、冲浪、背包徒步旅行等。通过野外远足达到组织职业生涯开发的基本意义。同时用于开发与团队效率有关的技能，如自我意识、问题解决、团队合作冲突管理和风险承担。这种方法不仅能够增加个人的自信，帮助其重新评价个人目标及努力，还能够创作出新的团队合作意识。在每项活动结束后，教员会引导学员进行回顾，安排总结，使学员能够将此次培训中的收获迁移至工作中，最终实现整体的培训目标。

（二）岗位轮换

岗位轮换是指在组织的几种不同职能领域中为员工制定出一系列的工作任务安排，或者在某个单位的职能领域或部门中为员工提供在各种不同工作岗位之间流动的机会。这种方法可以使员工更全面地了解组织不同的工作内容，获得各种不同的经验为其今后在较高层次上担任职务奠定基础。

1. 岗位轮换的适应范围

（1）新员工实习。通过岗位轮换，新员工可以尽早了解组织工作全貌，增加对组织与其他员工的了解，组织也可以考察其工作能力及适应性。

（2）培养员工的多种能力。组织安排职工轮换岗位接触不同的工作，可以发现适合各部门工作的人才，也可以帮助员工学习多种技能，发掘各职位上最适合的人才。

（3）培养管理骨干。高级管理人员通过岗位轮换，可以全面了解组织业务，提高自身的决策、判断能力。这种轮岗培训一般以组长、科长、处长等最多，轮换周期较长，通常2~5年不等。许多大型企业的管理者以这种形式选拔培养接班人。

（4）激发员工积极性。长期固定从事某一工作会使员工失去创造性，轮岗可以给予员工新的刺激，令其保持对工作的敏感和创造性，实现工作扩大化和丰富化。

（5）对于不能适应本职工作的员工或长期从事某一项工作的员工，也可以使用此方法提高其工作效率和创新精神。

2. 岗位轮换需要注意的问题

（1）岗位轮换应充分考虑组织部门工作的实际需要，明确的政策和程序是岗位轮换达到预期效果的保障。完善的岗位说明书、工作流程书、岗位适应性面谈、评估考核均是岗位轮换必不可少的环节。

（2）不要无计划、无目的地随意轮换岗位。频繁地更换工作岗位，不但会降低员工的工作热情，还会阻碍其职业生涯的发展，且会给人力资源部门造成负担，影响组织绩效。

（3）并非所有的岗位都可以轮换，如敏感或具有高度机密性的工作岗位就不适合经常轮换。

岗位轮换有助于员工对组织的目标有一个总体性的把握，增强他们对公司中不同职能理解和认识，形成一个组织内部的联系网络，且有助于提高他们解决问题的能力和决策的能力。

（三）晋升

晋升是指员工从一个等级向更高的等级提升，从某一层级向更高层级的升迁。主要包括职务的晋升、级别的晋升或职类等级的升迁。无论哪种升迁都意味着更大的权力、更多的自主性和更好的福利待遇。因此，晋升对于员工来说都是一种极大的鼓励，对员工的职业发展而言是非常重要的阶段性标志，同时也是组织实施职业生涯开发的重要工具。

1. 配对比较法

配对比较法在配对比较时会列出考察项目，如工作表现、态度、能力、资历等，将员工两两进行对比，评出优秀者，确定为候选人。

2. 主管领导评定法

主管领导评定法是指由部门主管根据考察项目对候选人进行评定，应预先设计好评定量表。考察项目视职务要求情况可多可少，但要包括业务知识、管理能力和人际关系等。

3. 评价中心法

评价中心法主要适用于管理人员，特别是高层管理人员的晋升评价。需要综合利用多种测评技术对候选人的个性、兴趣、职业性向、能力、特长、管理潜力等进行综合评价，以求对其全面了解，通过比较测评结果选拔出适当的候选人。

4. 晋升考试法

晋升考试法是一种经过特殊考试取得晋升资格的方法。它规定凡在组织中服务一定期限，且工作成绩优良者皆具有晋升资格。这些具有晋升资格的人需参加晋升考试，考试科目分为普通科目与专业科目，另外还有口试。

5. 综合法

综合法是将多种晋升方法综合起来确定候选人的一种方法，综合法对候选人的考察比较全面、客观，主要用于高层管理者的晋升。

无论是职位还是职务晋升，对员工的职业生涯而言都是不小的进步，对员工工作积极性和主动性的提升、工作效率的提高均具有促进作用。同时，组织将适合的员工进行提升，将进一步促进员工潜能的开发，实现组织与员工的双赢。

第三节 学习型组织与职业生涯开发

学习型组织最初的构想源于美国麻省理工大学佛瑞斯特教授。1965 年，他在公开出版的《企业的新设计》一文中，运用系统动力学原理，非常具体地构想出未来企业组织的理想形态：层次扁平化、组织信息化、结构开放化，组织逐渐由从属关系转为工作伙伴关系。不断学习，不断重新调整结构关系，这是关于学习型企业的最初构想。彼得·M. 圣吉作为佛瑞斯特的学生，一直致力于研究以系统动力学为基础的更为理想的组织，他用了近十年的时间对数千家企业进行案例分析和研究，并于 1990 年完成其代表作《第五项修练——学习型组织的艺术与实务》，该文引起了理论界和组织界的极大关注，成为组织模式研究的新思路。学习型组织是“一种兢兢业业创造未来的组织”，它为组织职业生涯开发提供了新的途径。

一、学习型组织的内涵和特征

（一）学习型组织的内涵

1. 学习型组织方法——发现、纠错、成长

组织学习普遍存在“学习智障”，因为个体思维的误区和没有找到关键的

要点。如何去除其中的限制性因素，获得组织肌体的修复，找到合适的成长环路，这需要个体之间不断去学习、探索从而达到互动目的。一切心理和机构层面的考量都不是学习的关键元素，修复和行动力才是主导。所以，方法只能在动态的过程里找到，最后实现成长。发现、纠错、成长是一个不断循环的过程，也是学习的自然动力。

2. 学习型组织核心——在组织内部建立“组织思维能力”

组织由个体构成，个体学习是组织学习的重要前提和基础。组织成员在工作中学习，在学习中工作，学习成为工作新的形式。

3. 学习型组织精神——学习、思考和创新

鼓励团体学习、全员学习；善于系统、非线性的思考；要有观念、制度、方法及管理等多方面的更新。

4. 学习型组织的关键特征——系统思考

要把个体视为有机系统的一部分。只有站在系统的角度认识系统，认识系统的环境，才能避免陷入系统动力的旋涡中。

5. 组织学习的基础——团队学习

团队是现代组织中学习的基本单位。团队学习依靠的是深度汇谈，而不是辩论。深度汇谈要求团队所有成员表明心中的假设，进入真正一起思考的状态。深度汇谈的目的是一起思考，这样能够得出比个人思考更全面、更好的结论；而辩论是每个人都试图用自己的观点说服别人同意的过程。

(二) 学习型组织的特征

1. 共同的愿景

组织的共同愿景来源于员工个人的愿景而又高于个人的愿景。它是组织中所有员工的共同理想。它能使不同个性的人凝聚在一起，朝着组织共同的目标前进。

2. 创造性

企业的工作有两类，一类是反映性的，另一类是创造性的。反映的作用是能够维持现状，但企业的发展靠的是创造性的工作，没有创造企业就会被淘汰。

3. 不断学习

一是强调“终身学习”。组织中的成员均应养成终身学习的习惯，这样才能形成组织良好的学习气氛，促使其成员在工作中不断学习。

二是强调“全员学习”。企业组织的决策层、管理层和基层员工都要全心投入学习，尤其是经营管理决策层，他们是决定企业发展方向和命运的重要阶层，更需要学习。

三是强调“全过程学习”。学习必须贯彻于组织系统运行的整个过程之中。

四是强调“团队学习”。不但要重视个人学习和个人智力的开发，更要强调组织成员的合作学习和群体智力（组织智力）的开发。在学习型组织中，团队是最基本的学习单位，组织的所有目标都是直接或间接地通过团队的努力来达到的。

（三）学习模式

1. 兼学别样

组织中的成员不仅要掌握本岗位上的工作技能，也要了解和学习其它岗位工作能力，只有这样，工作才能顾全大局、相互协作、高效，并做到组织精简。

2. 扁平式结构

传统的企业组织结构是金字塔式的垂直组织结构，上情下达或下情上达都同样要经过中间的层层结构传递，这种严格定位、分级负责的模式在传统经济发展阶段由于行业发展的可预测性较强而比较有效。但在变化多端的现代市场则变得反应迟缓，缺乏灵活机动性。学习型组织结构是扁平的，从最上面的决策层到最下面的操作层，中间相隔层次极少，能够最大限度将决策权向组织结构的下层移动，让最下层单位拥有充分的自主权，并对产生的结果负责。这样的企业内部才能形成互相理解、互相学习、整体互动思考、协调合作的群体，才能产生持久的创造力。

3. 无边界行为

无边界行为是企业组织结构的创新。无边界原理是以有边界为基础，并非对所有边界的否定，其目标在于让各种边界更易于渗透扩散，比如通过员工的参与式管理、促进领导者和员工的相互沟通和学习，既可以提高工作效率，又有利于各项工作的顺利开展和完成。

二、学习型组织与职业生涯学习

职业生涯学习是指与个人职业生涯发展有关的、主动发起的、有计划的正式和非正式的学习活动模式。

知识型个体由于其层次较高，更为关注自身职业生涯发展，学习型组织对职业生涯发展的重要影响在于学习给组织成员带来了职业发展体验。

1. 学习型组织倡导了新的学习理念

学习型组织强调“以人为本”及“共同学习”促进组织和个人共同承担职业选择和发展进程，在职业发展中注入组织的需求和个人内在需求与价值观。职业生涯的学习活动在职业生涯中更多地创造出组织成员对职业的满意度，更多地以内在价值观、人生的目标和抱负来审视自己的职业发展，而不是单一、片面地对待自身的职业。

2. 学习型组织为个人学习提供了有利的环境

虽然自主学习是职业生涯学习的核心，但组织的学习环境与组织成员的个体学习有着密切的关系，组织成员的职业生涯同样与组织的学习环境密切相关。组织的培训和教育能够为岗位上的初学者提供完成新的职责所需的或基础的知识和技能，可以帮助组织成员了解影响组织环境的众多因素，从而使组织成员能够通过组织的培训和教育提高能力，对复杂环境做出敏锐和深刻的分析，这无疑对个体的职业生涯学习很有帮助。

3. 学习型组织文化有助于员工学习意识的养成

职业生涯学习的领域包括适合组织成员现时的和未来的职业发展的学习活动，职业生涯的道路是跨组织、跨部门、跨区域的，全球化的学习文化对职业生涯发展中组织成员发挥学习的自我意识起到了关键的作用。学习型组织促进了组织成员在职业生涯发展中人力资本的有效规划和有效发挥。这样的学习不是信息积累和一般的学习，它要求组织成员以战略规划的视角看待职业发展。

4. 职业生涯发展学习基础的出发点是职业评估

职业评估通常是在一系列的学习中和个人对自身学习角色的满意度中进行的，即职业评估的最终结果是自我发起的学习活动。任何人都不能把绩效建立在自己的弱点之上，更不能通过做自己根本不能胜任的事来获得绩效，必须凭借自己的长处来获得绩效。职业评估是是对外部和内部环境的评估，外部环境包括职业现状、新兴行业、职业市场需求、职业发展潜力等。内部环境包括组织对职业的发展需求、内部环境与职业发展的差距、组织的绩效对职业发展的影响、组织职业发展的规划与个人的目标差距等。

5. 职业生涯发展意味着终身学习

不同的职业生涯学习活动会带来特定的学习效果，如知识的运用更为全面，不再局限在单一的部门或单一的组织内。知识和技能更加适应多变和竞争的环境，知识的转化和利用变得更为有效。职业生涯学习激励追求职业生涯发展的个体去接受更有挑战性的工作。当机会来临时，挑战性工作能够转化为职业生涯的提升。同样，职业生涯学习激励员工进行创新活动，因为当组织成员在评估自己的职业生涯发展时，组织成员要有能力做出对现状的改变，在新的职位上不能继续采用在原职位上取得成功并得到提升的工作方法。这种改变意味着用灵活的“了解”去替代刻板的“知道”。

三、学习型组织与组织职业生涯开发

学习型组织的根本目的是为组织发展提供源源不断的动力，为员工的职业生涯发展创造更好的条件。与组织职业生涯开发相结合，学习型组织可以在以下几个方面发挥积极作用。

（一）以人为本，强化员工职业潜能开发

成熟的学习型组织能够把知识链中的智慧聚集为组织的竞争力。它不仅要求在观念认识上重视组织最为宝贵的人力资源，还应在管理实践上通过优化组合，处理好“人”与“事”的关系问题。树立职业生涯开发的系统观念，把识人、选人、育人、用人、留人为核心的人力资源开发环节有机结合，形成有效的职业开发体系，将是组织竞争成败的关键。

（二）强化沟通，构建知识交流平台

学习型组织表现为扁平化、管理层次少的组织结构，能够做到效率极高，信息交流更便利、管理费用明显节省。学习型组织的生命线就是一个自由、开放、便于信息交流和知识传播的系统。组织应致力于内部知识、信息交流平台的建设，为员工开发职业生涯提供必要的信息支持和保障，优化知识传递、沟通的组织文化氛围，使知识和信息能够全方位快捷地传播，从而提高组织学习的效率。

（三）团队学习，推动职业开发模式改进

个人学习和智力的开发是员工职业生涯开发的重要因素之一，学习型组织的“团队学习”更强调组织成员的合作和群体智力的开发。团体学习的过程是发展团队成员整体搭配与实现共同目标能力的过程。因此，学习型组织中植入职业生涯开发，由每个人的学习和智力开发等推动团体学习，形成良好的学习氛围，达到事半功倍的效果。它也可以通过建立广泛的组织关系网络，实施外部学习，在频繁的合作与竞争中实现组织知识资源的持续增长。

（四）决策民主化，实施自主管理

学习型组织是在以“共同愿景”、“目标融合”为基础的民主参与体制基础上建立起来的新的自主管理模式，它更加重视员工潜能的发挥，重视通过不断学习和创新达到和谐统一。组织应提倡通过学习、放权于基层，实现员工职业能力的提升。通过权力下放、自主决策、自主行动、参与管理，让每个员工在学会承担责任的同时，还学会争取责任。通过组织与员工的共同努力，在开发员工职业能力、提升专业技巧的同时，实现组织从一般组织向学习型组织的转变。

本章小结

（1）个人职业生涯开发指个人在客观分析内在和外在条件的基础上，运用一切有效的手段，通过传授知识、转变观念、提高技能，改善个人目前或将来的工作绩效，提高与职业生涯目标相应的潜在职业能力的过程。

（2）个人职业生涯开发系统主要由三部分组成：个人职业生涯开发内容、个人职业生涯开发策略及个人职业生涯开发方法。

（3）开发职业潜能，就是通过开展内在或外在的、正向或逆向的身心修炼计划和课程，激发情感、开发右脑，或通过获得潜意识的“放松性警觉”以获得“灵感”，从而达到磨炼意志、提高智力素质和强化学习能力的目标。

（4）提升个人职业潜能的方法有教育培训法、实践锻炼法、讨论交流法、时间处理法和 TA 训练法等。

（5）职业资本是一个人选择职业、发展自我、运用金钱和创造财富等能力的总和。它是一个人与生俱来的，通过后天的社会经验和教育改造而逐步形成的，主要包括职业素质、职业技能和职业阅历等多个方面。

（6）施恩将组织社会化定义为：新成员学习和适应一个组织、社会或团体的价值系统、规范及所需要的行为模式的过程，是一个学习“在组织中有效表现的诀窍”的过程，一个被灌输及培训的过程，组织通过这个过程向组织成员传授组织及其部门里什么是重要的。

（7）组织职业生涯开发是指组织为了提高员工的职业知识、技能、态度和水平，进而提高员工的工作，促进员工职业生涯发展而开展的各类有计划、有系统的教育训练活动。

（8）组织职业生涯开发的方法有一般性培训方法、岗位轮换和晋升法。

（9）学习型组织倡导了新的学习理念、能够为个人学习提供有利环境；学习型组织文化有助于员工学习意识的形成；职业生涯发展学习的出发点是职业评估；职业生涯发展意味着终身学习。

复习思考题

（1）个人职业生涯开发的目的是什么？如何进行个人职业生涯开发？

（2）组织职业生涯开发的目的是什么？如何将组织职业生涯开发与个人职业生涯规划与目标有机结合以实现组织和员工个体的双赢？

（3）如何理解组织社会化？组织如何帮助新进员工实现组织社会化？

（4）结合你的职业生涯发展目标，谈谈如何有效提高你的职业潜能以实现你的职业生涯发展目标。

案例分析

公司里最“傻”的员工从前台做到了经理

提起杨丽，大家无不惊叹于她创造的升迁神话。高职毕业之后，在本科生云集研究生成群的大公司从前台接待做起，然后就以火箭般的速度，在三年内登上了部门经理的宝座。是突来的神力练就了过人的聪慧，还是侥幸的好运，大家众说纷纭。但我知道，从前台到经理，她一直是公司里最“傻”的员工。

1. 机会青睐最“傻”的求职者

杨丽毕业那年的就业形势相当严峻，普通高等院校毕业的大学生找工作都有点人人自危。在撒下了几十份求职信后，好不容易有一家公司有了回应，可是当杨丽兴冲冲地去面试的时候，却发现已经有40多人揣着本科学历和各种证书聚集在公司门前，竞争几乎激烈到了短兵相接的地步。闯过了初试和面试，杨丽进入了最后一轮考察：在人力资源部实习三天。部长留给了杨丽一个任务，将公司去年的部分文件整理归类并在微机里建档保存。

然而，就在杨丽忙碌了一天之后，下班前传来了坏消息，总公司紧急通知暂停招聘新员工。“这不是耍我们吗！”参加实习的其他学生纷纷跑到部长办公室表示不满。直到下班前，焦头烂额的部长才送走了最后一个愤愤不平的学生，回到办公室，却发现杨丽还在成堆的文件里忙碌着。部长很客气地说：“真不好意思，白让你忙活了一天。没办法，这是总公司临时的决定，下班了，快回家吧，你明天就不用来了。”杨丽站起身来，说：“没什么，只是这些文件我都整理了一半，如果换成别人又要从头开始。活儿没干完心里不踏实，我明天再来，一个上午就足够了。”

同学们都说杨丽傻，与其给人家白白出力，还不如抓紧时间找别的工作。杨丽只是微微一笑，第二天中午离开的时候，留下的是一排排装订好的文件夹和一间整洁的档案室。

两个月后，求职屡屡碰壁，只能在小店打零工的杨丽接到了一个电话，是那位部长打来的，说现在公司有职位邀请她前去应聘。原来，部长在向公司经理汇报招聘情况的时候，特别提到了杨丽的表现。经理对这个“最傻的求职者”印象很深，指示部长留下了她的联系方式。

当公司完成调整，重新招聘员工的时候，部长第一个电话就打给了杨丽。就这样，在同学羡慕的目光里，杨丽重新迈入了这家公司的大门。

2. 在最没有前途的岗位上闪光

初入公司，学历最低又没有经验的杨丽被安排去做前台接待。在大家眼里，这是公司里最“垃圾”的岗位，平时接听电话，做个来客登记，从来没人干到两年以上，选择这样的职位，毫无前途可言。但是杨丽毫无怨言，微笑着去迎接自己的第一份工作，用她的话说：“前途不是选出来的，而是做出来的。”上班第一天，她就换掉了那本破破烂烂的登记簿，扯下了脏兮兮的部门电话联系表，取而代之的是16开的大本，封面是自己打印的公司简介，至于联系电话，她连续几个晚上熬到十一点也就熟记在心了。有人不理解，说花上十秒钟查查通讯录不就知道了，何必犯傻去死记硬背。杨丽说自己的工作就要“问不倒，答得快”，不光是电话和房间号，有关公司的一切都要心中有数。

一次，几个新加坡客户来洽谈合作，杨丽安排他们在大厅稍等。客户们坐在一起，谈到对这个新合作伙伴的业绩不太了解，杨丽主动走上前去很有礼貌地说：“如果可以的话，占用各位一点时间，我可以简单介绍一下。”在众人惊讶的目光中，杨丽把公司近几年的销售业绩、市场份额、运行情况说得有条有理。等到销售经理来迎接的时候，客户们赞不绝口：“你们公司了不得，一个普通员工对自己公司的业绩都能脱口而出，这是多么强烈的责任心和自豪感啊！我们对这样的企业很有信心……”事后，经理问杨丽怎么记住那一长串数字的，杨丽回答：“公司年会和每次的例会，我把各个部门的情况做了详细的记录。”经理不由得对她刮目相看。

很快，这个热情而细心的前台成了公司一道亮丽的风景。其实，杨丽的做法当初被很多同事嘲笑为“傻帽”。比如为了保证电话铃响三声就接通，杨丽从来不带杯子到公司，最大程度减少上厕所的次数，大家说公司不是上甘岭，而杨丽相信，每一个未知的来电都可能是一个潜在的客户，也许百万元生意就开始于一次及时而热情的接听。再比如，午餐之后杨丽总要把大厅打扫一遍。有人说别傻了，公司付钱给物业公司了。杨丽说：“物业公司的清扫时间比公司下午上班晚半个小时，中午时间进出的员工很多，地板上满是脚印，如果来了客户，肯定会影响他对公司的第一印象。”

老天不负有心人，一年之后，“优秀员工”的称号和额外奖金破天荒第一次落在了杨丽这个“最傻”的前台接待员头上。

3. 把大家最敷衍的事情做到最好

公司规定，每到年末，员工们都要写一份年终述职报告，将自己全年的工作形成书面总结，既要总结经验，也要制定目标，提出建议。公司里近千名员工都把这个举动讽刺为最大的形式主义。所以，当杨丽开始一个字一个字地敲键盘的时候，老员工们说："别傻了，从网上下个改改就得了。上千份报告摞起来比老总的个子还高，肯定最后都当废纸处理了。"

杨丽没有理会，因为她工作了一年，确实有很多感受，也想借此机会提出建议和设想。以前杨丽的建议最多走到部门主管那里就石沉大海了，而以她的职位和身份，想要见到老总当面陈述，只能是一种奢望。杨丽有一种冲动，一定要借这次机会把自己对公司现状的看法和今后发展的建议详细而完整地表达出来，她认为没有什么比一份图文并茂的报告更好了。于是，杨丽每天晚上回到家，饭后第一件事就是冲到电脑前准备材料，绘制图表。一周之后，一本像时尚杂志般的年终总结送到了公司办公室。彩色封面上是公司的标志和宗旨，扉页上有目录和提要。正文分为三个部分，分别是我的工作、我的看法和我的建议。每一部分都有详细的数据和直观的图表，还用漫画形式展示了公司存在的不良作风和浪费现象，最后是态度诚恳的建议和充满激情的设想。

接下来的几天里，公司的每个员工都在谈论这份不可思议的年终总结，都说真没想到年终总结也能这样写，杨丽一下子成了公司的热门话题。又过了三天，老总把杨丽喊到办公室，说："无论是你第一次来应聘，还是这次写总结，都给我留下了深刻的印象。报告我看了四遍，你看问题很准，思路也很清晰，设想很有创意，但我更欣赏你对公司对工作的那份责任感，你也许需要一个更合适的岗位，好好干吧。"

就这样，这个公司里最"傻"的员工，走上了职业生涯的高速公路。

资料来源：佚名．公司里最傻的员工从前台做到了经理［EB/OL］．［2016-08-19］．http：//money. 163. com/16/0819/11/BUR3HI8G002557RH. html.

阅读并思考：杨丽的职业成长故事给我们带来哪些启示？

第六章　职业生涯发展的心理健康

学习目标

~重点掌握应对压力的方法；

~理解心理健康的含义及心理健康视角的职业生涯规划；

~理解心理健康与职业生涯规划的关系；

~理解工作压力的定义和工作压力的来源；

~理解自我管理的定义、内容和管理技巧。

~了解来自生活中的压力；

~了解工作需要与心理健康的关系；

~了解压力与工作绩效的关系；

~了解员工援助计划的含义、员工的心理培训的内容和创新组织文化的作用。

【引例】

职场新人小雨的烦恼

学生离开学校，步入职场，首先要解决的是如何适应环境，如何职业化，从无意识的职业人成为有意识的职业人，不能只关注眼前的一份薪资，而要注重发展。

“想着每天要去上班，我的双腿就像灌了铅一样，提不起来!”刚毕业的某校研究生小雨向心理医生诉苦说。工作一个月后，不少高校毕业生领到了正式工作后的第一笔薪水，但薪情看跌、生存压力大导致焦虑等心理问题频袭职场新人。工作仅一个月，不少职场新人就患上了“厌班症”。

某日晚上，小雨再一次从梦中惊醒。梦里面，银行工作人员告诉她，由于三个月连续贷款未还，房子收回做抵押，尽管她努力叫喊，工作人员和房子仍旧越行越远。醒来后摸摸枕头，又是一片湿。“类似的梦在这个礼拜我已经做过四次了。”小雨红肿着眼睛说道。上个礼拜四，小雨领到了她研究生毕业参加工作后的第一笔收入——1100 元的工资，看着父母布满皱纹的脸颊，小雨甚至不知道该如何将自己的工资数额告诉他们。因为一直在供她读书，20 年来父母没有换过房子，想着女儿已经开始赚钱了，父母终于咬咬牙按揭了一套商品房，月供 2500 元。原本还对女儿的工资抱有幻想，二老决定 1000 元由小雨支出。如此一来，小雨只能够继续在家“吃”父母的。原以为毕业之后可以好好地孝敬他们，却没有想到最终不得不沦为“啃老族”。

每天上班，小雨都是浑浑噩噩度日。千元月薪已经引发内外夹击，“虽然有一定的心理预期，但没想到这么少。”一说起第一笔薪水，小雨感慨良多。名牌大学研究生毕业的她现在某出版社工作，月薪税后 1100 元。“还没我打工时挣得多，我以前周末去补课中心当助教，两天就有 250 元，再加上打点零工，日子过得可滋润了！”小雨很郁闷，“尤其碰到朋友生日、七夕，就觉得底气不足，能省则省，同学聚会更是基本无缘，想起来就心寒。”近来，由于过度焦虑，小雨一直食欲缺乏，经常晚上睡不着。每天上班干活，就想到自己入不敷出的收入，整天垂头丧气，不愿与外界接触，话也少了。

对小雨而言，最痛苦的还是父母的不理解。“我妈每月要我上交 1000 元，我该怎么活啊！”小雨向笔者诉苦说，父母总不相信研究生毕业只挣这么点钱，硬说她谎报工资。小雨费尽口舌解释，父母最后扔下一句话：“工资这么少，干脆不要做了！”于是，家庭战争每日上演。小雨每天下班回家，都要鼓足十万分的勇气，才敢迈进家门。因为她知道，迎接她的肯定是父母机关枪似的唠叨：“人家的孩子学校没你好，工资比你高得多，你干脆不要干了！”

资料来源：佚名．职场新人如何缓解生存压力［EB/OL］．［2011-04-29］．http：//www. 69jk. cn/xinli/zcxl/56464. html.

个人事业发展不仅是谋求生计、获得归属感的需要，也是实现自我价值、寻求他人与社会尊重的重要活动。个人职业生涯和他们的生活质量密切相关，只有心理健康的个体才能够创造性地应对自己面临的各种职场挑战，以积极的心态处理与工作和生活有关的事件和人际关系，完成职业角色规定的任务，在良好的职场体验中获得成就感。

第一节　心理健康与职业生涯规划

随着职场竞争日趋激烈，就业压力越来越大，个体的职场心理健康问题也成了职业生涯规划与管理中需要关注以及亟待解决的问题。那么，心理健康的定义和内涵是什么？心理健康对个体的职业生涯发展和规划有着什么样的影响？了解这些对于个体进行职业生涯规划与管理有着深远的影响和意义。

一、心理健康的含义

1948年世界卫生组织（WHO）宪章中规定“健康”是指“身体上、心理上和社会上完全处于良好状态，不仅仅指不生病或体弱。健康是不管种族、宗教、政治信仰和经济状况如何，是人人赋有的基本权利”。

在1964年，世界卫生组织提出了健康的十条标准：（1）充沛的精力，能够从容不迫地完成日常生活中的一些工作，感觉不到过度的劳累和紧张；（2）处世乐观，能够积极、勇敢地面对生活、工作中的各种事情，担负各种责任；（3）拥有良好的睡眠，保证充足的睡眠、休息；（4）应变能力强，能够适应内、外部的各种环境变化，并调节好自己的状体；（5）抵抗力强，能够抵抗一般的感冒或传染病；（6）身材匀称、体重适当、身体的协调性较好；（7）眼睛明亮，思维敏捷；（8）牙齿干净、整洁，没有牙痛病、出血等情况；（9）头发有光泽、没有头皮屑，不干燥；（10）肌肉结实、皮肤光泽而有弹性。其中前四条属于心理健康的范畴，后六条则是生理和形态上的内容。这足以说明心理健康是个体健康的重要保障。健康包括心理健康和生理健康，只有心理健康了个体才可能健康的发展，心理健康是个体职业生涯得以顺利发展的重要基石。

那么，什么是心理健康呢？目前，关于心理健康的定义还没有统一，不同的行业领域对其的解释并不一样。

1946年，第三届国际心理卫生大会对“心理健康”的定义是：心理健康是个体在身体、智能和情感上能够与他人的心理健康不相矛盾，并能够将个体的心境发展到最佳状态。

1985年的英国《简明不列颠百科全书》中译本将“心理健康”定义为：心理健康是个体心理在内、外部环境容许的范围里达到的最佳状态，而非十全十美的绝对状态。

1990年世界卫生组织将“心理健康”定义为：心理健康是指拥有良好的身体，心理健康、能够较好的适应社会，同时拥有良好的道德观念。这一概念已受到广大学者的认可。

1999年，美国健康与人力服务部在心理健康报告中将心理健康定义为：心理健康是心理功能运作成功的一种表现，它能够给个体带来很多的好处，如能够处理好人际关系、能够适应内、外部环境的变化。心理健康是个体幸福、家庭和谐、人际关系良好的重要保障，是个体在社会中得以生存的必要武器。

《心理学大辞典》将心理健康定义为：心理健康是指个体的心理状态，包括人格的健全、适应能力等保持在良好或者正常的水平，同时，自己又能够将自我意识、自我控制能力以及自我体验等与外界环境的变化保持一致性，即能较好的适应环境。

国内许多学者也对心理健康的定义做了研究，一般国内学者普遍认为心理健康有广义和狭义之分。广义的心理健康是指个体持续高效、满意的一种心理状态。而狭义的心理健康则是个体在知觉、情感、意识和行为上的一种统一，拥有独立、完善的人格，可以较好地适应社会。

二、心理健康视角的职业生涯规划

心理健康是个体一种稳定的心理状态，使得个体能够较好的适应内、外部环境，是个体在进行职业生涯规划时的基础和保证。职业生涯规划是个体根据内、外部环境对职业生涯进行设计、执行、评估和反馈的主动过程。个体在进行职业生涯规划时实现心理健康，心理健康继而影响生涯规划的整个过程，二者相依相存，共同促进着个体的发展。

人，终其一生，就是不同时间扮演不同的角色。每个人在一生的发展中都会遇到一些来自社会环境、家庭或者个体本身要求的任务，如：就业问题、婚恋问题、自我发展问题等。职业生涯规划就是个体在一生的发展中，为帮助个体完成各阶段的任务或目标、实现各个角色成功地扮演的目的应运而生。个体从一个阶段发展到另一个阶段都会经历成长、探索、建立、维持和衰退五个阶段，即个体在生涯规划中总是要经历从成长到衰退的循环。随着科技、文化进步的加快，个体面临的职业诱惑越来越多，导致工作稳定性下降，这势必会导致个体越来越频繁地经历这样的小循环，使个体适应不断变化的环境。因此，职业生涯规划总是个体在“适应—不适应—适应、平衡—不平衡—平衡”的循环反复中不断调整，以达到个体更好的发展。显然，这与心理健康是指拥有良好的身体，能够较好地适应社会的观念是相通的。同时，个体在生涯中不同角色地扮演能否有效地完成，即个体能否有效地适应生活、适应社会也与心理健康有着重要的关系。

根据马斯洛的需求层次理论，个体最高的发展和追求就是自我实现。故而，个体生涯规划的最高目标就是充分利用个体的能力、开发潜能，让个体尽量达到可以达到的最高限度，发挥自己最大的潜能，实现自我价值的最大化。而自我实现又是心理健康所追求的理想状态。心理健康是追求不断发展、不断前进的，绝不满足于现状、止步不前、不思进取。因此，心理健康与自我实现也是有着密不可分地联系，它能促进个体追求崇高的目标，积极、努力地学习、不断地完善自己、挑战生活，提升自我的价值和生活质量。

三、心理健康与职业生涯规划的关系

目前，职业生涯规划的理念与当代心理健康观日趋吻合，两者逐渐形成了相互依存、相互促进的关系。

（1）心理健康能有效地促进个体职业生涯规划顺利的实现。

在就业形势不容乐观的今天，心理健康的人能够敢于面对挫折和困难，披荆斩棘，不断地了解自己以及内、外部环境的变化，制定适合自己和社会环境变化的职业生涯规划。

（2）职业生涯规划能够解决个体在择业过程中的心理困扰，有利于心理健康的发展。

个体如何做好自己的职业生涯规划才能在激流勇进的职场生活中处于优势地位，是每个人都要思考的。一份好的、适合自己的职业生涯规划是个体根据自己量身定做，能够正确衡量出个体的兴趣、爱好、价值观、能够为自身发展增加竞争优势。也只有这样适合自己的职业生涯规划才能够引导个体正确地审视自己、找准自己的地位，减小自己的心理落差、摆脱个体的心理困扰，培养个体心理健康，提高个体的职业潜能。

（3）注重心理健康的职业生涯规划有助于个体身心健康的全面发展。

职业生涯规划是在个体人生发展的框架中展开的，是个体一生中不间断追求健康人格和自我实现的过程，对于个体的终身发展与全面发展具有重要意义。而在当今社会，很多个体被短期利益所蒙蔽，制定出的职业生涯规划基本无益于个体的长期职业发展。如很多高中学生不了解自己、对自己未来发展方向不明确、对未来社会环境发展趋势不清晰等，他们受到家长和学校“高考高分就是王道”的价值观念所左右，一味地追求提高自己的文化成绩，却忽视了德、智、体、美等的全面发展，变成了“考试机器”，一旦高考结束，进入大学，他们就迷失了自我，找不到前进的动力和方向，甚至有的出现抑郁等倾向。因此，建立在心理健康、长期发展基础上的职业生涯规划更有利于个体的身心发展，从而成为一个“健康人”。

四、心理健康与工作需要

工作是个体在社会上的立身之本，它不仅能够为个体带来经济价值、还能够为个体带来精神价值、社会地位等。一般来说，健康的人都有工作，而长期没有工作的人很难维持其身心健康。汉斯·塞尔尼医生毕生致力于心里紧张和压力的研究，指出工作是达到长寿而健康的必经之路。

1. 工作能够增进个体的发展，使个体获得满足感工作一般需要个体运用身体器官以及大脑双向配合完成。工作上困难的解决、工作目标的实现等都会带给个体无法言表的喜悦，促进个体身体上和智力上两方面的成长。

2. 工作能够为个体排除不必要的忧惧

所谓不必要的忧惧，是指那些没有实际危险的情况，或是虽有危险而我们无法做到有效控制的事件。正常的忧愁和恐惧是指当事者遇到真正困难或危险的情景，必须采取适当的措施去应付。每个个体在自我发展的过程中都会遇到这样或那样的忧惧与困难，而将自己的工作安排得特别忙碌，可以减少一些不必要的麻烦和忧虑，有利于个体的心理健康。

3. 工作能够给予个体自我表现、自我实现的机会

从人类发展的角度来看，自我实现是人类共有的动机，也是做人的基本责任。从整个文化发展的观点看，每个人其实都负有承先启后的责任，把过去累积的知识接受过来，和本身的智慧、经验融合在一起，再以各种不同的方式表现出来，传递到后一代去。这中间有的只是保存了以往的成就，有的则是进行了改进扩展，有的则是新的发明和创造性的成果。这些若不表现出来，则文化的传递工作就将受到影响。

4. 工作可以使人与现实环境保持联系，使个体的视角不只专注于自己

健康的人应当生活在现实的世界里。健康的人并非完全没有幻想，每个人偶尔会有幻想，但是心理不健康的人却往往生活在幻想中。通过工作与其他个体相接触，可以了解外界环境的发展趋势以及与他人的差别，从而不断的调整个体的职业发展，调整方向，消除消极因素。如果一个人一直活在自己想象的空间里，过分以自我为中心和关注自我会有损个人的心理健康。

因此，工作不仅仅只是经济价值的实现，更是关系到身心的健康发展。所以，每个人拥有一份适合自己的工作是社会和个体发展的基础。

第二节　如何应对职场心理压力

一、压力的类型

压力是个体对威胁或扰乱个人平衡的力量的内在反应。压力分为工作压力和生活压力。那些影响和导致压力的内在或外在的力量称为压力源。过大的压力会影响个体的身心健康、不利于个体的发展。但适度的压力会使个体奋进、努力拼搏。有效地掌控压力、运用好压力可以让我们获益匪浅，同时它也是一门艺术。了解压力的来源和类型是我们适当处理压力的第一步。

（一）生活中的压力

1. 生活中重要的变化

个人生活和工作中一个常见的压力源就是对重要变化的应对。当个体的生活有重大的变化时，压力就产生了。生活中的重大变化越大，个体需要应付的力量就会越大，导致个体面临的压力越大，从而导致个体压力失调的可能性就越大。压力源具体内容如表 6-1 所示。

表 6-1　**生活中因重要的变化导致的 25 种压力源**

1. 配偶死亡	14. 经济条件的改变
2. 离异	15. 夫妻间争吵
3. 夫妻分居	16. 重要物品抵押
4. 进监狱	17. 抵押品被赎回
5. 重要家人或朋友死亡	18. 工作权责的变化
6. 自己受伤或患病	19. 子女叛逆甚至离家出走
7. 结婚	20. 婚姻纠纷
8. 被解雇	21. 自己取得较好的成就
9. 复婚	22. 配偶开始或者停止工作
10. 退休	23. 入学或毕业
11. 重要家人或朋友身体健康的变化	24. 生活条件发生变化
12. 生孩子	25. 个人习惯的改变
13. 性功能障碍	

2. 低自尊

低自尊是导致个体倍感压力的一个比较隐蔽的压力源。自我感觉不好的人往往自我成就感比较低、总是会觉得自己不会办事，许多事情、许多工作都没有做好，从而导致个体无时无刻不感觉着压力大。低自尊与压力的关联性表现在以下几个方面。第一，低自尊的人往往容易把自己置于恐惧的情绪中，而不良的、持续性的情绪又是个体感受到压力的一个重要来源。因此，低自尊的人往往会导致自己压力很大。第二，低自尊的人往往都会比较多疑。因此，低自尊的人往往会比较容易感觉到受到侮辱，并且容易被这些侮辱所伤害。而他们又不质疑这些侮辱是否是真的，以及这些侮辱的来源是什么，往往都是承认并接受这些侮辱。这样有损个体的身心健康。第三，低自尊的人往往也是不自信的，他们往往都不相信自己的能力，容易将问题放大，将一个小小的问题看成是巨大的挑战。例如，一个低自尊的人往往会将老板交给他的任务放大，觉得无比艰难、很难去完成，而让自己活在恐惧中，从而无形中增加了自己的负担和压力。

3. 日常烦恼

日常烦恼对个体的健康造成的损失往往比生活中重大的变化带来的损失还要大，它主要是表现在日常生活中的一些微小的事情中。包括弄丢了手机、钱包或者钥匙，损坏了电子资料，堵车，汽车临时故障等。这些事情往往都是生活中的小事情，但当工作时突然发生这些事情，往往会让人难以接受。细小事情带来的挫败感往往杀伤力更大，会让个体产生自己连这点小事都干不好，如何处理大事情的想法，容易导致个体意志消沉。例如，某人去赴一个比较重要的约会但在路上迷路了，这时，他就会感到很挫败，因为就是这些日常的、毫不起眼的小事情妨碍了他达到约会这个重要的目的，从而觉得压力很大。

4. 社会和家庭问题

生活中，我们的情感大多来自朋友和家人，因此朋友和家人关系的好坏也会是个体感受到压力的一种压力源。某一段时间，个体如果与家人和朋友都发生了冲突，感觉被孤立了，该个体这段时间往往精神不好，工作和生活中都没有精力，这些都会给个体带来巨大压力。

5. 财务问题

财务问题是生活中的一个非常主要的压力源。如果没有足够的金钱，个体就无法满足生活中对必需品的购买，这往往就会导致个体焦虑，从而将工作注意力主要放在如何快速盈利而不是如何实现自我价值或者如何为企业长远发展而考虑。例如，很多刚毕业或者刚有孩子的个体，这时面临着买房的刚性需求或者抚养小孩的巨大经济负担中，他们往往会选择没有发展空间但能提供高工资、高待遇的工作，而放弃了那些有发展前景但目前工资比较低的工作。同时，缺钱给个体带来的尴尬和耻辱也会让个体倍感压力。例如，不能负担起同学聚会、朋友一起出去游玩等的费用，会让很多人感到尴尬，这样也会导致个体越来越自卑，不利于个体的健康发展。

（二）工作中的压力

工作场所中处处都存在着各种各样的压力，这些都是组织和个体需要考虑和解决的问题。工作压力会严重的伤害到个体的身心健康，不利于个体的职业生涯发展，同时，也将有损组织的发展。经研究，工作压力会导致个体身心疲倦、出现心理和生理上的各种问题，同时会使得个体对其工作满意度降低，得不到成就感。每年因工作压力过大都会出现员工大面积跳槽，甚至有些员工选择自杀等极端现象，这些都对组织和社会造成了无法挽回的损失。

在当今的组织中，个体承受着越来越多的、来自各方面的压力。研究表明，很多员工在压力增大时，会出现生理上的不适，如脱发、胃疼等现象。压力的产生有很多原因。过大的压力会导致个体工作满意度与职业生涯成功的感知降低。同时，压力自己不会凭空消失。因此，对于工作压力本质的了解有助于我们控制它，获得身心健康。

1. 工作压力的定义

目前，对于工作压力的概念，心理学界仍未统一。不同人所持的理论基础不一样，对其理解的也不一样。主要有以下几个观点。

拉扎勒斯（Lazarus）和洛尼耶（Launier）站在工作压力来源的角度上，认为工作压力是个体在工作中可能受到来自刺激变量、环境变量或者个体和环境相互作用影响而产生的压力。

麦格拉斯（Mc Grath）和奎克（Quick）站在工作压力的结果的角度上，认为工作压力是个体的工作需求与工作能力之间出现了不平衡，从而导致需求得不到满足，故而产生的压力。

萨莫斯（Summers），德科蒂斯（De Cotiis）及德尼斯（De Nisi）把工作压力看做工作负荷、工作复杂性、角色冲突和角色模糊等，他们强调是工作压力给个体带来的感觉。

石林则认为工作压力是在被迫偏离了正常的或自己所希望的生活方式时，所感觉到的不适的感觉。

综上，本书认为工作压力是个体与环境交互产生作用的环境下，对工作行为造成逼迫和威胁的因素作用于个体，使个体感受到的一系列生理、心理及行为的反应过程。

2. 工作压力的来源

工作压力的来源有很多（见图 6-1），一般有环境因素造成的压力、个体的需求、动机、行为等给自己造成的压力，以及雇佣偏见、心力交瘁、技术引致的压力与工作内容所造成的压力。

（1）不利的工作环境。

研究表明，许多不利的工作环境都会导致个体感觉压力很大，从而很难有效地去工作、创造业绩。这些不利的工作环境包括组织提供的不利于人体身心健康或者让个体觉得很危险的物理环境，以及组织内部的人事关系、企业文化等不利于个体发展、让个体倍感压力的软环境。

组织提供的不利于个体身心健康或者让个体觉得很危险的物理环境，包括组织办公大楼内部拥挤，或者因新装修导致空气中有很多不利于个体办公的污

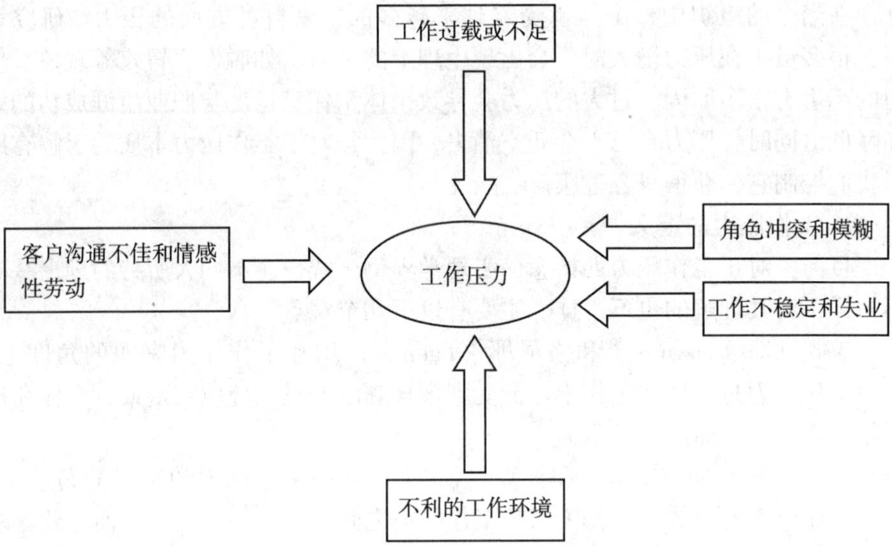

图 6-1　常见的工作压力来源图

染元素，如办公环境的空气中可能流通着被污染的空气、水蒸气、真菌等，使得员工整天头昏脑涨、工作效率低下从而产生心理压力。办公室附近很拥挤、嘈杂等也是不利的工作环境，这都严重影响了个体的注意力，不利于个体专注工作，使得个体容易急躁不安、增加了心理负担。另外，现代办公越来越多的借助于新媒体工具，如电脑、复印机、电话、投影仪等高科技产品。虽然科技产品带来了工作效率的提高，但长时间使用这些设备尤其是电脑办公，会严重影响个体的身心健康，例如，会产生头痛、困乏、眼睛疼痛以及背部、颈椎疼痛等症状。这些都会导致个体的工作状态不够舒适，造成个体身体不适，长期看来必定会影响个体的工作意志，带给个体极大的工作压力。

组织内部的人事关系、企业文化等不利于个体发展、让个体倍感压力的软环境是指个体不适应企业的企业文化和价值观，从而很难适应组织环境，这样会导致个体产生巨大的心理压力，要么选择离职，要么敷衍工作，这些都不利于组织和个体的成长。例如，一个性格开朗、崇尚自由、期望工作环境中人际关系良好、工作中追求自由、创新的员工应聘到了一个人际关系冷漠、讲究按资排辈、权力大于能力的科层式组织，那么他在工作中一定会倍感压抑，这会对他的身心都会产生巨大的压力。

（2）工作过载或不足。

很重的工作负担也会造成心理压力过大。沉重的工作会从两个方面对个体造成心理压力。一方面，因为工作过于繁忙，而没有休息的时间，这样会让个体变得很焦躁，很难去容忍，变得暴躁不安。这也是为什么一个人在缺少足够的休息时会被很小的一件事情惹怒的原因。另一方面，个体在工作时一直被其他人临时增加这样或那样的工作，导致很难跟上自己制订的工作计划，这样也会导致个体觉得不适从而产生压力感。

工作过载不止是工作量的增大，同时还有工作速度的加快。在如今，生活节奏越来越快，组织对员工工作速度的要求也越来越快，往往组织都希望员工能够快速而廉价的做完事情。在这样的大背景下，员工害怕被组织淘汰不得不加快自己的工作速度，有时甚至牺牲了自己的休息时间。这样忙碌的工作状态，高强度与高效率相结合导致员工倍感压力。

同时，当人们感觉到工作中过于轻松、自在时也会感觉到压力很大。有些人会觉得工作过于松散、清闲是自己没有利用价值的一种体现，他们无法从工作中获得成就感和尊重，更加无法获得自我价值的实现，这样会让他们感到压力增大。

（3）角色冲突和模糊。

工作中的角色冲突是个体必须要在两个相互冲突甚至矛盾的要求和期望中做出选择。冲突包括角色间冲突和角色内冲突。

角色间冲突是指一个人所担任不同角色间的冲突。主要有两种表现，时间、空间上的冲突和行为模式上的冲突。例如，许多医生既是医护人员又是病人，作为医生，抓紧时间救死扶伤是他们的义务和责任。但是医生也有生病的时候，作为病人，他们需要好好休息、安心调养身体。这样不可避免地他们就会在时间和空间上产生冲突，造成压力。同时，有的个体改变了旧角色，担任新的角色时，也会产生冲突。例如，一个演员改行当导演，他的身份角色就发生了变化，在工作中的行为模式、工作目的、所需要考虑的问题都会发生变化，这导致行为模式内容上的冲突。

角色内的冲突则是指在担任同一个角色时，不同的人对其的期望或指令不一样，或者是角色承担者本身对个体的这个角色的理解不一致，就会导致角色承担者产生冲突，造成心理压力。例如，某员工的直接上级要求他当天完成手头项目的计划制订，而他突然又接到老板下达的命令，要他放下手中的一切，陪他出去见一个客户。这时候这名员工就会面临着两难的选择，会有很大的心理压力。

不知道自己该做什么，对自己的角色定位比较模糊也会导致员工感受到很大的压力。角色模糊是指员工收到模糊不清或者没有明确说明的指令。例如，一个员工作为后备储存人才被招录到一个新的公司，公司高层希望将其作为后备管理人才来培养，而实际管理他们的中层领导由于公司任务重、人员紧张而将这些“后备储存人才”当做一般的人员来利用，这样就会使得这些“后备储存人才”不清楚自己的定位，不知道自己应该干什么，从而让他们倍感压力。

(4) 客户沟通不佳和情感性劳动。

与客户的沟通不佳主要包括客户控制不住情绪而对员工大发脾气、口吐脏话、不断地纠缠和骚扰员工等。在当今“客户至上”、“客户就是一切”、“客户就是上帝”的市场理念以及得罪客户可能影响着员工个体的绩效工资和奖金的情况下，员工只有对其忍耐或者和颜悦色地加以劝解，久而久之就会让员工倍感压力。

艾丽西亚·格兰迪（Alicia Grandey）认为情感性劳动是指员工为了达到组织目标而不断地调控自己情绪和表情的过程。由此可知，情感性劳动是指面对一个轻视你、看不起你或者对你提出不必要的、无理的要求时，员工不得不控制住自己的情绪来取悦客户或者避免与客户发生冲突的行为过程。这个过程包括表面行动和深层行动两种。表面行动是指员工面对“来意不善”的客户，不得不伪装自己的表情，如微笑。深层行动则是指员工面对客户时不得不控制住自己的情绪，如压抑对一个脏话连篇的客户的愤怒。在需要与用户打交道的工作中，像银行柜台服务人员、销售者等不得不忍受各式各样的客户、包装自己的情绪。

长时间的、持续性的情感性劳动会导致员工工作满意度的降低、精力的耗损。有的甚至会造成身体上的不适，如肠胃绞痛、血压升高、免疫力降低等。这些又会反作用于员工，给员工造成巨大的心理压力。

(5) 工作不稳定或失业

一般来说，工作不稳定或者失业都会给个体带来压力。失业，意味着暂时失去经济来源，对很多家庭来说，这就意味着家庭的“经济危机”，对失业的个体及其家庭带来巨大的压力。而那些没有被裁减的员工，则担心自己可能会随时被解聘，不稳定的工作也形成潜在压力。同时，工作不稳定也包括地点的经常变动、工作任务的经常变动，使得员工不能很好地陪伴家人，没有自己休闲、娱乐的时间，员工缺乏归属感和成就感，也对员工构成了潜在的心理压力，不利于个体的职业发展。

3. 压力与工作绩效的关系

个体在工作和生活中，都会遇到来自很多方面的压力，这些压力又会促进或者阻碍员工个体的发展。压力与工作绩效的关系如图 6-2 所示。

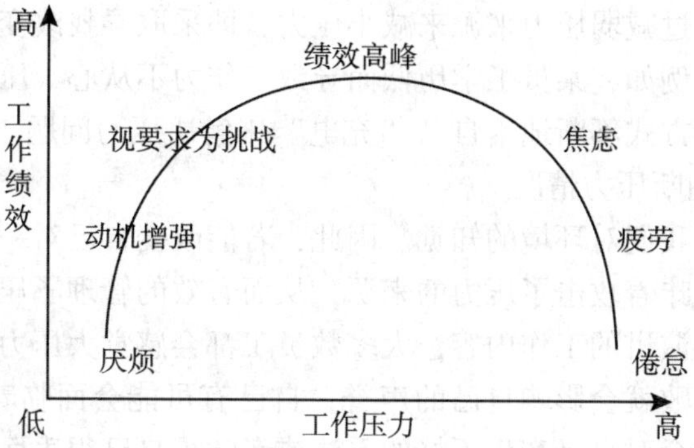

图 6-2　压力与工作绩效关系图

从图 6-2 中可以看出，在一定范围内，压力在我们的日常生活中，有时也起着积极的作用。适当的压力有助于我们为将要面临的问题和挑战做好积极的准备工作，从而取得比较良好的成绩。在工作中，个体拥有一定的压力，积极地面对，会有效地提升该个体的工作绩效。例如，担心自己不努力工作就无法在组织中取得较好的地位，会被其他的同事取代，从而采取积极主动的工作来解决此压力。过大的心理压力又会导致个体因为过度紧张而工作绩效降低。但是，如果压力过低，又会使得员工在工作中昏昏欲睡、没有工作激情而变得漫不经心，这样也会使得工作绩效不够高。因此，不管是组织还是个人，都要有效地控制和面对工作中的压力，调整好自己的状态，让组织绩效和个体工作绩效达到最佳。

二、如何应对压力

有害的压力源随时随地地存在于个体的生活和工作中，如何面对、处理这些压力是每个个体都需要学习的。

(一) 通过应对压力来源处理压力

通常情况下，通过锻炼身体、享用一顿丰富的晚餐等一些间接的方法可以在一定程度上减轻生活中的某些压力。但是，面对一些现实性的压力如丧偶、工作不稳定或失业等，除了要保持良好的生活状态，我们还必须要学会能够直接的去面对压力源，从根本上解决问题。

1. 消除或者减弱压力源

最有效的处理压力的方法就是消除掉压力源。例如，目前的工作状态、工作环境不是你喜欢的工作带给你了巨大的压力，那么换一个适合自己的工作，你的压力水平就降低了。但是，现实中，并不能够如此简单地消除掉压力来源。因而只有通过减弱压力来源来减小压力，即采取寻找改变压力源的替代办法来解决问题。例如，某员工学历低而导致工作力不从心，压力很大，则他可以通过上夜校等方式不断地给自己“充电”来解决压力问题。

2. 正确地判断压力情况

压力来自于我们对环境的知觉。因此，若能改变自己对一个有危害的环境的认知，也就意味着攻击了压力的来源，从而有效的管理了压力。例如，面对工作中接到公开演讲的工作内容，大多数员工都会感觉大压力很大。他们觉得如果一旦演讲失败就会影响自己的声誉，自己有可能会面临着被解雇的危险，自己的上司可能会对自己产生不好的看法或者觉得自己很丢面子。当他们这样认知的时候，他们往往会过度紧张、甚至害怕。只有当他们对自己以及周围环境重新定位，觉得就算演讲失败了，对自己而言也是一次宝贵的经验，自己的声誉不会受到影响，更加不会有被解雇的危机，上级也不会对自己产生不好的印象，压力才会消除。

3. 控制可能带来压力的情况

一般而言，对某种情况失去控制往往会给我们带来巨大的压力，控制住可能带来压力的情况是管理压力的一个比较高效的方法。改善工作习惯和管理时间都能够有效的控制压力来源。或者将生活简单化，也可以摆脱一些不必要的压力来源。

(二) 通过获得社会支持来处理压力

在生活和工作中，都会有一个支持系统——一群可以给你依靠、给你帮助、鼓励和安慰的群体。这个支持系统里的群体都是一些与你关系亲密的、值得你去信赖的人群，包括你的家人、朋友、要好的同事和学习伙伴。当个体遇到压力时，可以通过与你的支持系统倾诉或者让他们帮你找出解决办法等来处理压力。一般而言，他人的倾听，能够有效地降低你的工作压力。

此时，组织可以从减少压力源、改变造成压力的环境的含义以及解决紧张的症状来减少员工的职场压力。

(三) 寻找放松的方式应对压力

寻找放松的方式应对压力尤为重要。压力专家给人们解决压力的建议有：放松。当面对压力时，打个盹、服从你的情绪、从压力中暂时抽离出来、做一次全身的按摩、在某个安静的角度静静地待着、从繁忙的实践中抽出一天陪家人、自己动手完成一项令人愉快的任务、看一部好笑的电影等都可以给个体带来压力的释放。

1. 放松反应

放松反应就是让你的身体代谢处于一个较缓慢的状态，比如，让你的呼吸、心率、血压以及新陈代谢都处于一个较慢的水平。通过不断地练习放松反应，可以削弱压力。

2. 深呼吸

深呼吸就是缓慢地吸入和呼出的自然过程。让新鲜的空气慢慢充满你的肺部，然后再慢慢地释放出来，这样可以减小人的压力。深呼吸不但有助于释放情绪，达到减压的，还对身体有很大的好处，可以减慢心率、降低血压。因此，经常深呼吸也是很有必要的。

3. 冥想

冥想是指个体集中注意力、静静地沉思或者用意念来超脱欲念的方法。冥想者在冥想的过程中可以达到一种生理和心理上的深度平静和放松，有利于冥想者从积累的压力中解脱出来，也能降低或减缓某些慢性疾病带来的痛苦。通过冥想，人们也可以更好地容忍日常生活和工作中的烦恼、凝神静气。

三、企业的员工心理管理

（一）员工援助计划（employee assistance program，EAP）

EAP 是企业为员工设计实施的一套系统的、长期的福利与支持项目。最早源于美国的企业为解决企业员工因酗酒引发的心理问题，随着对员工的援助范围不断扩大，内容也更加丰富。目前，EAP 已发展成为和员工发展计划等结合在一起的综合性服务项目，其内容涉及心理健康、压力管理、裁员危机、职业生涯发展等方面。

EAP 不仅仅是员工的一种福利，同时也是对管理层提供的福利。在行为科学的基础上，员工心理援助专家可以为员工和企业提供战略性的心理咨询、确认并解决问题，以创造一个有效、健康的工作环境。通过对员工的辅导，对组织环境的分析，帮助人力资源部门处理员工关系的死角，削除可能影响员工绩效的各方面因素，进而增加组织的凝聚力，提升公司形象。它帮助识别员工所关心的问题，并且给予解答，这些问题会影响到员工的工作表现，同时影响到整个组织机构业绩目标的实现。

世界财富 500 强企业中，有 80%以上的企业建立了 EAP 项目。日本企业在应用 EAP 时创造了一种被称为“爱抚管理”的模式。比如，一些企业设置了放松室、发泄室、茶室等来缓解员工的紧张情绪；或者制订员工健康修改计划和增进健康的方案，帮助员工克服身心疾病，提高健康程度；还有的是设置一系列课程进行例行健康检查，进行心理卫生的自律训练、性格分析和心理检查等。

（二）员工的心理培训

员工的心理培训主要是将心理学的理论、理念、方法和技术应用到企业管理和组织训练活动之中，以更好地解决员工的动机、心态、心智模式、情商、意志和潜能等一系列心理问题，使员工心态得到调整、心态模式得到改善、意志品质得到提升、潜能得到开发等。在组织教育活动中，员工的心理培训既针对个体心理，又关注群体心理。

纵观国外，心理培训已经是一个很普遍和成熟的员工福利项目，其有助于员工心态的调整、意志品质的提升、潜能的开发等。对实施效果进行分析以后得到的结果令人振奋：通过心理培训计划的实施，有效地降低了员工心理健康问题发生的概率，同时还节约了企业的医疗费用，提高了员工的工作积极性和满意度，工作氛围也得到改善。由此可见，员工心理档案建设和心理培训值得借鉴和推广。

心理培训是从MBA案例教学讨论发展而来的。目前经常采用的培训方式是让受训者在相对集中的一段时间内参与各种游戏，通过游戏中的亲身体验，得到启发，进而重新认识自我，转变心态，最终实现自我觉醒和自我超越。虽然游戏辅导在培训中的应用最为广泛，但是我们还是认为有必要建立分层级的员工心理培训体系。第一层级的心理培训形式是讲座。通过普及相关的心理学知识让员工积累起相关的心理学知识，在心理问题还不是很大的时候，就能够自我心理管理。此类培训形式对人带来的冲击最小，但互动相对较少，使得培训师无法针对个别情况进行有针对性的沟通。第二层级的心理培训形式是诸如游戏辅导的形式，包括游戏辅导、角色扮演、压力训练、自我形象建立和情境训练。这类的培训形式很受员工的欢迎，它们可以让许多员工一起参与，同时带来的冲击也比较小，培训效果也较明显。第三层级的心理培训形式是一些冲击比较强的方法，如自我察觉的心理培训、价值观澄清等。这类心理培训需要专业人士给予引导，对人的冲击力也很强，目前在国内应用不太普遍。由于心理问题一般比较复杂，员工心理培训对培训要求相对比较高，一旦培训不恰当，会比不培训效果更糟糕。因此，也有人形容心理培训是“悬崖边的舞蹈”。鉴于心理培训的培训内容和培训过程的专业性，选择专业的培训方法和培训师是决定培训有效与否的关键。

（三）创新组织文化

组织文化是被组织成员广泛认同、普遍接受的价值观念、思维方式、行为准则等群体意识的总称。组织文化是组织的价值体系、灵魂。根据新形势下的特点，对组织文化进行创新是有效帮助企业员工缓解压力的重要措施之一。在组织文化中，企业员工遵循时代发展的规律与要求，把自己塑造成综合性的知识型人才，勇于接受挑战，善于改变自我，并且将这种新的组织文化渗透到每名员工的行为之中。同时，积极打造和谐、融洽的、富于人文关怀的组织文化；建造多元化组织文化，提供顺畅的人际沟通平台，建立友好的人际关系，凝聚企业员工，给员工更多的归属感。

缓解压力的关键在于增强实力，只有增强员工个人的实力，才能缓解随着社会的不断变化而带来的各种压力。对此，要求企业管理者构建与社会相适应的组织文化时，要具有前瞻性，要与时俱进。如构建学习型组织，可从根本上协助员工增强个人的学习能力，充分利用员工的人力资源，保证企业能在不断变化的环境中有足够大的动力前进。

（四）采用先进的企业管理理念及管理方法

人力资源管理理论经过长期的探索，得到了很大的发展，一些经典的管理理论深入人心。但并不是所有经典的理论都适合企业运用。在运用理论解决问题的时候，企业管理者必须结合企业的实际情况，选择适合本企业发展的管理理论指导实践，并在实践中不断总结，不断调整，寻求出一套具有本组织特色的管理理论。在当今社会中，企业管理者应采用“以人为本”的管理理念和先进的管理方法，这样才能更好地协助员工缓解压力。

1. 目标管理法

基于“以人为本”的管理思想，德鲁克提出目标管理法，这在协助企业员工缓解压力方面是一种行之有效的方法。目标管理的基本思想是以工作和员工为中心，通过员工参与的方式共同提出企业的总目标，并把总目标细化成各部门、各员工的分目标，而员工以目标作为其工作的标准，组织以目标作为考核的依据。在这样的管理思想指导下，根据新形势下员工压力特点，企业在协助员工缓解压力时，通过共同商定，清楚地划分工作责任，对过重的工作负担，可以考虑重新设计工作内容或降低工作量，减少企业管理者在员工的管理过程中面对的压力以及由于工作的超负荷而带来的压力。

2. 建立完善的员工福利保障体系

企业协助企业员工缓解压力的有效方法之一就是建立完善的员工福利保障体系。让员工无后顾之忧，实现员工的利益与企业的利益相挂钩，员工自然会对企业更加忠诚，更加关心企业的发展，更安心地为企业工作，包括完善企业在职员工的社会福利、建立退休员工的福利保障体系、完善员工福利体系以外的各项关怀体制等方式。

（五）建立全方位的绩效管理体系

一种有效的管理体制可以激发员工的积极性。建立全方位的绩效管理体系可以为员工的发展提供良好的引导作用，也在一定程度上为员工分散了压力，同时为企业员工培训计划提供了依据。新形势下，企业可以采用更全方位的绩效考核法，除采用传统的考核员工财务指标的方式外，还应该把员工其他方面的内容作为考核的对象。协助员工在工作成就的同时，建立信心和合理的规划行动，减少工作压力，平衡工作心态，高效产出。

第三节 自我管理

一、自我管理的定义

一个人自我管理能力的强弱受到自我监控程度的高低的影响。自我管理是一种有助于提高员工动机和生产力的管理策略，可以取代外部制约机制、减少管理成本、降低员工缺勤率。自我管理可以有效预测组织公民行为、组织承诺等变量。职业生涯自我管理可以提高员工对自己职业发展的控制感，增强职业满足感。自我管理培训的研究表明，自我管理能够将培训过程中学习到的知识和技能迁移到真实的工作情境中，这有助于提高工作绩效，尤其是提高低水平自我效能感和个体的工作绩效。在此基础上，“自我管理团队”的概念应运而生，而且自我管理的范围进一步扩大到了群体水平。

近些年来，国外的一些学者从自我认知和自我控制两个角度对自我管理进行了相关研究，弗拉伊内（Frayne）和格林格（Geringer）两位学者从自我控制角度研究了自我管理，他们在 1992 年通过研究公司普通管理者如何进行自我管理培训的问题，提出自我管理是由自我监控、目标设置、自我评价、书面合约以及维持五个维度构成。卡斯塔尼达（Castaneda）等学者在 1999 年从实证分析的角度对自我管理进行了相关分析，他们使用自我激励量表和自我管理实践量表对一些经历人员进行了研究，由自我激励量表得到自我管理意识由“自我观测绩效、自我效能感、与绩效相关的知识和监督者的绩效反馈”组成；而经自我管理实践量表得到另外四个组成因素，分别是“工作计划、访问管理、追赶行为和情感管理”。

德鲁克在其《21 世纪的管理挑战》一书中写道，自我管理是个人为取得良好的适应，积极寻求发展而能动地对自己进行管理。自我管理水平的高低是个体社会适应效果和活动绩效及心理健康状况的重要因素。

美国学者蒂姆认为，自我管理在个人合理的价值观系统基础上，最大限度地利用和发挥自己的时间与潜能，从而实现有价值的目标。

在已有的定义中，班杜拉的社会认知心理学中对自我管理的定义最受学者们的关注。班杜拉认为：人类是一种主动积极的生物，并不是完全机械地应对外界环境的刺激。个体通过对自身行为的观察、评估、强化和惩罚以实现某种目标，并在此过程中形成一定的自我效能感。因此，自我管理就是个体通过主动地设定目标、采取行动、监控和评估自身的绩效并做出相应的调节等一系列的行为来塑造自己命运的过程。

国内学者王益明等认为：自我管理是个体主动调整自己的心理活动和行为，控制不当冲动，克服不利情景，积极寻求发展，取得良好适应的心理品质。这种心理品质的好坏是影响个体社会适应效果和活动绩效以及心理健康状况的重要因素。该定义涵盖了心理学和行为学的范畴，指出自我管理是人（个体）的心理品质，强调了自我管理的品质效用，即个体调控自己的心理与行为而取得良好的适应。也就是说，取得良好适应是自我管理的目标。

二、自我管理的内容

1. 管理好自己的身体健康

如果说健康是 1，那么，所有的名和利都是 1 后面的 0。因此，从心理、生活、营养、锻炼和养生等各方面保持自己身心健康是自我管理的第一要义。

2. 管理好自己的生活

能不能在生活中管好自己，这是自我管理能力中最重要的。如果无法管理自己的生活起居和家庭生活，我们很难想象他能够管好其他事情。

3. 管理好自己的学习

学习对于每一个人来说是一辈子的事情。

4. 控制好自己的情绪

管理控制自己的情绪，才能减少或避免给他人、给自己都带来不可磨灭的伤害。

5. 管理好自己的行为

一个缺乏自制力的人很难在职业生涯中取得成功。因此，要想获得成功，必须控制好自己的行为，该做的坚持做好，不该做的事坚决不做，这需要忍耐、决心、毅力和强大的个人自制力。

6. 管理好自我安全

管理好自己和家人的人生安全是自我管理的重要内容。

7. 管理好自己的人际关系

良好的人际关系既是个人成功的基础，也是职业生涯中个人健康快乐的来源。

8. 管理好自我的财产

管理好自我的财产也是自我管理的重要内容。

三、自我管理的技巧

在职业生涯发展中，有些人在短暂时间内取得了高成就，有些人虽是耗尽了心力却无所成就。这些差异主要是有些个体不会自我管理，导致办事效率低下，因此，我们应该把握好自我管理的技巧，让自己的职业能够事半功倍。

（1）选择正确的事情做并且把事情做好。而不是漫无目的地做许多事。

（2）掌握“二八原则”。对个体工作效率而言，“二八原则”是指80%经济效益是从20%的客户中获得的。因此，个体在工作时要把握好重要的事情，并且努力的完成它。

（3）发现优势并且利用优势。

（4）调整好心态，以进取心对待未完成的工作，以平常心对待已完成的事情。

本章小结

（1）“健康”是指“身体上、心理上和社会上完全处于良好状态，而不仅仅指不生病或体弱。不管种族、宗教、政治信仰和经济状况如何，健康是人人赋有的基本权利”。

（2）心理健康是指拥有良好的身体，心理健康、能够较好的适应社会，同时拥有良好的道德观念。

（3）心理健康能有效地促进个体职业生涯规划顺利的实现；职业生涯规划能够解决个体在择业过程中的心理困扰；心理健康的职业生涯规划有助于个体身心健康的全面发展。

（4）工作能够增进个体的发展，使得个体获得满足感；工作能够为个体排除不必要的忧惧；工作能够给予个体自我表现、自我实现的机会；工作可以使人与现实环境保持联系，使个体的视角不会专注于自己。

（5）生活中压力的主要来源有：生活中重要的变化，低自尊，日常烦恼，社会和家庭的问题，财务问题等。

（6）工作中的压力主要来源于：不利的工作环境，工作过载或不足，角色冲突和模糊，客户沟通不佳和情感性劳动，工作不稳定或失业等。

（7）适当的压力有助于我们为将要面临的问题和挑战，做好积极的准备工作，从而取得比较良好的成绩；但是，过大的心理压力则会导致个体因为紧张而工作绩效降低。而如果压力过低，又会使得员工在工作中昏昏欲睡、没有工作激情而变得漫不经心，这样也会使得工作绩效不够高。

(8) 处理压力的方式主要有：通过应对压力来源来处理压力，通过获得社会支持来处理压力，寻找放松的方式来处理压力等。

(9) 企业可以通过心理培训、EAP 计划、组织文化创新、建立合理绩效体系和采用先进的企业管理理念及管理方法等措施来进行员工心理管理。

(10) 自我管理是个人为取得良好的适应，积极寻求发展而能动地对自己进行管理。自我管理水平的高低是个体社会适应效果和活动绩效及心理健康状况的重要因素。

复习思考题

(1) 心理健康的判断标准是什么？

(2) 心理健康与工作绩效的关系是什么？

(3) 请列举出你的压力来源。

(4) 自我管理的内容有哪些？如何进行有效的自我管理？

(5) 员工援助计划涉及哪些方面的内容？

案例分析

21 岁男子患职场恐惧症 辞职在家半年不敢找工作

21 岁的罗宇（下文简称小罗），职高毕业，独生子。他有过三次工作经历，但都草草结束，第一次辞职是因为无法接受同事的玩闹而打架，第二次是觉得被孤立无法忍受，第三次是上司要他做东请客他觉得上司想占他便宜。小罗自认为无法适应职场中的人际交往，对上班产生了恐惧，不管父母如何唠叨，他就是不敢出门找工作，赖在家里已半年了。小罗觉得自己生活在孤岛中，未来一片阴霾，看不到光亮。

第一份工作：江苏某电子车间

工作时长：近一年

辞职导火索：不太熟的同事竟然拿他开玩笑。“我觉得人际关系处理上有问题。”小罗介绍，他的第一份工作在江苏某电子车间上班。“那是一次上班打考勤卡，一个不太熟的同事拿我开了个玩笑，因为这个玩笑我们发生口角并打了一架。”小罗告诉重庆晚报记者，冲突过后，他觉得公司里的人很难相处，于是就离开了公司。“这是我第一份工作，也是目前为止工作时间最长的一份工作，有近一年时间，当时一个朋友劝我，让我干满月领工资再走，但我实在不知道怎么和同事相处，工资没要就走了。”

第二份工作：重庆某大型电子制造厂

工作时长：半年

辞职导火索：其他的同事都能有说有笑，他却找不到人说话。小罗在离开江苏后，又到了重庆某大型电子制造厂，但他只在这只待了半年。小罗认为，最终迫使他离职的原因是被“同事孤立了”。

“在沙坪坝大学城的电子厂，我和同事间很少沟通，我从小就没有过集体生活，在厂里也没有住集体宿舍。”小罗说，他和同事就像一个机器人似的，上班重复同一个动作，下班招呼不打就回家。“奇怪的是，其他同事之间都能有说有笑，我不开心的时候也没人来听我倾诉，我也找不到人说话，这种人际关系太冷漠了，那种气氛令人窒息。”小罗甚至不愿回忆，到底是怎么和同事相处的。

第三份工作：摩托制造厂

工作时长：3个月

辞职导火索：领导希望他请客吃饭，他觉得领导在索贿。小罗又在摩托制造厂找到了工作，但只待了3个月。“不知道怎么和领导相处，我又走了。”小罗说，从摩托厂辞职，是因为有一次领导通过一个相熟的同事，转告他希望他能做东请客吃饭，同事们说，这或许是领导要帮他搞好同事关系，但是他的理解却是这是领导想贪他的便宜，是明目张胆的索贿。

“我当然没有请客，领导也觉得我不懂事。我注意到，领导看见别人都是笑脸，看见我就是苦瓜脸。”小罗称。

小罗自述：

我不愿与陌生人接触，一见人多就心跳加速。我在江苏曾受过欺骗，或许是这个原因，使得我对同事和上司都抱有怀疑心态。原来，在江苏有个女生说她出了车祸，车子有问题，找我借银行卡。我出于好心，就把密码告诉了对方。我当时才领了工资，一共1000元，花了100元买鞋子，另外900元都被骗子取走了。

我也试过在某电信商做销售，但有些顾客比我还专业，问的问题我都不知道，我又不知道怎么向同事请教。现在，我一找工作就紧张，不愿与陌生人接触，一见人多就心跳加速。近半年，我一直在家中，晚上到网吧上网玩单机游戏。母亲做保险销售，父亲开三轮车。我觉得我的未来一片阴霾，看不到亮光。

朋友小赵：

我不想和他绑在一起，我们已断绝关系。小罗？我们都已经断绝朋友关系了，还找我干什么？我是小罗的中学同学，也被小罗视为最要好的朋友之一，小罗最后的一份工作也是我介绍的。小罗比较固执，我们要他抽烟到厕所，但是他认为我们是故意在刁难他，最后搞得我们都不理他。我们断绝朋友关系的导火索是一次嬉闹，那次嬉闹时，他袭击了我的下体，加上同事和他关系都不好，我不想把自己和他绑在一起，成为同事的对立面。

资料来源：佚名．21岁男子患职场恐惧症，辞职半年不敢找工作［EB/OL］．［2014-01-21］．https：//wenku.baidu.com/view/1b122fc4910ef12d2af9e7ce.html.

阅读并思考：小罗为何不敢出去工作？他的问题出在哪呢？如果你是小罗，应该如何调适自己去适应职场，重新规划与管理好自己的职业生涯？

第七章 职业生涯的早期管理

学习目标

~重点掌握职业生涯早期面临的职业发展问题；
~掌握实现个人组织化的方法；
~理解职业生涯早期的个人特征、发展目标和任务；
~理解组织与个人相互接纳的内涵和标志；
~了解如何配合组织进行职业生涯规划与管理；
~了解职业生涯早期的组织管理任务和管理措施。

【引例】

综合分析、评估自我，为职业生涯早期做好准备

王妮，23岁，某知名大学计算机系本科毕业，外语很好，专业也很好，表达能力强。她在一场1000人争夺3个职位的竞争中被一家知名的世界500强公司录取，成为公司的财务分析师。为此，王妮放弃了保送研究生的机会，满怀憧憬地开始工作。可是工作9个月后，王妮打算辞职，因为她发现自己并不喜欢财务工作，尤其不喜欢成天面对电脑进行数字分析。现在的她一看见数字就恐惧，另外，公司无休无止的加班几乎让工作、睡觉成了王妮生活的全部，这让王妮无论如何也不能继续忍受。

虽然这份工作的薪水很高、社会认可度也高，但王妮并不开心。她常常想，一个女孩子，工作有必要这么辛苦吗？王妮曾经以为自己是个成功欲望很强的人，为了追求事业成功可以放弃很多东西，可是工作以后她发现自己不能放弃的是美丽、健康，还有好好享受生活的感觉。

关于职业生涯早期阶段的划分，不同学者有不同的看法，一般认为25~35岁为早期职业生涯阶段，即个人由学校进入组织，在组织内逐步“组织化”并为组织所接纳的过程，在这一过程中，个体的角色和身份都发生了变化。在这个适应过程里，个人组织化以及个人与组织的相互接纳是个人和组织共同面临的、重要的职业生涯管理任务。

第一节　职业生涯早期的个人特征及职业发展目标

在打算进入组织、开始职业生涯时，个人面临的主要任务是“树立职业理想”，为初步的职业意向选择接受相关教育培训，形成自认为能够取得职业成功的预期态度和价值观，并尝试首次选择组织和进入组织。在这个时候积极的态度很重要。首先是积极的认知。认知是个体对客体客观事物的认识和理解，当进入一个组织时要努力加深对所选职业及其组织的认识和理解，做好充分的思想准备。其次是要培养积极情感。尽所能培养爱心、快乐、热情的情感和情绪，尽早融入组织。最后是树立积极意向，如高度的责任心、事业心、爱岗敬业，有忠于、服务于企业的信念。从价值观的角度来说，要真心接受职业及其职业单位，对于自己选定的职业要充满信心，只有兢兢业业努力工作，做出突出成绩，才会有发展前景。要充分认识自己选定职业的重要性和真心接受它，形成个人积极向上的价值系统。

个人选定某项职业，本身即含有一定程度的接受成分，当个人有意培养有利于职业成功的价值观时，接受程度就大大增强了，当达到诚心诚意的程度时，就逐步形成了对自己职业的基本信念和判断。有了这种基本价值观，个人思想会得到升华，具有强烈的职业责任意识。组织及其职业工作在个人生活中占据主导后，积极进取的个人价值系统就构成了。

进入组织后，个人面临的主要任务是了解和承认组织文化及既定的人力资源政策，应付老成员的排斥和抵触，学会与其他同事或合作伙伴一起工作，在与主管上司交往中取得进步，寻找个人组织中的位置并取得大家的认同。

一、努力谋求适合自己的职业职位

当做出决定准备从某个组织获取一个职位时，就要想方设法争取它，如何做呢？首先是积极联系有实权做出录用决定的人。可以通过多方查找到那个组织的内线，然后从内线处了解谁是真正有实权做出录用决定的人，尽可能联系上他，想办法获得与其面谈的机会。然后为面试做准备，面试之前先对组织进行研究，并尽可能准备好招聘方想获悉的信息。在面试中一定要能阐述清楚你能够为组织做些什么，能够帮他们解决什么问题。成功的面试者在面试中要遵循 50/50 和最多两分钟原则，即面试过程中一半时间在听，另一半时间在说；每一次开口不超过两分钟。面试结束时，若可能，确认如下问题很有必要。

（1）您已经了解我的技能和经验，您认为有合适我的工作吗？

(2) 您能给我这份工作吗?

(3) 您需要我再次面试吗?

(4) 我什么时候能得到您的回音?

(5) 我最晚什么时候能得到您的回音?

(6) 如果由于某种原因您没有在最后期限内通知我，我能与您联系吗?

个体在寻访适合自己的工作时，职业信息对于他/她的职业选择至关重要。经过总结，获取职业信息的方式有以下几种，如图 7-1 所示。

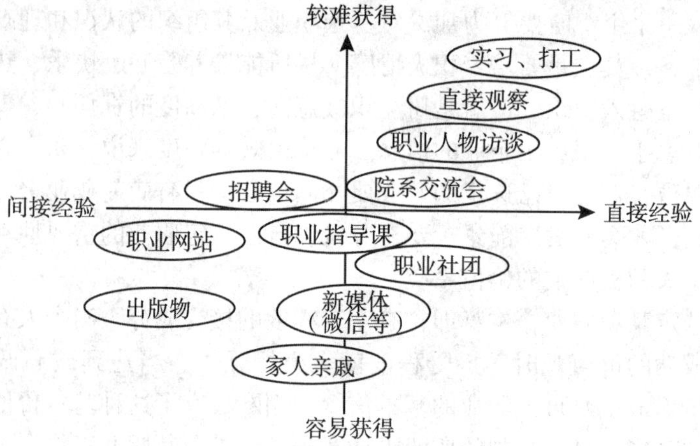

图 7-1　职业信息获取方式

从图 7-1 中可知，职业信息依据获得的难易程度可以分为较难获得和容易获得，以及来自于直接经验和间接经验。

二、职业生涯早期的个人特征

职业生涯早期阶段每个人都正值青春时期，无论从个人生物周期、社会家庭周期还是从生命空间周期来看，任务都比较单纯、简单。这一时期的典型个人心理特征如下。

首先，是具有很强的进取心和积极向上、争强好胜的心态。因为年轻，所以气盛，难免会表现出浮躁和冲动，不太愿意从小事做起，很少检查自己的缺点和不足，高看自己的实力和能力而低估他人，工作一旦失误喜欢强调客观原因。由于个人争强好胜易造成对他人的不服气，不太愿意服输，很可能危及人际关系的和谐。

其次，是职业竞争增强，期望能做出一番事业。在职业生涯初期阶段，对于刚就业的青年人来说，精力最为旺盛，初生牛犊不怕虎，具有远大的职业理想和抱负，成功的心理要求强烈。随着工作时间的延长，他们的工作能力逐渐增强，工作经验逐渐丰富，对环境的适应性逐步增强，职业成功的信心不断增加，所以踌躇满志，决心做出一番事业。

最后，是开始组建家庭，逐步学习调试家庭关系的能力，承担家庭责任。职业生涯早期往往是员工处于由单身向组建家庭或有第一个孩子的过渡时期。这一时期的家庭问题相对较少，但是从开始成家到有了孩子，不可避免地会出现个人意识逐渐削弱，家庭观念增强，逐步学会与配偶相处，并开始具有养家的动机和责任心。在职业生涯的早期阶段，个人尚是职业新手，一切还在学习、探索之中，而这一阶段的心理特征将对其职业生涯产生重要影响。

三、职业生涯早期面临的问题

在职业生涯早期的个人组织化阶段，新员工对组织尚不十分了解，与上司、同事群体之间尚不熟悉，处于相互适应期。常常可能由于未来能觉察彼此的需要和适应组织的特点，引起某些矛盾和问题。同时因为与组织的价值存在差异，对组织文化不十分了解，往往与组织文化在一定程度上存在冲突。

（一）现实冲击

现实冲击是由于新员工对其工作所怀有的期望与工作实际情况之间的差异所引起的心理冲击。每个在职业生涯初期的人都可能希望寻找到一份富有挑战、激动人心的工作，希望这种工作能让自己发挥在学校所学到的知识和技能，证明自己的能力以及有获得提升的机会。但是往往是较高预期心理与枯燥无味且不具挑战性的现实工作的巨大落差，甚至还可能陷入错综复杂的部门间冲突和政治斗争，这可能是一个比较痛苦的时期。

对于这种现实冲击，应针对个人情况进行分析，究竟是属于组织原因还是属于自身原因？是期望过高还是现实的严酷？都应争取早日找到解决问题的方法，尽快融入现实的工作环境之中。

（二）没有得到上司的信任和重用

新员工刚刚进入组织，对组织、对其他人都不了解，组织对他（她）也缺乏足够的了解，因此，很难立即取得上司的信任，上司往往认为只有等到新员工真正了解企业运作的真实情况后，才会让他（她）承担重要的工作。所以，最初交给新员工的往往是比较容易或乏味的工作。当然，这个时候的新员工要摆正心态，本人要有乐观、积极的态度来尽快适应新环境、新工作、新同事，争取早日获得上司的认同，但是如果组织数月、甚至一两年都对新进人员持不信任态度就会大大抑制他们的积极性和才能的发挥，这样显然不利于他们的职业生涯发展，其实也不利于组织中人力资源的“人尽其才”，这是对人才的浪费。

(三) 组织成员往往会对新员工心存偏见或者嫉妒

组织中的老员工常常会对新员工持有某种偏见或成见，认为新员工幼稚单纯、好高骛远、书生意气、经验不足、自视清高，等等。另外，他们感觉新员工是个威胁，因为新员工的起薪常常高于他们，新员工的教育背景优于他们，所以他们无形中会拉开和新员工之间的距离，或者故意给新员工制造一些麻烦，让新员工知难而退并就范。

(四) 个人与组织文化的冲突

组织在招聘新员工的时候，会选择那些价值观和能力与组织的要求相符合的人选，如果选择的双方都没有意见，那么这些新员工很快就会融入组织，与其他员工建立良好的同事关系。但是，如果员工发现自己的价值观与组织所宣传的价值观发生冲突，产生摩擦，员工与组织中的一方就需要做出让步，即进行工作调适，如果调适失败，个人可能会选择离开组织。

(五) 对组织目标的认识不明确

新进员工往往对组织目标的理解不深刻，不能从宏观上整体把握自己部门或岗位在全业务流程中的角色、定位、价值与职责范围，疲于应付各类事务工作和突然事件、临时工作，而忽略了本职核心工作的完成，导致工作效率低下，工作绩效和成就感较低。

四、职业生涯早期的目标和任务

(一) 角色转换

在与企业人力资源部门的主管座谈时，他们提到当今的大学毕业生对于适应新的、变化的工作场所缺乏准备时，他们的不适应主要在于不善于处理人际关系。菲利普·加德纳（Phillip Gardner）等认为，大学毕业生的主要问题存在于以下几个方面，这些是技术类和非技术类毕业生在他们第一份工作中都会面临的。

技术类毕业生：以小组的形式演示，商业背景的写作，将专业知识应用于现实情景，领导团队，将学习和商业操作进行整合，团队工作能力。

非技术类毕业生：目标设定，时间管理和优先顺序排列，理解工作场所的价值观和伦理道德，系统协调，处理冲突和批评，起草项目计划。

菲利普·加德纳对大学毕业生的角色转换作进一步研究后提出，出勤率低、不遵从指导和缺乏原则性是大学毕业生被企业解雇的最主要原因。显然本质问题是大学生自我管理技能缺失和人际技能薄弱，另外就是有关职业的知识欠缺，消极的自我对话，工作情景中缺乏自我觉察以及在工作情景中对外反馈和个人经验的控制和监督不力。美国佛罗里达大学的丹尼尔·菲尔德曼(Daniel Feldman)向即将毕业的大学生提出建议（见表7-1)：你们将要进入的世界与你们将要离开的世界是两个截然不同的世界，这些不同缘于“大学文化与工作文化；你的教授的态度和行为与你的老板的态度和行为；大学中学习过程的性质与工作中学习过程的性质”等方面的不同。

表7-1　**大学环境与工作环境**

大学文化	工作文化
1. 弹性的时间安排 2. 你能够逃课 3. 更有规律、更个别的反馈 4. 长假和自由的节假日休息 5. 对问题有正确答案 6. 教学大纲提出清晰的任务 7. 分数上的个人竞争 8. 工作循环周期较短 9. 奖励以客观性标准和优点为基础	1. 更固定的时间安排 2. 你不能旷工 3. 无规律和不经常反馈 4. 没有寒暑假、节假日很少 5. 很少有问题的正确答案 6. 任务模糊不清晰 7. 按团队业绩进行评估 8. 坚持数月或更长时间的工作循环 9. 奖励更多依据主观性标准和个人判断
你的教授	你的老板
1. 鼓励讨论 2. 规定完成任务的时间 3. 期待公平 4. 知识导向	1. 通常对讨论不感兴趣 2. 分派紧急的工作、交付周期很短 3. 有时很独断并不总是公平 4. 结果（利益）导向
大学的学习过程	工作的学习过程
1. 抽象性、理论性原则 2. 正规的、结构性的和象征性的学习 3. 个人化的学习	1. 具体的问题解决和抉择制定 2. 以具体、真实的生活为基础 3. 社会性、分享性学习

上表精确地指出了为什么一些大学生在适应自己的首份工作时困难重重，这些问题涵盖了时间的使用、模糊的结构、组织文化、持久的努力和更为复杂的人际关系。

既然大学校园文化和全职就业文化的差异如此之大，如何适应转变就成为关键的问题，一般说来有十种可能的调整领域。这是作为一名新员工进行自我思考的新方式，将使新员工更有效的解决相关问题和制定恰当的决策。

（1）从理论到实践。实际工作中的唯一正确答案几乎不存在。员工们不断面临着需要他们务实和能够有效应付意外情况和危险的挑战，通常的决策制定基准是如何达到务实或最佳的问题解决方法，而非获得正确的答案或理论设想。

（2）工作预测。许多大学生报告说每天工作8小时，每周工作40小时或者50小时，相比较在大学的作息时间，这样的调整需要时间去适应。职场中有些行业如互联网、投行等高级经理人每周工作七八十小时甚至100小时以上。比你优秀的人每天工作十几个小时，如果你刚入职每天有效工作六七个小时，他人的成长速度就是你的两倍，那么工作5年、10年以后你和同学就极有可能拉开巨大的差距。

（3）组织结构。对比工作组织和大学校园的不同之处，就要考虑老板、教授、员工、监督者以及模糊性等因素。了解一个组织的文化需要一些时间，甚至要犯一些错误，因为两者差异太大。

（4）不现实的期待。新员工必须学会管理他们的期望值，不要期待太多太快。该项目被认为是老板在应付新员工时所面临的最令人头痛的问题之一。要培养自己将工作中重要事情放置首位的心态，集中全力和时间去解决好最重要最核心的事情。要清楚自己在工作中最希望达成的目标是什么，工作价值观和终极愿景是什么。

（5）合作的态度。尽管工作中有差异存在，但工作环境要求同事间融洽相处。如果你与某位教授有冲突，通常可以选择听别人的课，但是在工作中，你不大可能如此轻易地换掉上司和同事。要培养双赢思维，积极创造更丰富的合作机会、财富和资源，而不是此消彼长的零和竞争。

（6）接受责任。在工作环境中，你可能发现你必须对某一工作情景做出重要决策，而不能从监督中获益。尽管你是工作中的新人并很少被给予指导，但你依然要履行大量决策制定的职责。

（7）管理哲学。如果你在一家私企工作，对于这家公司来说，赢利是他们持久生存的基础，在商业中你可能发现自己在维护机构和既定的行事规则，而在大学里你通常是对他们提出挑战。

（8）认识不足。就业环境里不存在完美，尤其是富于挑战的工作，你要学会把错误看成学习事件，而不是对你作为一个人是否有价值的评说，老板和教授通常以不同的方式看待个人的不足，老板视之为成本问题，然而在教授那里通常认为是教育和学习的良机。

（9）对新工作地点的适应。就业很可能需要你搬迁到新的地理区域，请留意那些新的生活方式的情景，你不仅要适应工作本身，同时要适应诸如通勤这样的新需要，以及有利于个人发展和休闲娱乐的新机会。

(10) 沟通。在新的就业环境中，重要的是能有效地与他人沟通，让别人知道你是谁，你已经完成什么，即你应当如何被认可，你可能每周（甚至每天）都要求写工作报告，而不是像大学里，每门功课一学期只写一篇论文。

(二) 在职业生涯早期树立良好的形象

初次交往中给人留下的第一印象会对人的态度产生较大的影响，如果你进入一个新组织后，给人的第一印象好，其他人与你交往的热情就会高，你就容易打开工作局面，如果因不注意自己的言行而给别人留下了消极的印象，日后就会影响自己的职业生涯发展。所以，在职业生涯早期就注意树立良好的自我形象，对每个人都有重要的意义，一般说来，能在工作初期帮助自己树立良好形象的途径有以下几个方面。

(1) 服饰和仪表。这两者虽然是外在的东西，却能反映出一个人的职业特点和内在修养，直接给人留下第一印象，服饰要同自己的身份相符，与所在组织的文化相符，同工作单位的习惯相一致，衣服不见得要高档、时髦，但一定要整洁，既不可过分地打扮，也不能过于邋遢。如互联网公司强调创新与平等，穿着可以相对随意和舒适；金融机构大部分岗位是服务窗口，需要着正装甚至西装革履，永远比客户更加正式，以此表达对客户的尊重和服务的专业性；日化、护肤品、时尚品行业着装则可以适当华丽、彰显个性、引领潮流。

(2) 遵章守纪，讲求信誉。遵守时间，讲求信用，与人交往不失约，这既是工作关系中的纪律要求，也是人际交往中的美德，初到工作单位，提前上班，稍后下班，严格遵守单位的规章制度，积极主动地做好力所能及的事情，做的永远比领导要求的多一些，适当地换位思考，站在上司的角度考虑问题，工作表现给人的感觉是紧张、有序、高效，这无疑会给人留下良好的第一印象，相反，没有时间观念，不遵守劳动纪律，不守时，消极被动地等待工作，显然不可能赢得别人的信赖和尊敬。

(3) 严守秘密，待人真诚，注意交往技巧。如果是去那些保密性较强的单位工作，新员工就要注意严守单位秘密，不要随便向外人透露内部的情况。在与同事相处时，要以诚相待，平等待人。在与新同事的交往中，要注意利用交往技巧来获得良好的人际关系。待人坦诚而不要盲目恭维，对于组织中的非正式组织，不可盲目追随。

(4) 积极利用非正式场合熟悉周围的同事。在正式场合，行为和态度受工作情景的限制，不能表现出个人的所有特点，但是在非正式场合，限制较少，人们的言谈举止往往比较随意，表现比较真实，是认识和了解同事的好机会。

(5) 尽快熟悉工作，明确岗位职责。新到工作岗位，最大的问题即是缺乏经验，因此，在熟悉工作的过程中，遇到难题应及时向同事或领导请教，态度诚恳、谦虚，这样既可以达到学习的目的，也显示了对老员工的尊重。

(6) 熟悉组织的文化和制度。熟悉组织的文化、制度和发展策略等，是新员工的必修课，如了解企业的晋升制度、考核制度和管理制度等，先熟悉组织文化和制度，而后制定合理的应对方案，对组织文化和制度的认识，可以与老员工交流，也可以通过自己的亲身体验和观察、阅读组织的相关材料而获得。

(三) 处理好职业生涯早期个人与组织文化的冲突

为了更好地完成“个人组织化”，个人需要认识并处理好自己与组织文化不同而带来的冲突。

(1) 要分析差距，认同组织文化。个人进入组织后，应积极地了解组织内部环境和文化，了解组织的各项规章制度，找到组织文化与个人潜能和价值观的差距，并从自身出发，努力承认、认同和接受组织文化。

(2) 要关注组织的发展，具有团队意识和参与意识。组织的发展与员工的发展密切相关，新员工进入组织后要有团队意识和参与意识，不仅关心组织的发展，服从于组织，而且力求融入组织，注意团队精神，具有积极参与组织团队各项事情的意识和要求，关注组织的未来发展，能协调其他员工的工作共同为组织的发展出谋划策，促进组织发展。

(3) 加强自我鼓励，积极参与工作。新员工应积极主动地展开工作，能够满腔热情地对待工作，具有高度的责任心和事业心，充分利用工作时间承担更多的工作任务，积极参加有风险、创造性强、富有挑战的工作。

(4) 对组织充满信心。新员工的良好心态还需要表现在当接受不符合自己愿望的工作、报酬或职位时，应将其视为暂时的情况，相信组织的许诺未来会兑现，给予组织充分的信任。

(四) 尽早适应组织环境，树立自己品牌

新员工要想尽快融入一个新的组织，必须尽快适应组织环境，既要在工作中崭露头角，也要与上司、同事处好关系，这是新员工学会工作、做好工作、获得发展的必要条件。

(1) 接受组织现实的人际关系。任何一个组织都会有一定的人际关系和人际结构，甚至是存在复杂的人际氛围，如非正式组织中的帮派，有的人喜欢搬弄是非等，面对这种情况，新员工应有正确的态度，那就是正视客观事实，不要主动介入组织人际关系的是是非非，要能很快学会把自己的能力和精力用于完成组织的工作上，但是要想获得职业生涯的成功，良好的人际关系又非常

重要，所以，新到一个组织，要多观察、多思考、多做事，少惹是生非，但是又要经营好自己的人际关系。

（2）尊重上司，学会与上司融洽相处。在职业生涯初期，对任何性格类型的上司都只有接受，并且要尝试着与其保持融洽关系，因为领导的素质会有千差万别，有的严厉苛刻，有的宽宏大量，不管是哪种类型，对于新员工来说都要能够接受，其他任何消极情绪都不可取，只有针对领导的性格特点，设法与其融洽相处，在与上司交往时，注意把握好依赖性和独立性的关系，另外，上司的个性特征会直接影响你们之间的交流，针对不同的个性，应该采取不同的展示技巧，如果上司是一个开朗的领导，不妨大胆地展示自己，因为这些领导有很强的自信心，不害怕竞争；如果气量较小、心胸狭隘的领导，则应该注意表达形式和机会。

（3）寻求个人在组织中的位置，建立心理认同。新员工进入组织后，恰当的心理定位对争取上司的认可和同事群体的接受具有重要作用，尤其要学会处理好与自己所在工作团队成员的关系，和睦相处，团结协作，在组织中找到自己的定位，建立良好的团队关系，为自己的职业发展打下良好的基础。

（4）做好第一份工作，尽快在组织中崭露头角。事业的成功与否，不在于做的是什么工作，而在于工作做得怎么样，以及对待工作态度。在职业生涯初期所做的第一份工作可能并不是自己喜欢而且想从事一生的工作，但是此时要弄清楚职业生涯发展就是从做好本职工作开始的，当你还没有能力做好一件工作时，就没有资格说不喜欢，努力做好第一份工作，可以不断积累自己的工作经验，提高自己的能力，要爱岗敬业，对待工作的认真态度、奉献精神、团体观念正是组织所看重的，也是你的上司所看重的品质，要想获得职业成功，就要注意经营人际关系，因为良好的人际关系是达到晋升目的的重要手段和途径，同时还要主动争取任务，展示自己，如既要注意平时，还要善于给自己创造机会；要能出色地完成领导交办的细小工作，取得信任；充分利用各种会议和各种社会性活动让上司和同事注意你；最后就是找准机会，敢于亮出你的成绩。

第二节 组织与个人的相互接纳

组织和个人的相互接纳——新员工在进入组织的职业生涯早期，经过个人组织化阶段后，个人与组织间相互经过进一步的认识与了解，达到认同，员工获得组织正式成员的资格，希望把自己贡献给组织并希望在组织中获得发展的过程。

一、互相接纳的内涵

组织与员工互相接纳包括以下几个方面的含义。

(1) 组织与新员工相互认同和接纳，缺一不可。

(2) 相互接纳使新员工和组织之间关系清晰化、明确化、确定化。员工被组织认同，具有正式成员资格。

(3) 相互接纳是一种心理契约。虽然没有书面的接纳证明，只是在思想认识、情感上以及工作行为上互相承认、认同和接受。例如，新员工以自己对组织价值观和组织纪律的服从，以及努力工作和贡献，表示对组织的认可；而组织则以薪资报酬、挑战性工作、组织奖励和晋升等方式，表明对新员工及其工作的承认。

(4) 相互接纳可以用具体事物表明。如员工安心工作，组织加薪、提职等。互相接纳是一个过程、是一个时间阶段，这一阶段无确定期限，期限的长短受工作性质、部门类型、上司风格、组织文化、新员工的实绩等诸多因素的影响。

二、相互接纳的标志

组织与新员工互相接纳需要一定的时间和过程，等到双方真正接纳时会有一些事件和信号来表明这一点。

(一) 新员工接纳组织

新员工在组织中经过一段时间的适应后，逐渐适应了组织的氛围，便会发出接纳组织的信号，这些信号主要包括以下几个方面。

(1) 员工决定留在现在的组织中，这是新员工接纳组织和雇佣条件的一个重要信号。在劳动力市场充分开放、新员工具有有效竞争力的条件下，其流动率一般较高，如果组织环境不理想，新员工会准备随时离开组织。新员工决定留下即表明其对组织和工作环境的基本接受。

(2) 新员工关注组织的发展，具有团队意识和参与意识，不仅关心组织的发展、服从组织，而且力求融入组织，注重发扬团队精神，具有积极参与组织各项活动的意识和要求，表明员工个人在情感上接受组织，而且接纳程度较深。

(3) 新员工发挥出较高水平的内在激励，是其接纳组织工作和工作情景的明显信号，高水平的自我激励主要表现为工作积极性、自觉性、创造性的充分发挥，具体表现为满腔热情地对待工作，具有高度的责任心、事业心，愿意承担更多的工作任务，吃苦耐劳，积极参与创造性、挑战性的组织工作等，员工的内在激励水平以及工作积极性的高低与其对组织的归属感明显相关，自我激励水平高是其归属感强烈的明显体现，也是员工接纳组织的重要标志。

（4）组织有时会向新员工许诺在将来某一时间为其提供富有挑战性的工作，增加工资或晋升，但是目前需要接受不符合新员工自己的愿望的工作、报酬或职位，如果员工心甘情愿地接受不合意的工作、报酬或比较低的职务等级，并认为这只是暂时的情况，相信和期待组织的承诺一定可以兑现，这便是新员工接受组织的又一信号，因为员工愿意暂时接受这些压力，就表明他们信任组织，对组织充满信任。

（二）组织员工的信任和接纳

（1）正面的实绩评定。在第一次正式或非正式的工作业绩评定中，组织对新员工给予正面的肯定和表扬，是表明组织接纳的最常见的事情。

（2）分享组织的“机密”。表明组织接纳一名新雇员最普通和有意义的办法是向新员工提供特别信息。如与工作有关的信息、技术、生产方法等；关于别人对新员工的看法（前途、工作调换时间、预期晋升等）。

（3）流向组织内核。组织内核是组织重大事情的决策和执行指挥部门。对于有才干的、接受组织价值观的新员工，组织很是信任，视其为骨干，向其直接通告组织意图，并听取他们的意见和建议。这种推动新员工流向组织内核的过程，象征着组织在更大程度上接纳了该员工。

（4）获得晋升。晋升是一种垂直运动，意味着员工职业发展穿越了一种等级边界。需要指出，流向组织内核不同于提升，没有发生职务等级向上的运动，只是反映新员工同组织关系的密切，以及自己在组织中的地位和作用有所提高。当然，流向组织核心也不同于穿越一种职能边界，进行横向运动的职能变换。

（5）增加薪资。若是常规的、大家都有的提薪，并不意味组织真的已经接纳了你，很可能是你恰好赶上增薪。在这种情况下，如果给你的增薪幅度较大，表明组织有接纳你的意思，若是非例行的超常规增薪，增薪幅度也大，很可能说明组织充分肯定了你的工作实绩，并接纳你。

（6）分配新工作。象征组织接纳的最重要的事件是，新员工由暂时的、练练手的初次工作分配，转向第二次分配。当然，第二次分配的工作绝不是初次分配的简单工作类型的重复，而是富有挑战性的工作，或者直接关系组织发展的重要工作。

（7）举行仪式活动。许多组织接纳新员工是以一种仪式活动作为象征。例如，迎新仪式、宴会、茶话会等，或者发给制服、会员资格、信用卡、私人办公室等给新员工授予某种具体的特权或符号，这些都表示组织正式接纳了新员工。

第三节　配合组织进行职业生涯规划与管理

在职业生涯早期，组织会与员工制定出切合实际的个人职业发展规划，对个人的职业生涯进行管理，为了更好地实现个人职业生涯目标，个人应该按照组织的发展目标和发展方向，配合组织进行职业生涯规划和管理。

一、提供自己的真实资料

新员工应及时向组织提供自己的真实资料，使组织能够全面真实地了解自己，如一系列关于个人的资历证书，曾参加过的相关培训证明以及有关证明自己特长和能力的材料等，通过这些客观真实的材料，上司可以及时地了解自己的特点，在进行工作分配时就可以充分发挥个人特长，这样既有利于个人职业道路的发展，也有利于组织资源的充分利用和组织目标的实现。

二、主动从上司和同事那儿获得有关自我优势及不足信息反馈

职业生涯早期是个人和组织互相适应和接纳的过程，新员工常常因为缺乏相应的工作经验和技能，在工作中还不能立即胜任，这就需要新员工主动的从上司和同事那儿了解关于自我的信息，充分利用自身的优势，及时改正不足和缺陷，提高自己的职业潜能，还要积极参加组织的各种开发活动，通过这些活动，能及时发现自己的不足，并进行修改；还可以充分调动自己的潜能，锻炼从事新工作的能力，并获得更多的经验；而且个人对组织目标会有更清楚的认识，加强与企业内外不同工作群体员工间的接触，如专业协会、项目小组等，拓宽自己的知识面和交际范围，促进个人职业潜能的提升。

三、与管理人员沟通发展取向，争取获得晋升机会

加强与管理人员的沟通，了解某一具体工作所需要的技能、知识和其他特殊条件，了解组织文化和工作环境等，使自己更快地适应组织和工作岗位，建立和谐的人际关系，融入工作团队，并且在管理人员的协助下明确自身的职业生涯发展阶段和开发需要，而后根据个人的潜能和组织的内部环境，制订可行的个人职业生涯发展方案，争取各种晋升机会，可以更好的锻炼自己，提高自己的管理能力，有助于更好地实现个人职业目标。

第四节　职业生涯早期的组织管理

职业生涯管理作为组织的一种长期、动态的管理过程，将贯穿于员工职业生涯发展的全过程和组织发展的全过程，但是在每阶段上个人与组织所面临的管理任务及其匹配状态均有所不同。

一、职业生涯早期的组织任务

（一）新员工上岗引导

新员工上岗引导包括将新员工介绍给组织以及其工作部门成员的各项活动，这是对招聘和甄选阶段所获取信息的拓展和延伸，并且帮助消除一个人处在新环境里时会产生的紧张和焦虑。上岗引导计划让新成员熟悉组织的目标、历史、哲学、流程和规章；了解相关的人力资源管理政策，如工作时间、发薪程序、加班需要以及企业福利；熟悉特殊岗位的特殊义务和责任；浏览企业的基本设施；将新成员介绍给他（她）的上司和同事。

负责引导新员工的可以是新员工的上司、人力资源管理人员，也可以不采取正式的方式，如新员工向其上司报到后把他介绍给其他同事就已基本完成了上岗流程，接下来新员工被带到工作岗位开始工作。

（二）有效评估新员工

在职业生涯早期，组织要利用相应的信息对员工的能力和潜能做出客观公正的评估，组织能否正确评估每个员工个人能力和潜能是职业生涯管理成败的关键，可以采用的方法有两个。

1. 职业测验

职业测验指运用适宜、有效的测量工具（各种心理测验、体能测验等）对寻求指导的个体的职业素质进行测评的过程。

欧美国家的职业指导人员习惯用英文字母 KSAP（知识、技能、能力、个性）或者 KSAO（知识、技能、能力、其他）来表示需要鉴定和测验的职业素质，我国的职业指导人员则习惯于将职业素质分为职业身体素质、职业能力倾向、职业个性特征以及教育与工作经历四个方面。

2. 在职体验

在职体验除了能帮助员工了解自己和让组织了解员工外，还能帮助员工了解组织的运作过程。

这种将员工的绩效评估和职业发展紧密结合的方式，强调上司对下属的绩效评估，主要用来作为员工职业发展的基础，当员工在某方面表现欠佳时，由上司在绩效评估时和员工一起讨论如何改进目标和计划，这样的评估以帮助员工发展为主题，目的在于将绩效评估突出为一种具有建设性的交流和反馈方法。

（三）对新员工进行入职培训

新进员工的培训目的：让新员工对组织的文化、行为、设施、人员及必需的工作技能有所了解，激发良好的工作欲望，以使他们能顺利地度过最初的一段时间，并尽快地、称职的投入到自己的工作岗位中去。要求新员工掌握的具体内容有：了解组织的基本情况，提高对组织文化的理解和认同，全面了解组织管理制度，知晓员工的岗位职责和考核标准，掌握本职工的基本工作方法，熟悉相关部门的业务，熟悉本职岗位的领导，熟悉本职岗位的同事和部属，建立和本职岗位相关部门人员的关系，提高团队意识，建立正确的自我意识和心态。

组织要完成的培训内容主要涉及以下七个方面。

（1）建立内容整体框架。包括对行业组织的业务内容做全面概述；讲解组织的产品和服务；对组织的文化进行说明；讲解组织历史及发展方向；对组织的前景进行客观展望，诚实地分析组织的优势和劣势，解释组织管理政策及制度；对新进员工可能面对的问题及需求加以确认，并帮助解决特定工作技能培训。

（2）引导建立正确的自我意识。尽快让新近员工了解提供给客户的产品和服务，了解组织的经验理念；了解自己的工作职责；了解合作是效率和成功的基础。

（3）认同组织文化。组织文化的宣导可以通过具体的文字、图像及视频资料实施，也可以通过先进人物现身说法，还可以让新进员工本人实地体验和感悟。

（4）了解组织管理政策和制度。公休规定：假期时间和安排；带薪假期；请病假的规定、病例的待遇；工作评价及晋升规定；奖励条例；组织纪律和工资待遇。

（5）了解自己的职务和工作责任，即该做什么及如何做，工作权限及工作义务。

（6）熟悉前后工序环节。了解通常所称的“前手”和“后手”。要是新进员工的“前手”充分了解新进员工有哪些需求，同时充分了解“后手”对新进员工有什么要求，是新进员工的前道工序和后续工序与新进员工的工作环环紧扣。

（7）接下来要做的就是策划和准备培训过程。包括组织精神文化层面的培训、组织文化制度层次的培训和组织物质文化层次的培训。具体内容包括以下几点。

①精神文化层面的培训。参观厂史馆，请组织领导人讲解组织目的、宗旨、哲学、精神、作风、道德，提示组织提倡什么、反对什么，应该以什么样的精神面貌投入工作，该如何待人接物，应该怎样看待荣辱得失。

②制度层面的培训。熟悉一系列规章制度，如考勤、请假制度、奖励制度、福利制度、人员进出制度、人员考核制度、聘用辞退制度、晋升制度、岗位制度等；了解与生产经营有关的业务制度和行为制度。

③物质文化层的培训。组织环境，组织概况；组织的主要产品、设备、商标、声誉及其含义；了解市场概况，建立全局观念；认识厂旗、厂服、纪念建筑及其含义；业务培训等。

④最后要落实培训方式。培训方式以讲座为主，让员工看些录像、可分解的产品模型、幻灯片、大型图表等；也可以设计一些欢迎仪式、聚餐、联欢会、分组活动、小竞赛等团队活动；组织一些实地参观；给每人准备一个资料袋。资料袋内主要装有：组织结构图；组织政策手册；社会福利保险及其他福利表格；工作目标及说明；工作绩效评价的表格、日期及程序；在职培训机会；重要人物及部门的地址、电话等。

（四）为新成员制订职业生涯规划

职业生涯规划的目的是帮助员工真正了解自己，并且在进一步详细衡量内在与外在环境的优势、限制的基础上，为员工设计出合理且可行的职业生涯发展目标，在协助员工达到和实现组织目标。组织应对员工的职业生涯规划有长远而系统的考虑，帮助新员工制定职业生涯规划，树立起追求的目标以及实现的途径和过程，增强组织对员工的吸引力。

1. 对新员工进行分析和定位

组织既要帮助新员工进行比较准确的自我评价，又要根据员工自身的特点设计相应的职业发展方向和目标。个人评估主要是分析自己的条件，如性格、兴趣、特长与需求等。员工自我评价是职业生涯规划的基础，直接关系到员工的职业成功与否。组织对员工的评估是为了确定员工的职业生涯目标是否实现。组织可以利用职业测试和在职体验方式对员工的能力和潜力进行评估。

2. 组织要帮助员工确立职业生涯目标

组织帮助员工确立职业生涯目标主要包括职业选择及职业生涯发展路线的选择。组织应开展必要的职业指导活动，通过员工的分析与组织岗位分析，为员工选择合适的职业岗位。职业路线选择的重点是组织通过生涯路线选择要素进行分析，帮助员工确定生涯路线并画出职业生涯路线图，组织员工设立的职业生涯目标可以是多层次、分阶段的，这既可以使员工保持开放灵活的心境，又可以保持员工的相对稳定性，提高工作效率。

3. 帮助员工制定职业生涯策略

组织应根据新员工的不同情况，采取不同的职业生涯策略，在职业生涯初期，新员工喜欢不断的自我探索，寻求适合自己发展的职业道路，向新员工提供富有挑战性的工作，对他们形成良好的工作态度会产生较深远的影响，也会影响到他们往后的职业生涯中的工作热情和竞争能力。

4. 进行职业生涯规划的评估和修正

在员工工作一段时间后，组织应有意识地回顾其工作表现，检验员工的职业定位与职业方向是否合适。这样，在实施职业生涯规划的过程中评估现有的职业生涯规划，纠正最终职业目标与分阶段职业目标的偏差。

（五）为新员工设计职业生涯发展阶梯

职业生涯发展阶段是组织为内部成员设计的自我认知、成长和晋升的管理方案，组织为新员工设计职业发展阶梯，可以帮助员工在了解自我的同时使组织掌握他们的职业需要，以便排除障碍，帮助员工实现需求，另外，职业生涯发展阶梯通过帮助员工胜任工作，确立组织内晋升的不同条件，这让是员工的职业生涯发展目标和规划有利于满足组织需要。

并非所有的组织都有必要建立职业生涯阶梯模式，在建立前，组织需要考虑两个方面的问题。①组织是否需要一个内部提拔人才的长久机制？②组织是否有必要建立一套培训发展方案，以提供更多、更好的后备人才以供提拔选用？只有对上述两个问题的回答是“是”时，才有必要构建职业生涯阶梯，若组织可以随时从外部招聘到需要的各类人才，或者内部晋升只是偶然发生，或内部晋升只涉及极少数员工，就没有必要建立复杂的职业生涯阶梯。

实践中广泛运用的职业生涯阶梯模式主要分为三类，组织可以根据自己的实际情况为员工选择适合其发展的模式。

1. 单阶梯模式

单阶梯模式是一种比较传统的职业生涯阶梯模式。只有一种行政管理职位，职业生涯阶梯一般为：科员、副科长、科长、副处长、处长、副局长、局长等。由于只有一种晋升通道，许多在本专业做出了突出业绩的技术人员只能被提升到管理职位上，但是并不是最佳选择，却在一定程度上影响了专业技术人员的职业发展。正是由于该方法本身的限制，目前这种单阶梯式只在一些性质比较单一的组织中实行。

2. 双阶梯模式

双阶梯模式是指两种职业生涯路线和阶梯，一种是管理生涯阶梯，沿着这条道路可以通达管理职位；另一种是专业技术人员生涯阶梯，沿着这条道路可以通达高级技术职位。该模式是目前企业中实行最多的职业生涯模式，在实行双阶梯模式的组织中，员工可以自由选择在专业技术阶梯上发展，或在管理阶梯上发展，两个阶梯中同一等级的管理人员和技术人员在地位上是平的。

3. 多阶梯模式

双阶梯模式对专业技术人员职业生涯阶梯的定义太狭隘，所以，若将一个技术阶梯分成多个技术轨迹时，双阶梯职业生涯发展模式也就变成多阶梯职业生涯模式，它为专业技术人员的职业发展提供了更大的空间。

在为新员工设计职业生涯发展阶梯时，要与组织的考评、晋升激励制度紧密结合。在考评中，既要重视对技术的考核，又要重视对员工的忠诚度、合作精神和沟通能力的考查，员工的行政和技术级别都应能上能下，连续两次考评为中等以下应建议降级使用，并且技术级别应严格与薪酬挂钩，包括组织的内部股份与各项福利，组织每年可考评 1~2 次，由主管或技术委员会对员工进行全面考评。

设计职业生涯发展阶段时还要注意开展其他辅助活动，如为满足员工特定职业价值观或职业价值观或职业目标的需要而开展的辅助活动，为激发员工的某些潜在能力和优势而开展的活动，为改善或弥补员工在职业策划中反映出来的弱点或不足而开展的辅助活动等。开展辅助活动的方式灵活多样，不同组织甚至是组织内部不同工作性质也要因个人条件的不同而采取不同的方式。

科学、清晰的职业生涯阶梯设置和规划可以满足员工长期职业生涯发展的需要，同时还可以满足组织高层次工作清晰化、专业化的需要。

二、组织职业生涯早期管理举措

1. 对未来工作的描述

组织在招募时应提供较为现实的未来工作展望，最大限度地降低现实冲击，并提高新员工长期工作绩效的有效途径之一，就是在招募时向被招募者提供较为现实的、关于未来工作的描述，对未来的工作进行较为现实的展示，能够显著的提高那些从事相对较为复杂工作的新员工（如见习管理人员、销售人员）长期留在组织中的比率。另外，从组织的角度来看，人力资源引进必须匹配于组织的战略规划及整体的运作方式，它是组织整体人力资源战略管理的一个关键环节。

2. 提供挑战性的工作

为了鼓励新员工更快成长，组织应该鼓励新员工的管理者把具有挑战性的工作安排给新员工，这样做可能会有一定的风险，因为管理者对下属的工作表现负有责任，所以更多时候，只有在下级证明其能力以后，管理者才会愿意逐渐给下级增加更难和更具有挑战性的工作来慢慢培养他们，然而研究表明，在经历了最初富有挑战性的工作的员工，其今后的工作效率变得更高，如果分配给新员工的工作性质不具有挑战性，新员工的管理者可以将任务强化，任务强化包括给新员工更多的责任和权力、允许新员工直接与顾客和消费者沟通，以及让新员工实现自己的想法，已有研究证明，新员工在组织的第一年中所承担的工作富有挑战性，他们的工作就会显得有效率，即使到了五六年后，这种情况依然存在，专家指出，提供富有挑战性的起步性的工作是帮助新员工取得职业发展的最有力，却并不复杂的途径之一。

3. 对新员工严格要求，并开展职业生涯规划活动

新员工与上级之间往往存在“皮格马利翁效应”，即上级的期望越高，对自己的新员工越信任、越支持，那么其下属干得就越好，因此，在一位新员工开始探索性工作的第一年，应当为他找一位受过特殊训练、具有较高工作绩效，并且能够通过建立较高工作标准而对自己的新员工提供必要支持的主管人员，而且组织应当采取措施加强新员工对其职业生涯规划和开发活动的参与。

4. 给员工及时有效的绩效反馈，并且提供阶段性工作轮换和畅通的职业通道

一般来说，新员工需要得到组织的肯定和提升自己的能力，所以给他们及时的绩效评价和反馈就显得尤为重要，在给予挑战性工作的同时，新员工还想知道这份工作完成得如何，组织会如何看待，这些信息对其今后的发展会产生一定的影响，对于反馈的意见，一方面新员工想听到真实的情况，借以提高自己的能力和弥补工作上的不足；另外一方面他们希望听到好的评价，以增强信心，保护自尊，故上级给予的反馈应该同时具有指导性和支持性。

本章小结

（1）个体在职业生涯早期阶段具有很强的进取心和积极向上、争强好胜的心态；之后，职业竞争能力增强，期望能做出一番事业；最后，开始组建家庭，逐步学习调试家庭关系的能力，承担家庭责任。

（2）在职业生涯早期阶段，员工面临着现实冲击、没有得到上司的信任和重用、组织成员往往会对新员工心存偏见或者嫉妒，个人与组织文化存在冲突。

（3）职业生涯早期任务有：角色转换；在职业生涯早期树立良好的形象；处理好职业生涯早期个人与组织文化的冲突；尽早适应组织环境，树立自己的

品牌。

（4）个人与组织的相互接纳使新员工和组织之间关系清晰化、明确化、确定化。员工被组织认同，具有正式成员资格。

（5）职业生涯早期的组织任务有：新员工上岗引导；评估新员工；对新员工进行入职培训；为新成员制订职业生涯规划和为新员工设计职业生涯发展阶梯。

复习思考题

（1）什么是个人组织化？个人组织化的步骤有哪些？

（2）职业生涯早期的个人特征有哪些？会面临哪些问题？

（3）职业生涯早期如何能够更快速地成长和被组织接纳？

（4）职业生涯早期，个人和组织互相接纳的标志是什么？

（5）职业生涯早期，组织管理的主要任务有哪些？

案例分析

踏入职场的实习生如何完成从校园到职场的转变

早晨九点钟，写字楼的电梯里挤满了快迟到的上班族。尽管如此，你很容易从人堆里分辨出实习生的身影——不管打扮成什么样子，看上去总是满脸稚气，鼻梁上架着眼镜儿，眼睛却亮亮的，不像其他上班族一般面无表情。实习生多半是快乐的，也是惶恐的。快乐，也许因为当上了职场新鲜人，虽然不拿什么钱，至少可以用现实而非想象勾勒未来的职场生涯。惶恐，是因为患得患失，怕做错事，怕被人笑话，怕表现不佳，失去录用机会。

1. 职场初期，实习很重要

当我们从学校踏入工作职场的初期，无论进入什么类型、规模的设计公司或企业，都要经历几个月长短不一的实习期。实习生的经历对于刚步入职场的新人来说，是很重要的时期，既是职业生涯的开始，也是学会融入社会、做个社会人的开始。

职业生涯的开始，选择一个管理和运行相对正规的公司是很重要的，但不是每个人都能如意。不过，无论进入什么样的公司，开始都要了解公司的制度、设计流程、人际关系、甚至还可能有帮派之分，学会正确站队。实习期会收获到许许多多在学校永远无法理解和体会的东西，刚开始的新奇会很快消退，替代的会是迷茫，也可能是豁然开朗；是压抑、也可能是兴奋，是失败，也可能是成功的开始。

对于惧怕挑战和专业知识不牢的人来说，工作的开始会体会到专业知识的重要性，实习是需要坚持学习和创新的，对于喜欢挑战和进步的人来说，实习是兴奋的，会在提高设计能力的同时，获得成就感，得到周围同事和领导的认可，开始一个又一个的成功，同时逐渐学会与人相处，为以后的发展开始编织人脉关系。

2. 成功：敢于坚守，实习生顺利“转正”

文箐是一名来自西安电子科技大学的本科生，毕业后，他在北京一家外企公司实习期间得到了许多导师和实习生的好评，并且取得了非常全面且迅速的进步。一同实习的实习生们称他是实习生中的“第一人”，虽然有点玩笑的成分，但是文箐的确在实习期间成绩突出。

其实，文箐在刚开始实习时，也只是个默默无闻、很不起眼的“小兵”，而现在他已经成为一个能够独当一面、独立执行项目的高手。他是怎样完成这样华丽的蜕变呢?

在文箐看来，实习绝不仅仅是简单完成实习任务，而自己所在的公司就是一所大学校，在这里他可以尽可能多地吸收各种营养。面对每个挑战，只要克服重重困难完成任务就能学到很多东西，并且各方面能力都有质的飞跃。

这与文箐的导师海涛对他的总结不谋而合，他认为，每位导师给自己实习生布置任务的时候都会有一定的预期，而是否能达到甚至超过预期都是实习生自己决定的，并且也决定了自己收获的多少。当时，交给文箐的每个任务都是颇有难度的，对他都会有一定的期待，而文箐每次的表现基本都会超过期待水平，这就意味着他的能力有非常大的提高，逐渐积累起来就是迅速的成长。

让文箐记忆犹新的是在 2011 年，在导师海涛的带领下，他与导师一起负责一个开发项目的推介工作，其中主要包括在展台做宣传以及在分会场的讲座。这次，文箐要一反之前做听众、参观者的角色，面对诸位经验丰富的业内人士、专家、企业老板，他要成为一个讲述者，在短时间内清晰地介绍技术和开发过程等。“初出茅庐，能否 Hold 住全场?”

“为了提高自信心，同时使讲座能够吸引住听众，如何将复杂的开发过程、技术以更加有趣、轻松的方式呈现出来，我做足了功课，站在听众的角度上不断修改讲解的方式和细节，反复卡着时间预演，最终讲座的效果非常好。”文箐自信地告诉记者。

文箐参与组织的类似活动还有很多，每次活动他都从制定目标、策划日程、编辑宣传手册一直到活动现场执行、活动过后的总结，从头到尾跟进甚至负责，还要登上讲台，针对不同的群体进行讲解。每次面临挑战，他都选择了鼓足勇气全力面对，结果在“风雨之后”迎来了“灿烂彩虹”。

当记者问到文箐在实习期间有没有走过弯路，他很诚恳地说当然有。关于给其他实习生的建议，他强调一定要注意与导师沟通。“刚开始实习的时候，我也只是埋头干活，从来没有主动跟导师汇报工作进度也不会去寻求建议，这样一来导师并不知道他是否在努力工作，甚至对我的工作态度和能力有些质疑。”文箐在总结经验教训的过程中发现了这个问题，调整了工作方法，做到及时向导师汇报工作进展，听取他们对阶段性工作的建议，这样一来，既保证了工作按照正确的方向进行，又避免浪费时间。回头看看前进的脚步，他自己总结道：“心有多大，舞台就有多大。”

3. 失败：“怎么老让我打杂?”无奈结束实习

就读于兰州商学院的柳静今年大四毕业，前不久她辞去了在一电子产品公司实习半年的工作。她对记者诉苦道，自己在公司做跟单员和报关员的工作，每一天都觉得好累好辛苦，周末经常加班到晚上七八点，心里所承受的压力比起身体的负荷更重。“一开始我觉得自己必须把大学所学到的知识都展示出来，也想尽可能地争取留在公司就职的任何机会。”

“怎么老让我打杂?”柳静很是抱怨，她细想起来，在实习期间只干了点琐碎事：收发、复印文件，将文件拷到 U 盘，资料送到领导办公室，打扫办公室里的卫生，帮老师端茶倒水。在柳静看来，这些事情毫无技术含量，学不到什么东西。但在带柳静的老师看来，即使是很简单的工作，她都不能认真细致地完成，所以无法交给她更重要的工作。“比如，一次给领导装订讲话稿，因为是大稿子，页数多，临完我顺手翻了翻，订得歪歪扭扭不说，竟然少了一页。”最让老师无可奈何的一件事，“安排她拿 U 盘去隔壁办公室打印文件，文件倒是打出来了，U 盘忘了拿回来，后来也没找着，里面保存的重要资料也全部丢失”。

对于自己的粗心大意，老师会给柳静一些指点，偶尔会指责她，渐渐地，柳静对自己的这份工作越来越没有信心，经常不向老师请假就无故旷工，看到老师来电也不接听。理所当然，锋芒毕露的柳静感觉受到了同事甚至部门领导的排挤，总觉得她实习的态度不端正，两个月后，她还干着收发文件、打扫卫生的工作，工作安排上没有一点起色。

有好事者故意私下对她说她这样的情况是不会改观的，并且不会被留在公司，因为公司里的任何一名员工都会做她现在所干的工作。结果本来内心就脆弱敏感的柳静听完之后，跑到卫生间委屈地大哭了一场，觉得自己永远都是那个收发文件的小文员，永远也不会受到领导的重视。于是她在接下来的实习期里不再积极工作，也很少主动跟同事和领导交流沟通，草草地结束了她半年的实习工作。

“其实想想，当初我的想法是有点极端，现在真的有点后悔了，当初放弃了继续实习的机会，而现在却苦于无处寻找好点的公司让我实习。”现在的柳静有点后悔，当初没有踏踏实实地在一家公司实习，她告诉记者：“我当初就是忽略了每一个实习生都是在困境中一步一步成长起来的，而不是一蹴而就的，这需要一种认真、端正的态度，我缺失的正是这种正确的态度，从而导致了我的失败经历。”

资料来源：海燕．踏入职场的实习生怎么完成从校园到职场的转变［EB/OL］．［2015-03-19］．http：//news. chenhr. com/.

阅读并思考：两名同学的实习经历对你有何启示？根据案例素材，结合你的实习经历谈谈大学生在实习阶段要注意克服哪些不利于职业发展的问题。

第八章　职业生涯中期管理

学习目标

~掌握职业生涯中期的个人管理方法和发展策略；

~掌握保持知识和技能更新的方式方法；

~理解职业生涯中期的危机问题及处理危机的方法；

~理解知识经济时代职业生涯成功的基本策略；

~了解职业生涯中期的个人特征；

~了解职业生涯中期的组织管理。

【引例】

"我"眼中的职业中期危机

最近，我遇到了好几位在四十岁左右遭遇职业挫折的人。一位部门总监因和总经理不和，被迫辞职了，赋闲在家；一位本来职权范围相当大的区域经理，莫名其妙地头衔"缩水"了，本来直接向总经理汇报，现在变成和他的下属一起向大区域经理汇报；一位前外资银行的客户经理，被裁员了，一直没找到下家。而在一次聚会中，我遇到的八位四十岁左右的职业人当中，有三位已经离开了公司总监职位，自己创业去了，剩下的继续怀揣忐忑，随时准备着与现有岗位说拜拜，其中有一位我以为工作超级稳定的外企部门经理对我说的肺腑之言是：一定要开阔视野，万一工作有变动，还有其他的选择，要未雨绸缪！

这些人大多是"70后"，是曾经的时代宠儿，也是现在职场的中坚力量。在大多数外人看来，他们都是春风得意的成功人群，有房有车，在很像样的公司里任职经理总监或者更高职位，但只有他们自己才清楚危机四伏。

(1) 前有职业天花板，后有"80后"追兵。若长时间没机会向总经理、总裁职位冲击，自己的性价比将一天天缩水，直到被性价比更高的"80后"无情替代；

(2) 四十岁后体力下降，被家庭牵扯的精力更多，对长时间出差、加班的工作需求更为吃力。一位经常出差的外企首席代表甚至担心在五十岁后自己的身体还能否适应得了空中飞人的要求。

(3) 一些副总职位的精英看似风光无限，实则心虚至极。这些脱离了一线工作的高管们尽管出席的会议足够多，对公司事务的影响力其实还不如部门总监。但谁愿意放弃这个钱多事少地位高的机会呢？得到这个机会后的另一个问题是，有多少个副职有机会转成正的呢？而在市场化的公司里，副职随时有可能被作为不必要的人力成本砍掉。有位市场部总监曾经向我抱怨，一位公司副总经理有事没事找他开会，害得他自己的具体事务只能加班完成。也许，等到他自己被提升到副总经理的时候，可能也会有事没事找他的继任者开会。这种双脚离地的空虚与危机感，大概只有身临其境才能真切感受。

就专业素养来说，二十年的工作经历到底比十年的更值钱，还是更不值钱呢？我觉得这个问题主要取决于你看待它的态度和角度。我周围也有已经成功把自己打造成知名专业人士的例子。他们的做法是，将自己工作的平台加上人脉关系，再加上工作经验的累积，重组成一种属于自己的新产品，比如咨询工作室、研发中心等，作为工作之外的职业补充。还有人已经成为业余风险投资者，成为小公司的股东。另外一种体面的做法是成为有机农场主或者葡萄酒培训师或者公司“外脑”，用经验换取工作平台之外的报酬。

资料来源：佚名．“奔四”的职场危机［EB/OL］．［2011-06-16］．http：//www.ceconlinebbs.com/LT/%D6%B0%D2%B5%CE%A3%BB%FA.HTM.

职业生涯中期是组织成员获得职业成就的关键时期，也是检验组织与个人之间能否建立“长期战略伙伴关系”的重要时期。组织职业生涯中期管理面临的主要任务是要努力与员工达成良好的“心理契约”，洞察员工个体的职业锚。组织如果不了解员工个人的职业锚，个人与组织之间就会失去互相匹配和互相融合的基础。因此，组织要积极鼓励员工主动寻找他们自己的职业锚，最大限度地寻求适合自己的职业发展机会和发展空间。

第一节　职业生涯中期的个人特征

一、个人生命空间特征

人的生命空间由三个周期组成：生物社会生命周期，家庭生命周期，职业生涯周期。当进入职业生涯中期，总的生命空间有了新的变化，概括来说这一时期的特征有三个。

（1）职业生涯中期处于三个生命周期的完全重叠时期。人从出生即开始了其生物社会生命周期，而职业生涯周期是从开始工作到离开职场（62 岁左右）；家庭生命周期则从个人建立家庭开始一直贯穿人的后半生，如果从 30 岁算起，至 50 岁为职业生涯中期，那么三者重叠的时间是 20 年。相比之下，职业生涯的其他发展阶段三者重叠的时间则相对较短。

（2）职业生涯中期是生命运行任务最繁重的时期。个人需要面对工作世界的客观现实、婚姻家庭、教育子女和其他方面的责任，也需要重新审视、评估自己，重新确立自己的职业目标，进行自我职业发展的重新选择。职业生涯中期的职业发展呈现复杂化和多元化的特征，既要不断加强学习和培训，想方设法在自己专业领域保持领先地位，以自己的经验和广泛知识获得更多报酬和更高地位，又要面对社会和行业里不断出现的新竞争和危机，所以职业发展任务十分繁重。

（3）职业生涯中期不同生命周期间的互相作用最强。在职业生涯中期，正是个人职业发展向上走逐步达到顶峰的时期，同时也是家庭关系复杂，家庭任务和负担最沉重的时期，因此，三个生命周期间的矛盾冲突也最多，如时间性冲突、紧张性冲突、行为冲突等。

二、个人职业特征

虽然个体之间有差异，但是职业生涯中期的职业发展也存在着一些共同特征。

1. 能力逐步提高，心理逐渐成熟

人到中年，已经有了相当多的生活阅历，具有处理人际关系和各种事情的技能经验，价值观更加成熟，绝大多数人的事业心、责任心增强，逐步形成了沉稳、踏实的工作风格，这时已经有了较为稳定的长期贡献区，并且职业技能娴熟，积累了相当多的职业工作经验。

2. 创造力最强，工作业绩比较突出

处在职业生涯中期的员工一般都是组织的骨干，因为此时的个人具有创造一番辉煌业绩的潜在实力，这种实力一方面源于工作能力的增强和经验的积累；另一方面源于其自身长期潜伏的个性和能力，及由此激发的创造冲动或未曾施展的才华。

3. 职业发展轨迹一般呈现“倒 U 形”

在长达 20 多年的职业生涯中期，一开始职业发展呈现由低到高逐步上升的趋势，职业顶峰多出现在职业生涯中期的中间阶段，越过职业顶峰，职业轨迹就开始下降，因此整个过程呈现为一条“倒 U 形”曲线。因为个体间的差异性，“倒U形”职业发展曲线的形状会有一定的差别，如事业成功、大有作为的人的曲线顶峰平而长；事业成功经历持续时间短的人，其形状如山峰，峰高尖顶；事业发展平平的人，曲线低而平缓，无明显突出。

三、个人心理特征

1. 职业认同感受到冲击，青春期的心理冲击复活

处在职业生涯中期的中年人开始面临梦想和现实成就之间不一致的问题，青春期曾发生的在选择职业和生活道路时的矛盾与冲突的情感会再现。随着子女逐渐长大，因为代沟，年轻人常常向父母的价值观、成就提出挑战，如此就会加重他们对自己职业生涯的不满和疑虑。

2. 家庭结构和内部关系改变

人到中年，个人基本组建了家庭并有了孩子，并且子女逐渐长大并步入学生时期。此时，个人需要承担相应的家庭责任和处理复杂的家庭关系。员工不仅要处理好配偶、子女关系，抚养、教育子女，还要为子女自立门户及随之而来的生活方式和角色变化做好准备；还要承担赡养父母的经济上和感情上的责任等。

3. 承认时间有限和生命有限的事实，从而产生心理变化

职业生涯的早期和职业生涯中期的初始阶段，人们往往尚未从感情上意识到时间和生命的有限，认为自己有充裕的时间来实现自己人生的梦想，然而，进入中后期的职业生涯发展阶段时，开始意识到个人的学习能力正在下降，并且时常感觉没有足够时间和精力去完成自己想要实现的更高级别目标，从而觉得心里压抑和烦闷。

4. 意识到职业机会有限而产生焦虑（正在走向成功的人/平日工作平稳，但出于某种变化想调换职业工作的人）

进入职业生涯发展中后期的人们逐渐意识到职业发展机会越来越受限制，个人更难以做出职业选择，由此产生焦虑不安的心情。对正在走向成功道路上的人而言，本来希望达到更高层级的职位，但金字塔式职位结构的存在使得职位越来越少，与年轻人相比竞争力又差强人意，深感自己进一步发展的路可能被堵塞，不免产生焦虑和烦恼。

第二节 职业生涯中期问题

职业生涯中期阶段正值复杂人生的关键时期，面临着来自职业生涯周期、家庭周期和生物社会生命周期问题，这三个生命周期相互影响、相互制约，出

现了诸多的问题和变化，同时个人特质也发生了急剧变化，导致了某些个体职业问题。只有正视这些问题的存在，组织和个体才能寻求到处理和应对职业生涯中期问题的管理对策。

一、职业生涯中期的危机问题

如果到了职业生涯中期个体还未找到自己的职业锚，或没有明确的专长和职业贡献区，工作绩效平平，那么就会陷入既没有清晰可认同的工作，不被所服务的组织所赏识，也没有超出一般的地位，不被人所知的默默无闻的境地。这时候的处境会相当艰难，因为没法向家人交代，无法给熟人或朋友讲述自己的工作，可能连自己也不会认同自己的贡献和作为是什么。而且许多人在职业生涯中期会陷入一种自我矛盾中，因为职业发展现状同期早期理想不统一，或者虽然从事自己理想的职业，但是却没能取得所期望的成就，或者是职业锚完全不同于最初理想，现实的职业比最初设想的低等。因为这些不符合或不一致，导致员工生产低落、郁闷的情绪，减少对工作的信心和热情。

在此阶段，人到中年，承担生命周期运行最为繁重的任务，发生中年期的各种矛盾和心理变化；一些人还会面临工作不顺心、无成就感、现实与理想的矛盾。若是不能正确地对待和处理这些复杂的情况和变化，必然会发生职业工作的急剧转折或下滑。

现实与理想的矛盾结果常常会因员工职业锚的不同而有所差异：管理型和安全性的人，其成功主要依赖于组织，取决于组织的奖励和给予的机会；创造型和自主型的人，遇到苦难和实现的矛盾时，易转移到其他新的职业，受外部约束相对较少；技术型的人，面对中期发生的矛盾，适应性较强，能够进行多样性的选择。

二、处理危机的方法

1. 进取的精神和乐观的心态

虽然职业生涯中期的诸多问题会给个人带来不小的压力，但是同时也提供了发展的新机遇，如果能够正确控制自己的感情，正视客观现实，保持乐观和进取的态度，积极寻找解决矛盾和问题的新方案，那么，中期职业危机就可能成为新的机会，也许从头再来还可以实现职业发展的新跨度。

2. 进行新的职业与职业角色选择

在职业生涯中期，当个人陷入矛盾或危机中时，应及时查找自身的生活目标和价值观，取得一种更稳定的整合和生活结构，摆脱以往的角色模式或压力，积极寻求新的职业角色。如可以继续留在原来的职业锚位上，使自己的知识和技术更加精深和熟练，成为骨干或专家；可以离开原来的职业工作，寻求新的适宜的职业角色；也可以进入行政管理领域，成为主管，从根本上改变职业角色等。

3. 担负起言传身教的责任，培育新人

随着个人职业生涯的发展、职业锚的固定，自己在工作和发展中经验日益丰富，而这对于正处于成长中的年轻员工来说十分宝贵。给年轻人以指导，成为他们的导师，在自己成功的同时帮助年轻人获得职业成长。其实，在指导年轻人时，自己也可以从年轻人那里了解许多新知识。

4. 平衡好工作、家庭生活和自我实现三者间的关系

正确处理三者间的关系，取得三者间的均衡，是解决职业生涯中期危机的一项重要任务。首先，要做好自我重估，包括重估自己的职业锚和贡献区，现实地看待自己的职业才干、表现和业绩，重新思考自己的成功标准和目标定位等。然后，要对今后的人生进行重新定位，决策职业工作、家庭生活和自我发展的运作模式。以自我重估和再认识的结果为基础和前提，对今后如何参与工作，如何适应家庭生活，如何发展自我的活动做出决策，虽然这种决策不是永久性的，但是他将代表对未来的一种承诺。

第三节　个人职业生涯中期管理

一、职业生涯中期的个人管理

在职业生涯早期，每一个人都有很多期望和追求。如果组织或者个人原因使得个人的潜力不能充分发挥，这是对人力资源的一种浪费。但如果组织措施得当，个人努力了，目标还是实现不了，那就不是选择或外部环境的问题，而是个人能力的问题。能力的差异是客观存在的，个人不能以社会的精英标准来苛求自己。在职业生涯中期阶段，正是人到中年的时期，应该以更加实际的态度调整自己的职业目标，以更加豁达的眼光来对待自己的禀赋。如果发现自己的职业目标过高，就要适时降低自己的职业生涯目标，因为，职业生涯目标不是越高越好。

在职业生涯中期，如果组织缺乏合适的机会和岗位，而个人又有能力，就可以考虑寻求新的发展机会。如果发展领域不合适，就要重新发现自我，更换合适的职业生涯领域。但是，因为人到中年，体力和精力等相对于年轻人都缺乏竞争力，这时就更加需要重新复习或学习有关的职业技巧。其实，在知识经济社会，许多仅仅靠体力挣钱的工作岗位竞争越来越激烈，而且这些岗位既辛

苦、回报又低。而职业生涯中期又是一个人三个生命周期任务最繁重的时期，事业发展呈现复杂化和多元化的特征，各种危机和困难不断加大，只有不断学习新知识、新技术，与社会一同进步，才能在本职工作岗位上保持领先的地位。要善于利用各种机会，不断进取，只有这样才能远离困境。

职业生涯中期尤其要注意容易被忽视的另一个问题，即保持身心健康，因为在这个阶段人生负担比较重，容易出现一些身体疾病，要采取一些有效的措施来应对压力，使自己保持良好的心态。如通过继续学习、抓住提高的机会来克服人生事业发展的高原期，增强自信，以更加积极的心态应对年轻人的挑战；加强心理保健，正确看待人生的所得和所失；合理安排时间，做到有张有弛，面对职业中期的各种压力更应该注意调整好心理，注意休息，增加体育锻炼的机会，保持健康的身体和心态。

二、个体职业生涯中期发展的策略

（一）确立新的职业生涯成功观

首先，知识经济时代职业发展呈现无边界化的特征，无边界会对职业生涯的成功产生直接影响。无边界不但会使成功的标准发生变化，而且也会让成功的难度增加。成功的标准不再是薪水和职位，可能是同级别流动，可能是跨国和跨地区流动，更可能是保住原来的职位。其次，个人的职业生涯成功向个人的市场竞争倾斜。有市场竞争的人，职业生涯相对成功，反之，则相对失败。许多研究者认为，在知识经济时代，需要采用新的职业生涯成功标准。有些学者特别注重个人心理感受的成功，认为成功的绝对标准（客观标准）只适用于少数人；如果继续沿用这些标准，大多数人可能是失败者。由于高级职业本来就少，而且组织扁平化以后，中级职位也逐渐减少，因此升迁就成为大多数人的心理障碍。此外，为了面对竞争，许多组织采取减少薪水的措施来减少员工。特别是发展中国家的廉价劳动力加入国际竞争后，使得加薪的幅度减小，用薪资水平作为成功的标准也遇到了困难。

虽然将职业生涯成功视为心理感受有一定的个人心理价值，但毕竟缺乏客观指标的度量。当今社会竞争的加剧，使得组织稳定性降低，员工的流动性增加，失业和再就业变得更普遍。能否保住现在的职位，不被组织裁掉，或者再就业的难易度等也已成为重要指标。另外，有学者提出沿用过去已有的心理指标（主要是职业满意度）合并客观指标（如劳动力市场的竞争）作为综合的职业生涯成功指标的观点。因此，知识经济时代衡量职业生涯成功的标准应该关注：个人的职业满意度、在组织内部的市场竞争力和在组织外部的市场竞争力。

（二）找准个性化工作焦点和工作竞技场

工作是个体能够或者正在努力为自己的潜在雇主或实际雇主做出的贡献。个体工作者存在于竞技场中，并且工作竞技场还包含这些工作内容形成的主要方式。同一工作竞技场里不同角色可能会有许多明显的知识重叠情况，因此，也提供了不同的雇佣机会。

（三）树立积极转换的心态

工作转换需要利用现有的知识、技能和经验来帮助实现，因为与自己兴趣、特长相吻合的工作不一定一次就能获得，它可能需要多次转换才能真正实现。

根据个体不同的转换准备程度，可以将个体分为三类。

1. 维持者

维持者属于对现有工作和报酬都非常满意的人。维持者的个人职业生涯参与度最低，但是在不稳定的经济环境里，他们仍然需要对工作环境的变化加以关注，以保证他们作为员工的价值能得到维持。

2. 构建者

构建者属于那些期望凭借目前的知识、经历和经验来得到更高或者不同报酬的人，他们的职业生涯参与度比维持者高，但比转变者低。

3. 转变者

转变者指那些想彻底转变其个人工作的人，因为他们更想控制自己的职业转变，其职业参与度高。当他们成功进入一个新的领域或者取得了一个新的职业以后，就变成了构建者。

要想有效地应对职业生涯中期转换带来的挑战，就要随时能够在以上三种角色之间进行转换。

（四）保持知识和技能的更新

知识、技能和经验是个体符合某项特定工作要求的个人能力的组成部分。技能有助于人们完成特定的任务。知识包含任务导向，也包含让工作更加有效率的知识。经验是人们了解特定情况的首要方式，并且还可以给雇主展示他们能够将知识和技能应用于实践。处于职业生涯中期的个体只有不断地了解相关领域的知识、技能和经验，不断地学习和进步，才有可能应对环境变化所带来的挑战并把握职业生涯中期发展所带来的机遇。

1. 职业成功人士的能力分析

职场上的人们大多会认为自己的能力有问题，但在相关条件差别不大的情况下，为什么只有某些人才能成功，这是因为成功人士身上都有独特的个人能力，这些能力可概括为以下几点。

（1）解决问题的逆向思维能力。

面对工作遇到的新问题，成功人士擅长用逆向思维方式去探索解决问题的途径。他们知道具体业务工作者比上司更容易找出问题的症结是人为的，还是客观的，是技术问题，是管理问题或是其他问题。

（2）考虑问题的换位思考能力。

在考虑解决问题的方案时，成功人士会自觉地站在企业或领导的立场去考虑解决问题的方案，如何避免类似问题的重复出现，而不是提出头痛医头、脚痛医脚、就事论事的方案。面对人的惰性和部门之间的扯皮，只有站在企业的角度去考虑问题，才能提出比较彻底的解决方案。

（3）强于他人的总结能力。

成功人士具备更强的对问题的分析、归纳、总结能力，能找出规律性的东西，并能驾驭事物的发展，从而达到事半功倍的效果。

（4）简洁的文书编写能力。

领导通常都没时间阅读冗长的文书，因此，学会编写简洁的文字报告和编制赏心悦目的表格就显得尤为重要。即便是再复杂的问题，他们也能将其浓缩阐述在一页纸上。有必要详细说明的问题，会以附件形式附在报告或者表格后面。

（5）信息资料收集能力。

成功人士注意收集各类信息资料，包括各种政策、报告、计划、方案、统计报表、业务流程、管理制度、考核方法等。尤其重视竞争对手信息，因为任何成熟的业务流程本身就是很多经验和教训的积累，用时就可以信手拈来。

（6）解决问题方案的制订能力。

遇到问题，成功人士不会让领导做“问答题”，而是做“选择题”。他们常带着自己拟定好的多个解决问题的方案供领导选择、定夺。相对于“问答题”而言，领导显然喜欢做的是“选择题”。

（7）目标调整能力。

当个人目标在一个组织里无法实现，且又暂时不能摆脱这一环境时，成功人士往往会调整短期目标，并且将该目标与企业的发展目标有机地结合起来。这样，大家的观点就容易接近，或取得一致，易于为别人所理解。

（8）超强的自我安慰能力。

遇到失败、挫折和打击，成功人士常常能自我安慰和解脱，还会迅速总结经验教训，力求改进，而且坚信情况会向好的方面发生变化。

（9）书面沟通能力。

书面沟通能力有时可以达到面对面语言沟通所无法达到的效果，可以较为全面地阐述想要表达的观点、建议和方法，达到让领导听取的目的。

(10) 企业文化的适应能力。

成功人士对新组织的企业文化都会有很强的适应能力。在新企业好像只是换了一个办公地点，工作基本不受影响。

(11) 岗位变化的承受能力。

成功人士能够直面工作岗位的变化，甚至于丢失工作岗位。这不仅是个人发展的问题，更反映出一种较强的生存能力。

(12) 客观对待忠诚。

成功人士能够清楚地意识到，忠诚并不仅仅有益于组织领导，最大的受益者是自己。因为，责任感和对组织的忠诚习惯一旦养成，会使其成为一个值得信赖、可以被委以重任的人。

(13) 积极寻求培训和实践的机会。

成功人士看重并善于抓住培训机会。一个企业，如果薪酬福利暂时没有达到令人满意的程度，但却有许多培训和实践的机会，对于许多员工也是具有吸引力的。

(14) 勇于接受分外之事。

成功人士不轻易放弃任何一次锻炼的机会，并意识到今天的分外之事，或许就是明天的分内之事。

(15) 职业精神。

成功人士具有高效、敬业和忠诚的职业精神，主要表现为：思维方式的现代化，拥有先进的管理理念并能将其运用于经营实践中；言行举止无私心，在企业的业务活动中从不掺杂个人私心；待人接物文明规范，能适应行为职业化的要求。

2. 知识经济时代职业生涯成功的基本策略

(1) 结合自己的实际，制定适合自己个性和能力的职业生涯目标和规划。一般来说，如果人们忠诚于某一职业或者专业，可通过长期积累形成优势，有利于降低压力，增加成功的可能性。如果忠诚于自己不适合的职业或者专业，那么就可能没有市场竞争力；如果适合自己，但职业本身的市场价值低，尽管有竞争力，但会降低市场价值。因此，选择适合自己能力、个性，并具有市场价值的职业或者专业非常重要。

人的个性和能力的形成受制于先天和后天的影响。特别对于成年人，许多人的能力和性格已经形成，相对比较稳定，改变比较困难。比如，对于大多数30岁以上的人来说，要形成有市场竞争力的外语能力，相对比较困难；对于动作技能一类的职业，如乐器演奏、体育活动，除了作为业余爱好外，很难形成具有市场竞争力的职业。

（2）不断学习，与社会的科学技术进步同步发展。知识经济的特点是产品更新短周期、速度快，是对全世界人力资源交流和整合的全球性竞争，最终要求人们不断提高应变能力。过去，知识更新的速度比较慢，适应起来比较容易，人们通过学习获得的知识和技能可以享用一生。现在，与高科技直接联系的职业知识和技能更新速度加快，与高科技联系相对不密切的职业也在发生变化，因为技术进步导致了组织变革，组织变革又导致职业变化。

知识经济就是强化知识的作用，受教育水平是影响个人竞争力的核心要素。要形成竞争优势，除了扬长还应注意补短，特别是弥补计算机和网络基础知识，以及交往技能等方面的不足。学习形式的多样化也有利于在职员工的学习和提高，如互动的网络学习、远程学习、在岗培训、业余培训等。

三、职业生涯中期的组织管理

职业生涯中期是员工生涯发展的重要阶段，这一时期的员工极有可能取得辉煌的成就，也有可能陷入职业生涯中期危机。组织要实现自身的发展目标，就必须强化其职业管理任务，帮助员工克服职业生涯中期所发生的职业问题。

（一）落实好晋升计划

组织应提供内部提拔晋升的机会，畅通职业生涯通道。如行政职务的提拔晋升，直接从原来的行政岗位往上一级提拔；或者经由操作工提拔为管理者；技术职务的提拔等。

组织内部晋升计划应得到“以价值观为基础的雇佣”制度的支持。除了少数具有特殊技能的人之外，所有员工应从初级岗位干起。如果企业所雇佣的员工已经不具备进一步晋升的潜能，那么企业是不可能真正坚持内部晋升制度的。为开发员工潜力，组织在落实员工职业生涯开发计划时应加大对处于职业生涯中期阶段员工的人力资本投资；准确掌握每个员工的具体情况和培训需求；根据不同员工的情况和需求，采取不同的对策和教育培训方式、内容。同时还要开展以职业生涯为导向的工作绩效评价。组织不仅仅评价员工过去的工作绩效，管理人员和被评价者还要将员工过去的工作绩效、职业偏好与他们的发展需要，以一种正式职业生涯规划的形式联系起来。要建立职业记录及职业公告制度，建立组织职业信息系统。建立这种制度的目的是为了保证内部候选人的职业目标和技能与各种晋升机会在公开、公平的前提下有效的匹配起来。那么，如何做才能确保这一制度的有效实施呢？有以下几点需要注意。

（1）当某一职位出现空缺时，管理人员可以首先进行一项内部、外部或综合性的人力资源调查。

（2）管理人员和招募人员为此空缺职位填写一份工作描述表，表中包括工作名称、部分直接管理人员名单、对职位职责的描述以及该职位对从业者的总体资格要求。

（3）将空缺职位机会在内部信息系统公布。

（4）对空缺职位感兴趣的员工，可向企业的内部工作配置中心递交申请报告以及最新的履历介绍，由内部信息系统的协调员与招募人员对每一位员工的申请书进行资格审查。一般情况下，员工在递交申请报告的两周内就会得到内部信息系统协调员发出的通知，告知他的申请报告的处理结果，若通过即可进入下一步的面谈阶段。

（二）组织管理工作

不能满足员工追求职业发展的组织往往会失去他们的优秀员工，导致较高的离职率。员工有机会发挥其技能以及提高其在工作中解决问题的能力，丰富其工作内容，授权其进行工作的计划和监督，帮助其继续教育和不断成长，都是组织帮助员工实现自我的措施。

（1）为了提供更多的职业发展机会，减少优秀员工的离职率，组织应开辟新的开发项目，以增加组织的新的岗位；通过一定的形式，承认员工的业绩，给予一定的荣誉；进行岗位轮换，丰富员工的工作经验，使员工的成长需求得到满足；赋予员工以良师的角色，提供适宜的职业生涯发展机会。对于处在职业中期且年龄较大的员工，由于其进取心和员工参与感的降低，组织应予安排适当的角色并提供相应的发展机会，如对于在技术领域已达到顶峰或失去进取心的员工，组织可以更多地利用其经验和智慧，让其担任年轻人的师傅、辅导员或教练，以便进一步发挥其作用，为组织服务，达到促进组织发展的目的。

（2）安排富有挑战性、探索性的工作。处于职业生涯中期的员工，年富力强、经验丰富，组织要大胆地将富有挑战性和探索性的新工作任务交付于他们。通过这种方式，表明组织看重他们的才能，为其提供实现自我价值的机会，以增强其成就感。恰当的奖励制度无疑能起到激励效果。

（3）对员工实施工作轮换，丰富员工的工作经验。一般在从事工作的最初几年，组织有针对性地丰富工作内容的设计，会对员工产生很大的吸引力、刺激力，员工会对工作的变化与改进产生兴奋感，也会努力做出自己贡献。这就是卡茨所称的“反应期”。但是当个人的工作资历达到五年以上较为长久的时期时，他对工作的设计便可能失去反应，对工作本身产生“疲惫倾向”，出现失去进取心和创新精神的潜在危险。因此，从组织的角度，一个重要的预防措施就是制订出明确的工作轮换计划。组织要检查在同一职业岗位上连续干了五年及以上所有员工的人事文件，评价这些员工的工作情况，认清其工作专长，了解个人特征、才干等。并调查这些员工的变化，包括心理、价值取向、需求及未来的打算等。在这些工作的基础上，制订具体轮岗的实施方案，在征求员工意见后，实行工作轮岗。这样可以使员工获得发展新技能的机会，重新刺激其他的新鲜感和兴趣，激发其工作的活力和干劲，以便为组织作出更大的贡献。

(4) 工作经验的丰富本身就是职业生涯追求的目的，组织若能有意识地进行工作再设计，可以使员工产生对已有工作的再认识、再适应，产生积极的进取情感。组织还可以加强工作经验总结和工作角色转换，比如双重职业道路，或双肩挑。使员工从事技术工作，也从事管理工作，这样会使员工的中期职业生涯发展得更好。

(5) 改善工作环境，预防职业生涯中期危机。对于处在职业生涯中期的员工来讲，改进组织工作环境和条件，增加薪酬、津贴、奖金，使他们享受更多的福利待遇，不失为一项预防职业生涯中期危机，调动员工积极性，激发其活力的有效措施。

(6) 转变观念，提高员工的竞争力。由于社会的飞速发展，组织的变革加快，人们需要付出更多的努力才能适应组织变化。新技术的引进和经济状况的变化，经常会使一部分人失去原有的岗位或被安排到新的岗位上，需要学习新的知识和技能，这些都要求组织平时注重成长性和学习，将个人发展融入人力资源的政策中，如鼓励工作轮换、鼓励管理人员跨部门流动或提升。一旦碰上经济不景气或行业发展不景气时，员工就能够有较强的调整能力和竞争力，那么中期职业生涯也不会因偶发事件而中断。同时组织还要帮助员工形成新的职业自我概念，因为在职业生涯中期，由于个人的职位、地位上升困难，许多员工面临一些失败的体验，使早期确立的职业理想产生动摇，因此，他们需要重新检讨自己的理想和追求，建立新的自我。作为组织，应较早地估计员工进行职业生涯探索，给他们提供必要的职业信息，对职业探索的结果尽可能地给予支持，使员工熟悉新的环境，改变对职业自我的认识，增强对职业变化的适应性，从而提高他们自我管理职业生涯的能力。

(7) 协助员工解决工作家庭冲突。工作环境中的支持主要体现在组织的一些政策和管理者的行为上。组织可以有意识地采取一些政策和措施减轻员工的家庭负担，帮助员工平衡工作和家庭责任的关系。如设计灵活的职业发展通道，提供产假和家庭休假，实行弹性工作制等。

在处于人生最漫长、最重要的职业生涯中期阶段，员工的各种问题和矛盾比较集中，若处置不当，员工的职业生涯发展会发生较大的转折，无论是对员工本人还是对企业来说都是极为不利的，所以，组织通过实施有效的管理措施，加强职业生涯中期的管理，进一步保证了员工职业生涯的顺利发展，也能为组织吸引人才、留住人才打下坚实的基础。

本章小结

(1) 职业生涯中期的个人生命特征：职业生涯中期处于三个生命周期的完全重叠时期；职业生涯中期是生命运行任务最繁重的时期；职业生涯中期里不同生命周期的互相作用最强。

(2) 职业生涯中期个人能力逐步提高，心理逐渐成熟；创造力最强，工作业绩比较突出；职业轨迹一般呈现“倒U形”发展。

(3) 职业生涯中期容易陷入既没有清晰可认同的工作、不被所服务的组织所赏识，也没有超出一般的地位，不被人所知的默默无闻的境地，这时期的个体压力往往较大。

(4) 处理职业生涯中期危机的措施主要有：要有进取的精神和乐观的心态；进行新的职业与职业角色选择；担负起言传身教的责任，培育新人；平衡好工作、家庭生活和自我实现三者间的关系。

(5) 个体在应付职业生涯中期危机时：应确立新的职业生涯成功观，找准个性化工作焦点和工作竞技场，树立积极转换的心态，保持知识和技能的更新。

(6) 个体在进行职业生涯中期自我管理时：应该以更加实际的态度调整自己的职业目标，以更加豁达的眼光来对待自己的禀赋；或者重新发现自我，更换合适的职业生涯领域；采取一些有效的措施来应对压力，使自己保持良好的心态。

(7) 组织在管理处于职业生涯中期的员工时，应落实好晋升计划和组织管理工作。

复习思考题

(1) 处于职业生涯中期的员工的个体特征有哪些？

(2) 职业生涯中期的个体会面临哪些危机？处理危机的方法有哪些？

(3) 个体在职业生涯中期的发展策略有哪些？

(4) 组织的职业生涯中期管理要注意哪些问题？

案例分析

中年人的穿越游戏

蔡勇是小王的大学同班同学。毕业后和小王一同南下，小王进入人力资源行业创业，蔡勇则和几个人合伙在电气自动化领域创业。二十年下来，蔡勇所在的公司成功上市，一时间在同学圈里传为佳话。近几年，他担任公司华东区总经理，虽常驻上海，但他与小王等同学很少有机会见面。上个月，他给小王打电话，说有很多烦恼想和小王聊聊，结果小王按时到达约定地点后，他却突然来电说有急事赶着去杭州，只能爽约。害得小王一个下午的时间泡了汤，难免有点耿耿于怀。没想到这次赴约蔡勇还真靠谱，二十分钟后，他准时出现在小王面前。小王开玩笑说："这次你要是再不来的话，我可真要寄账单给你了，我的时间很贵的！"蔡勇抱拳说："真不好意思，我是身不由己啊！今天上午刚向董事会递交了辞职信，我准备离开上海回深圳了。"小王颇感意外："怎么说走就走了？"蔡勇摇摇头说："身体和精神都撑不住了，浑身都是病。前几天去体检，十几项指标都有问题。"小王看他的脸色确实不好，一脸疲态。可能由于长期高血压的缘故，蔡勇脸还有些水肿。

"你精神上又出了什么问题？"

"忽然觉得干什么都没劲。"蔡勇率直地说，"最初创业是为了草鞋换皮鞋，接着是为了成家立业，然后又开始追逐上市，再后来觉得要对得起兄弟，自己富了也得把他们带起来，不能停。最后发现其实这都是幻觉，没人要你为他们负责，该走的人还是走了。于是，忽然觉得一夜之间，支撑自己前进的所有支柱都坍塌了，从精神到肉体，整个人一下子垮了下来，感觉一切都失去了意义。""兄弟，你这是典型的中年危机综合征啊！赶紧按暂停键，让自己慢下来，有时间去玩玩穿越。"小王笑着说。"你别逗小王了，我都这把年纪啦，玩什么穿越！"蔡勇以为小王在开他玩笑。

"我可不是开玩笑。"小王认真言道，"一方面，你打拼了这么多年，确实需要好好休息一段，调养身体；另一方面，只有让自己慢下来，你才有机会用'前穿越、后穿越和横穿越'来好好思考，自己的人生下半场到底要怎么过。"蔡勇乐了："这话我爱听，你说说这三种穿越怎么玩？"

"'前穿越'就是回到从前，比如回想你大学毕业刚踏进社会的那一刻，你的心情是怎样的，你是怀着什么样的抱负和激情开始你全新的人生之旅的。禅宗把这个叫'找回初心'，把我们出发时的那种心态找回来，因为那时的状态是最纯净的，最能反映我们内心深处的渴望。”小王用手捂着心口示意。蔡勇陷入了回忆：“我确实清楚地记得抵达深圳的那一天，咱俩跑到国贸顶上的旋转观光厅，俯瞰整个特区的全貌。那一刻，我脑子里就一个想法，一定要好好抓住这个时代给我们的机遇，干出点成绩来！”小王点点头：“你能有这样清晰的记忆，说明你当年的热情还没有消退啊！关键是，如今走到旅途的中点，我们要停下来问问自己，我们正在做的事情还能释放当年的激情吗？”

“‘后穿越’就是去设想一下，假如今天是你人生中的最后一天，你还会去做今天计划的事吗？乔布斯在被诊断出癌症后，常常在清晨起床时，面对镜子问自己这个问题。癌症不仅没有让他消沉，反而让他意识到时间的宝贵，以加倍的精力投入热爱的事业中，终于在人生的最后十年到达创造力的顶峰。”

蔡勇叹口气说：“这就是我现在的问题啊，我很厌恶我正在做的一切，有一种迫不及待想逃离的冲动。”“有舍才有得，如果你确信自己的直觉，那就要勇敢地去重新选择。在人生的上半场，我们常常身不由己，去做一些自己不一定喜欢做的事；在人生的下半场，没有那么多经济压力的时候，我们需要更多地聆听内心，寻找真正能激发内在激情的事去做。”

蔡勇赞同道：“有道理，但怎么去找呢？”

是啊，蔡勇该怎么找回自己的内心？这是很多职场中年人面临的压力和挑战。

资料来源：兰刚．中年人的穿越游戏［EB/OL］．［2014-06-03］．中国企业家网站．

阅读并思考：蔡勇目前面临的职场困境有哪些？究竟是什么原因导致了他的职场发展瓶颈？

第九章　职业生涯后期管理

学习目标

~理解职业生涯后期个体的自我管理方法；

~了解职业生涯后期的年龄划分及其特征；

~了解职业生涯后期的个体角色转变及调试方法；

~了解职业生涯后期的组织管理原则和管理方法。

【引例】

"最帅大爷"王德顺，80岁依然活得像个少年

他是《天地英雄》里的"老不死"；

他是《闯关东》里的独臂老人；

他是《功夫之王》里的玉皇大帝；

他是《轩辕大帝》里的炎帝；

他是王德顺，一个80岁的中国少年。

他在24岁做话剧演员，44岁学英语，49岁北漂研究哑剧，50岁开始健身，57岁创造"活雕塑"，65岁学骑马，70岁练成腹肌，78岁骑摩托，79岁上T台……

2015年中国国际时装周上，他一夜爆红。光着膀子领着一队模特上台，满头银发却胸肌赫然。穿上大棉裤，蹬上黑布鞋，一个逆风行走的"少年"吸引了所有人的目光。这个精神矍铄的老头，被大家亲切地称为中国"最帅大爷"、"老鲜肉"、"老型男"……

然而，很少人知道，他的一身肌肉，其实是在11年前为了"活雕塑"的艺术梦而练出来的。

老王出生于沈阳农村家庭，小时候家里穷上不起学，14岁辍学打工养家，一直在军工厂打工，负责修枪炮。24岁那年，他偶然有机会接触话剧表演，从此便一发不可收拾。1960年，王德顺任职于沈阳军区抗敌话剧团。识字不多的老王白天排练，晚上补习小学、初中、高中课程，不断给自己"充电"。

时光从不辜负努力前行的人，老王在话剧界声名鹊起。49岁那年，他独创的“造型哑剧”成为世界上唯一的哑剧种类。

也就是在49岁那一年，在本该退休的年纪，老王放弃稳定的话剧团工作，只身前往北京，成了“老北漂”。哑剧表演关键在于形体表现，对于一个50岁的人来说，身体无疑是最大的考验。老王骨子里的不服输，让他坚定地走进了健身房。不看电视，不打牌，每天健身两个小时，游泳一个小时。每周一次速滑，春夏秋冬，风雨无阻。不是被生活所逼，不是被工作所逼，而是被自己对自己的要求所逼。

60岁时老王想演活雕塑（活雕塑最高的要求是涂上青铜颜色，往那儿一站让人觉得那是个铜像，而不是一堆肉），不服输的他开始练肌肉。看看这个汗流浃背的老头，再想想二三十岁的你，是不是也曾豪言壮志地计划健身、励志学习，但总是三分钟热度之后，以各种“合理的理由”不去坚持。人的潜能是可以挖掘的，当你说太晚或者没有时间的时候，那只不过是你退缩的借口。

63岁练出一身结实的肌肉，老王成功出演了一场又一场的活雕塑。机会总是留给有准备的人。饱含热情地坚持健身，岁月回报他的不仅是满面红光，更是一次向上的人生机遇。

2001年开始，凭借须发皆白、仙风道骨的形象，这个65岁的老头被影视圈所青睐。《重返20岁》中，王德顺扮演鹿晗的爷爷“李大海”。

24岁入行表演事业，耄耋之年真正进入大众视野，王老头算得上大器晚成。但对于一个80岁的老人来讲，他最大的成功莫过于无论在什么年纪，都保有一颗不服老的年轻心态和永远奋斗的决心。如今已80岁高龄的老王，坚持每天健身，坚持拍戏赚钱，忙里偷闲照顾小孙女儿，跟年轻人学着刷微博，玩微信，活成了现实版的老神仙。“只要我还有一根完整的龙骨，我绝不驶进那避风的港湾。”王老头开始的每一段人生，似乎都比别人晚了几十年。但对于王老头来说，只要心怀激情，拼尽全力去做，任何时候开始，都是最早的时候。

资料来源：改编自佚名．[EB/OL]．[2016-08-19]．http：//news. 163. com/16/0819/10/BUQUKIKD000155K8. html.

很多员工一直在工作岗位上勤勤恳恳、兢兢业业，为了组织奉献了毕生的心血和青春，到最后，却落得个“被离职”“被嫌弃”的下场，这让他们愤愤不平，有的甚至会怨恨自己所在的组织，觉得组织没有“人情味”、不够“人性化”。因此，了解职业生涯后期阶段的个人职业特征，让组织帮助他们进行角色的调试和转变，并进行有效的管理，让员工个体做好职业生涯后期的自我管理，平稳地度过职业生涯后期阶段，对组织和个体都非常重要。

第一节　职业生涯后期的个体特征

一、职业生涯后期的年龄划分及其特征

（一）年龄划分

职业生涯后期通常指五十岁至退休这段时期。但是由于职业性质和个体特征不同，个人在职业生涯后期的起止时间上也会有差异。有些人可能在四十五岁左右进入职业后期，并开始考虑退休；而有的人可能在六十岁时依然是组织中的重要骨干，有着较强的职业能力和职业生涯继续发展的需求。但是一般来讲，大多数人在其职业生涯后期的学习能力和体力开始下降，适应能力开始减弱，事业呈现下降趋势。因此，我们把退休前的5~10年的时间确定为职业生涯的后期阶段。具体的年龄段会存在个体的差异，也会因各个国家的文化差异、经济发展情况不一样而不同。

（二）个体特征

职业生涯后期，个体因职业工作、生活和心理状态都发生了与以前不同的变化，并呈现出一些明显的特征，具体表现在三个方面。

1. 个人的进取心

竞争力和职业能力明显下降。在知识经济时代，科学技术迅猛发展，知识老化和精力不可避免的衰退，学习能力和整体职业能力呈现下降趋势，其知识、技能明显老化和磨损，且无力更新，工作能力和职业竞争力逐渐减弱以至丧失。

2. 权力、责任和中心地位下降，角色发生明显的变化

在职业中期，正值员工年富力强、职业发展至顶峰的时候，有的员工升至领导地位，拥有相当权力，富有重要责任；就是一般的员工，也多是工作中的骨干，娴熟的技能和丰富的经验，使他们处于良师的角色和工作中心的位置。但是，到达职业生涯后期，这些夺目的光环就会逐渐削弱，核心骨干、中心地位和作用逐步丧失。

3. 优势尚存，仍可发挥余热，尽职尽责

尽管进入职业生涯后期的员工在体能、职能方面已经明显下降，在职业工作中处于次要地位，但是他们仍然有其优势存在，如长期的实践经历让他们拥有娴熟的技能，积累了丰富的生产、业务实践知识；有丰富的人生阅历和具有

处理工作中各种复杂的人和事、人与人之间矛盾的能力和经验等。因此，进入职业生涯后期的员工，完全有能力、有条件凭借自身的经验、技能和智慧优势，担当良师的角色，继续在工作中发挥自己独有的作用。

二、职业生涯后期的个体角色转变及调试

处于职业生涯后期的员工，其家庭境况发生了较大变化，个人心理也发生了较大的变化。这时候孩子已经成家立业，夫妻相依为命。产生了对家庭的依赖感，温馨家庭的天伦之乐成为职业生涯后期阶段员工的一大需求。随着年龄的增长，个人从情感上意识到健康的重要性，自我保健意识极大增强，重心转移至自我生命及健康，并且怀旧意识增强，渴望与过去的社会关系交往来满足精神上的满足，这时候的进取心明显地下降，开始安于现状、淡泊人生。因为随着年龄的增长，个体的体力、精力、生理机能都开始退化，学习能力下降，职业能力明显衰退，深感力不从心，不再有职业上的奢望和追求，而只安于现状，淡泊坦然。

一般来说，职业生涯后期，个体都会面对这些问题：职业生涯的终结；不安全感增加；疾病增多；感觉失落，不适应退休后的生活。

针对这些生理的、心理的变化，个体应采取以下措施以顺利渡过这一特殊阶段。

1. 学会接受和发展新角色

处在职业生涯后期阶段的员工，要勇敢面对和坦然接受生理机能衰退及其导致的竞争力、进取心下降的客观现实，另辟蹊径，寻找适合于自己的新职业角色，以发挥个人的专长与优势。如可以充任教练，对员工进行技能培训；充当参谋、顾问等角色；或出谋划策，提供咨询；或从事力所能及的事务性工作等，选好职业生涯后期的角色。

2. 学会接受权力、责任和中心地位下降的事实

处在职业生涯后期阶段的员工，要从思想上认识和接受“长江后浪推前浪”是历史发展的规律，心悦诚服地接受工作权力、责任的减少以及中心地位的下降，以求的心理上的平衡。其次，要善于将生活中心从工作转移到个人活动和家庭生活方面，培养新的乐趣和家庭爱好。或者还可以从事新的职业来充实自己的生活，满足自己的需求。

3. 学会应付“空巢”问题

职业生涯后期的“空巢”现象是家庭生活的一大变化，也是人生的一大转折。处理好这一问题有助于家庭关系的和睦和自己内心的平衡，这时候应多注意丰富个人业余爱好，多花点时间在个人兴趣上，多参加活动，更多的人际

交往有助于增进亲情和友谊。

4. 回顾整个职业生涯，着手准备退休

在职业生涯结束之时，可以好好回顾自己曾经走过的职业生涯路线，从中感悟自己职业生涯的成功和失败，总结经验教训，更好地指导新员工，同时着手准备好退休计划；还可以总结和评价自己的职业生涯，为自己的职业人生画上圆满的句号。

第二节 职业生涯后期个体的自我管理

一、承认竞争力下降的现实，学会接受和发展新角色

处于职业生涯后期的个体（大多数，除了那些仍然担任资深领导的个体）需要勇敢面对和接受心理技能衰退及其导致的竞争力、进取心下降的现实，这时个体要另辟蹊径，寻找适合自己的新职业角色，以发挥个体的专长和优势。

当然，此时个体的首要任务是保持住竞争力，避免成为组织的负担，但是想要真正维持住生产率，依然要克服较多的困境。

（1）技术和组织的快速变化引发了落伍的威胁，尤其是对所受教育和技能都有限的老员工。除非组织减缓职业生涯中期阶段的落伍现象，否则到了职业生涯后期，问题就会变得更突出。当组织使命、结构或技术的变化导致削减工作岗位，甚至阻断职业生涯通道时，情况就变得更加严重。

（2）当那些在职业生涯中期阶段只是刚刚站上职业生涯平台边缘的员工，如果组织再让他们感到厌烦和得不到应有的回报、没有动力，那么到了后期阶段他们会变得更加死气沉沉。

（3）保持工作绩效的愿望，常常会受到关于职业生涯阶段的传统观念和偏见的影响。人们普遍认为年长者生产率低下，缺乏雄心斗志，对于新的观念的接受和适应能力、发展新技巧的能力都下降了。尽管这种观念不一定正确，但是这些偏见对于组织如何看待和管理年长者仍有较大的影响。

二、积极重塑自己

对于认识自我，德鲁克有一个重要观点：人们在21世纪将会工作很长一段时间，也许是五十年，甚至更长；尽管我们很多人都会有长期的职业生涯，但大多数人的事业将在职业生涯的中后期到达顶峰。德鲁克于2005年年底去世，享年95岁，他一直非常积极和有效地工作到最后的日子，是人生第三阶段中仍然具有职业潜力的一个很好例证。

彼得森（Peterson）和冈萨雷斯（Gonzalez）曾提出：对个人和工作的认同是一个评价和行动的过程，它建立在一个人的核心价值之上，这里的核心价值包括“心灵、身体、情感和精神”，这种评价与年龄无关。人们应该通过工作与生活经历，以及通过在一生中都保持很强的自我认同感、自尊和建设性地应对生活的技能，为在老年的时候重新塑造自己做好准备。

年长雇员应积极设计自己职业生涯后期的生活，可以用自我评估的方法帮助确定自己在人生的不同阶段究竟想要什么样的生活。具体使用的方法有以下几点。

1. 职业价值观卡片排序

尽管个体的许多价值观是持久的，但也有一些价值观可能更多地受到形势、环境或人生阶段的影响。在二十多岁和三十多岁一直看重的事情，可能在你五十多岁和六十岁时反而不是优先事项了。在人生中的不同阶段，定期重新审视自身认为重要和有价值的事情，并对其重新排序是很有必要的。在此过程中可能发现，改变生活或者转行也许更加适合目前的情况。

2. “10 年之后练习”

在接近中年或传统的退休年龄时，再次扪心自问“我现在的梦想是什么”“我今后的愿望和计划是什么”是非常必要的。作为职业生涯规划练习，“10 年之后练习”对于引领个体超越传统，为晚年进行规划是非常有用的，并可能帮助个体重新燃起一个自身一直坚持但从未实现的梦想。

3. 重要人士访谈

如果个体的价值观和职业目标显示改变职业可能更好，个体是值得考虑的，那么了解自己的技能（尤其是你的转行技能）是非常重要的。必要时可以听听了解熟知自己的人对职业技能和职业规划的意见，这是职业转变过程中的重要一步。

4. 尝试一些新活动

探索退休或半退休状态的新方法是简单地尝试一些新活动，看看自己是否喜欢这些新事物，例如，参加一些社区志愿者工作，与一些志愿者朋友交谈并要求加入他们，阅读当地报纸以寻求那些积极参与社会活动的组织，查阅所在地区慈善组织的网页或拜访当地的教堂。只有尝试才有可能知道结果，通过初步的小探索尝试对生活可能做出的重大改变。

到了考虑退休的年龄时，就是重温丹尼尔·莱文森和他的同事们有关所谓“梦想”理念的最佳时机。梦想就是个体所拥有的理想的生活结果或生活方式。人们在人生的不同阶段往往对梦想有着不同的认识。梦想始于孩提时代，可能突显于早期职业生涯中，那时正在进行人生的第一次职业选择和规划。接着，当被卷入特定的工作并在奋斗与快乐中拼搏时，因专注于目前的工作，不去想最渴望的理想生活和职业。当经历中年过渡时，梦想可能再次显现，并迫使个体面对职业现实与理想之间的差距。然后，随着个体完成了中年转型，梦想将会重新浮现。因此，如果感到工作着是快乐的，个体就会尽可能长地坚持工作。

随着人生的进程，个体可以考虑创造性地进行新选择，可能会再次思考自己的梦想。在这一点上，梦想有助于找准自身所处的位置，并探索新的可能。与更早的人生阶段不同，此刻可能能够更自如地去考虑比中年时期更广泛的选择。例如，四十五岁或五十岁的人可能需要帮助、关心和支持年长或生病的父母以及快要上大学的孩子，而只有高收入才能满足这些现实问题。但是，当人们没有这些责任时，或者如果家里孩子少时，怎样去生活和消费的选择余地就大了很多。

三、为退休做准备

对大多数人而言，退休是一个重大的职业生涯转变。随着近年来兼职工作的增加以及人们对较长工作年限的态度已经发生了改变，以往的关于退休的年龄界定不再准确。不过以下这些标准可以作为参照，凭借这些标准可以将退休人员与未退休人员加以区别。

退休人员年龄比较大，通常超过了五十岁，不太愿意花很多时间为报酬而工作，更愿意获得那些专门为退休者提供的报酬，并且他们自己也愿意把自己当做退休者。

为退休所做的准备包括：决定什么时候退休，为退休后过上满意充实的生活而做好规划；不过由于法律和组织政策的原因，决定何时退休的决策变得更加复杂起来。

由于工作满足人们许多的需要，工作已成为人们自身的一个重要组成部分，以至于离开工作就像丢掉了自己身体的某一个部分一样，因为工作为人们在社会中提供了一个适当的位置，使自己感觉对社会有用，生活有了目标，同时工作也使人有机会满足自己的一些基本需要，如归属需要、成就需要、权力和声望需要等；工作还能提供物质收益，帮助人们解决生计问题。

对于许多人来说，要放弃这些有形或无形的利益并不容易。在回顾自己的退休经历后，托马斯·菲茨杰那德分析了个体在自愿放弃工作时所体验到的精神和情感方面的反映。他把退休称为“潜在的能力丧失时期”，在这一时期个体固然可以尝到自由的滋味，但是却没有任何内涵。他总结说：由于工作在人们的生活中起着很重要的作用，离开工作会使人的生活进入了一个令人厌烦的，难以忍受的阶段，这时一种典型的退休消极心理的反应。但是有的人愿意退休、有的人厌烦退休，原因因人而异，不能一概而论。

研究表明，政府和组织的政策、员工的个人背景和态度、社会环境因素等都会影响退休的决策。具体表现在以下几个方面。

（1）健康问题，尤其当工作对体力有较高的要求时。

（2）职务较高的员工相对于职位较低的员工而言，更不愿意退休。

（3）预计退休后的收入比较丰厚的员工更乐意退休。

（4）有着较高的工作动机、对工作高度投入或者对工作比较满意的员工，不愿意退休。

（5）来自家庭成员的压力也能影响退休的决策，如家庭的另一个主要成员没有工作。

四、退休模型

卡德莱茨（Kadlec）提出了一个阶段性的退休模型，该模型主要针对那些因经济需要而工作的人群。模型包含三个主要组成部分。

1. 缩减你的事业

当你接近退休年龄时，考虑你的经济状况，如房租、账单等，并开始减少工作时间。

2. 增加存蓄

通过投资，节省开支，以及通过持续的收入增加存蓄，并计划尽量不动用投资和节约的款项。

3. 退休为佳

如果有足够的存款保证个体能继续现有的生活方式，并使个体不再只忙于赚钱而能做自己希望做的事情，那么就停止工作，并计划退休后的生活。

关于退休需要准备的事项一般包括：为冒险和惊喜做好准备；学会乐观；参与其中，融入其中；不断期盼“自己的时间”；保持心理平衡，抓住机遇；关注情绪变化；顺势而为，不要逆流而行。

有研究表明，有较高收入和教育程度较高的群体更倾向于旅游和阅读，而那些低收入和教育程度较低的群体则多进行艺术和手工类活动或者看电视。低收入人群常住在活动房屋内，高收入群体大多住在有大量社交机会和体育设备的社区中。不同职业地位、教育水平及收入状况会影响人们退休后的适应性，一般来说，低收入人群倾向比高收入者更早退休。

卡特（Carter）和库克（Cook）研究了社会和工作角色对退休适应的影响。根据研究结果他们提出了一个关于退休适应情况决定因素的角色和心理变量模型，具体内容如图 9-1 所示。

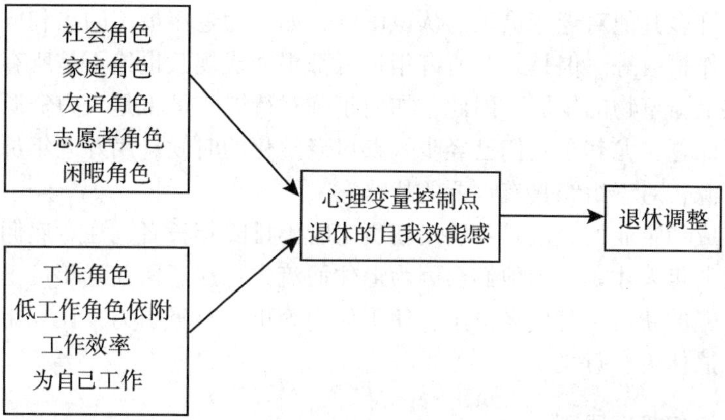

图 9-1　作为退休适应情况决定因素的角色和心理变量

那些并不将工作角色当做认同感的主要来源的人们有着“低工作角色依附”。对许多退休者而言，非工作角色将比工作角色更为重要。若一个人有较强的职业道德，而他的自我认同感也大部分建立在工作之上时，那么离职将给他带来剥夺的感觉，且他对退休状态难以忍受。离开劳动力队伍将影响一个人对自己角色的再定义和扩展。因此，角色重新定义的成功与否将由一个人的社会角色、工作角色和他的内在需要同时决定。

第三节　职业生涯后期的组织管理

一、组织认知转换

组织认知会存在一些偏差，其中的偏差之一是认为年长者比年轻人缺乏生产力，但是美国的一项调查显示，对于 70 岁的工作人员，不管他们从事的是专业工作还是非专业工作，其工作业绩与年龄并不相关。虽然记忆和思维的速度会随着年龄增长而下降，但是工作所需要的基本技能却依然能完整地被保留。人的思维能力和推断能力一般都可以维持到 70 多岁，向年长者交付一项工作任务需要花费更多成本的观念并不正确；年长者也不会因为年长体弱，从而缺勤率高。基于美国的调查结果显示，18~44 岁员工的缺勤率平均每年 3.4 天，而年龄大于 44 岁的员工每年的平均缺勤率只有 2.6 天。可能组织还会担心长者缺乏工作灵活性和对新工作的适应性，但有调查表明，改换工作行业的比例，小于50岁的只有55%，而55~60岁的却有63%，大于60岁的竟高达78%。

还有许多其他对老年员工的认识误区，如认为老年员工的福利成本高，容易发生工作事故等。但是并非所有年长者都墨守成规，也绝不是所有老年员工都不能跟上新事物的发展。因此，如何正确对待老年员工是人力资源管理中的一个重要课题，尤其是我们已经步入人口老龄化的时候，用好老年员工这一部分人力资源，对于组织具有重要的战略意义。

许多成功企业的做法是：聘用新员工时不排除年长者，注意雇佣那些对组织有用的老年人才，否则他们会因为退休而流失；注意留住老年员工，不要轻率地用年轻的新员工替代老员工；使工作内容更具有吸引力，让老年员工感觉到工作比退休更有意义。

二、组织管理原则

对于处在职业生涯后期的员工，如果组织管理恰当，可以大大提高他们的人力资本效率，但是如果管理不当，就会导致许多冲突和矛盾，影响组织工作，一般组织应遵循如下管理原则。

1. 理解和尊重原则

在国有企业，由于种种原因，部分曾为集体、国家做出贡献的老人没有得到应有的回报，但是他们曾为了组织的发展奉献了自己的知识和技能，他们自身存在的一些问题除了自己的因素以外，组织和社会也有责任，如经济体制改型。因此，组织和社会应该给予充分的理解和关心，否则会带来冲突和矛盾。

2. 制度化和差别化管理相结合的原则

针对退休的问题，组织应该根据自己的实际情况制定相应的政策和措施，如技术人员什么时候退休，管理人员什么时候退休，退休后的生活保障，如何丰富退休后的生活等。一般情况下，应该严格地按照组织规定的相关制度对待退休职工，但也要考虑组织实际，作一些符合市场变化，特殊情况的差别化处理。在退休问题上，有些企业采取“一刀切”的做法，虽然这样容易操作，但是对于那些在关键岗位上、掌握生产诀窍的高级员工或经验十分丰富的技术人员，就不宜采取“一刀切”的办法，否则可能造成人力资源的浪费。员工有各自的情况和不同的类型，多数员工的贡献能力不会随着正式退休而结束，组织如果需要相关的人员，可以采取兼职、顾问或其他方式优先考虑聘用他们。不同的员工由于其能力、经历、原来的社会声望、身体状况、兴趣爱好等不同，在管理上应该实行有差别的管理。对于事业上有成就的员工，如果身体允许，应该采取适当措施，提供其发挥余热的机会，如指导年轻员工，继续退休前尚未完成的研究工作等。

3. 真诚关系原则

日本的生活设计教育模式可以借鉴。这种生活教育产生的背景是：日本经济复苏时期，对劳动力有比较多的需求，需要年长者继续发挥余热，利用自己的知识和经验为社会服务。其基本做法是：让接近退休年龄的员工，在假设自己面临退休时，考虑如何安排自己的时间，是继续接受延聘，还是退休或者换岗位。如果选择退休，如何丰富自己的退休生活，如何选择保健活动，各种保健活动的优点和缺点如何安排等。在结束教育培训后，员工要结合自己的实际，制订各自的退休生活开发计划及日常生活规划书，如果合理，就由此来指导自己的退休生活。组织更新退休职工的形式有：组织度假和旅游；为退休员工办好养老保险和医疗保健保险；节假日慰问安抚退休的员工等。

4. 提前准备原则

退休前夕，首先应做好新、老交替工作，做好退休之际的工作衔接。组织要有计划地分期、分批安排人员退休，尽早选拔和培养岗位接替人员，确保工作的有效、正常进行。其次，还应该有计划地组织一些活动，帮助即将退休的员工了解退休后的生活，尝试适应这种生活。如退休准备教育活动的开展可以启发即将退休后的适应时间。还可以请退休后适应良好的员工介绍自己退休前的体会、心态和适应过程以及鼓励退休员工进入老年大学，发展多种兴趣爱好，如学校绘画、书法、学习养花种草等适合年长者特点的活动。

5. 发挥经验优势原则

在知识经济时代，知识的价值日益得到肯定，许多技术工人、专业技术人员经过几十年的磨炼，积累了许多有价值的经验，这些经验的价值如果不能得到有效的利用就会造成资源的极大浪费。现在的西方国家十分注重这些隐形知识的价值利用，专门对这些优秀员工的知识进行研究，寻找开发途径。这些老经验如果不注重开发，等到需要的时候，又得重新探索，付出较大的代价。组织要注意调节年轻人和年长者之间的矛盾，如果他们之间缺乏合理的沟通，各自为政，客观上会造成许多隐性甚至是显性的资源浪费。年长者会觉得年轻人过于自负，听不进长者的良言；年轻人往往觉得年纪大的人观念老旧、社会价值判断跟不上时代，很难打交道。组织若能建立一种良好的组织文化，使双方都能发扬优点，克服缺点，这将对组织和个人都非常有利。

三、开发年长员工的职业潜力

开发年长员工的职业潜力的前提是组织认定继续留用和开发处于人生第三阶段的员工很有必要和有价值。那么，怎样才能挖掘并开发年长员工的职业潜力呢？组织首先需要构建一个不断学习的工作环境，然后结合具体的管理措施予以实施。企业可以为年长员工提供的良好的工作环境应包括以下要素：

①常规招聘；

②培训、教育和职业发展机会；

③工作场所的住宿条件；

④灵活的工作选项，如灵活时间安排、工作分享、分阶段退休；

⑤员工的医疗和养老福利；

⑥退休人员福利。

具体的管理措施可以考虑从如下四个方面进行。

1. 利用和发展人际关系

职业生涯持续发展的关键在于与他人的人际关系如何，那么，开发人际关系网将成为促进关系发展的最好方式。没有任何单独的个体可以为某个人的职业发展需求提供所有的帮助，但如果将个体的整个社会关系网整合在一起，就会对他/她的职业生涯产生很大的影响。和其他职业生涯阶段的员工一样，积极地发展关系可以使年长员工极大地受益。随着时间的推移，这些年长的员工仍然会在组织中做出很大的贡献，有时他们的社会关系网络还会给他人带来意想不到的收获。

2. 尝试新的工作

对经验丰富的员工来说，保持职业适应性的最好方法是积累丰富的经验。经验积累的最佳方式是在完成需要不同技能的各种工作任务中不断进步，不能为员工提供丰富多彩的机会的组织是贫乏的和不稳定的。

3. 改善员工的工作安排

改善员工的工作安排是令员工更具灵活性并积累丰富经验的先决条件。在人力资源管理方面，对人才的遴选和开发传统上被视为两个截然不同的职责。然而，在如今的“3F”（快速、灵活、集中）组织中，由于具有挑战性的新任务有助于促进员工的职业发展，人才遴选实际上就是人才开发，员工安置将成为人力资源部门对员工进行管理与开发的日益重要的组成部分。

年长员工可能特别愿意尝试新任务和新角色，虽然有人可能会基于学习新知识、开发新技能所固有的挑战而对此质疑，但不代表对年长员工持有偏见。此外，年纪较大的员工在工资报酬和职业地位方面的要求和束缚比年轻同事更低，从而可以更大限度地尝试新的角色以提高人岗匹配度。在这里，人岗匹配是指员工的职业技能与工作内容、工作设计相匹配。

促使年长员工参加高速运转、工作灵活的组织的另一个关键要素是举办职业生涯专题讲座，以帮助他们规划自己的职业生涯并成功地完成职业转变。这些课程讲座将遵循前面介绍过的许多相同的内容和流程，并有助于年长员工确定自己在职业生涯后期和“退休”阶段的职业愿景。

4. 利用信息技术

信息技术是人们更好地利用诸如工作多样化和关系发展等实时学习资源的重要推动者。就人力资源管理的协调功能而言，利用先进技术是必不可少的。卓越的人力资源管理软件具有自我评估、推送就业信息、人员安置、促进互动学习（群）等功能。此外，众多的网上求职和职业服务网站也为人们提供了丰富的信息资源。

年长的员工可能会采取很多其他途径去开发自己的职业生涯，然而在当前的商业环境中，利用和发展人际关系、尝试新的工作、改善员工的工作安排、利用信息技术是开发年长员工职业潜能最实用也是影响最大的四个要素，关注这四个要素的组织在吸引和留住年长员工方面将享有巨大的竞争优势。

5. 发展年长员工的多变职业

对年长员工来说，多变职业具有灵活性、自主性等优势。首先，灵活性为年长员工提供了思考问题的新视角，这不只是一个向上移动的线性过程或可预见的一系列更为传统的不相关的分散职业生涯阶段，甚至对每个个体而言它都可能是独特的。多变的概念包含更灵活、机动的职业生涯过程，而不是专注于一个广义的理想的职业生涯路径，每个人的多变职业生涯即自己的职业生涯足迹都是独一无二的。

灵活性和自主性似乎是为年长员工量身定做的。在人生的这个阶段，许多外部因素（如子女教育）以及内部驱动因素（如升迁）这些以线性排列的、从外在形式上影响职业生涯路径的压力都已经减弱了，只要医疗保健和其他基本需求得到满足，年龄大的人就可以比其他年轻同行在追求更为灵活的职业选择方面拥有更多的自由。

四、继任管理

组织通过继任管理，可以确保在企业内有一批训练有素、经验丰富、善于自我激励的优秀人才接任未来的重要岗位；可以有效地调整企业的未来需求以及现有的资源；可以为组织的关键员工确立更高的目标，留住他们以确保重要岗位都有称职的人才可以继任；可以改进组织的内部程序，优化组织的产品服务。所以，继任管理对组织意义重大，如果没有继任管理，组织将不知道如何保证有一批高素质的人才及时补充重要职位的空缺。

要有效地实施及时管理，需要考虑以下几个方面的问题。企业的长期发展方向是什么？在哪些主要领域和环节需要不断补充和发展高素质的人力资源？哪些员工是组织想重点培养以备未来之需的？这些人应该走怎样的职业生涯发展道路？这些职业发展道路是否适合这些人的具体状况？组织在进行继任管理时，要意识到继任规划的复杂性和长期性，并积极主动地实施继任计划。

五、组织退休管理

组织可以通过实施提前退休计划来降低劳动力成本。提前退休计划是指鼓励员工离开组织，而向其提供一定的经济福利，这种计划属于组织的战略组成部分。经济福利通常包括一次性退休金和按年限确定的一部分薪资。提前退休计划主要产生两个问题：某些员工选择提前退休后，难以找到可替代人员；老年员工由于有被迫退休的感觉，会觉得提前退休计划带有歧视性色彩。为了避免相关的法律问题，组织需要确保提前退休计划满足这些要求：是员工福利计划的组成部分；对年龄进行界定以确认退休资格；允许员工自愿选择提前退休。

组织可以依照自己的组织制度实施退休程序，也可以参照外部咨询企业的建议予以实施。职业管理咨询是组织接受的各种咨询之一，能为组织员工提供帮助，助其度过退休的过渡期，做好情感调整、生活模式准备。这些特定的程序需要考虑财务、心理和情感服务、职业改变、应对家庭反应和调整等因素，最终目标当然是使员工享有幸福的退休生活。

本章小结

(1) 职业生涯规划后期是个体职业生涯走下坡路，并开始谋划退出职业生涯的阶段。具体的年龄段会存在个体的差异，也会因各个国家的文化差异、经济发展情况不一样而不同。

(2) 职业生涯后期，个体因职业工作、生活和心理状态都发生了与以前不同的变化，并呈现一些明显的特征，具体表现在三个方面：个人的进取心；权力、责任和中心地位下降，角色发生明显的变化；优势尚存，仍可发挥余热，尽职尽责。

(3) 职业生涯后期阶段的个体应该学会：接受和发展新角色；接受权力、责任和中心地位下降的事实；应付“空巢”问题；回顾整个职业生涯，着手准备退休。

（4）职业生涯后期阶段：承认竞争力下降的现实，学会接受和发展新角色；积极重塑自己；为退休做准备。

（5）对于处在职业生涯后期的员工，组织应该采取的管理原则是：理解和尊重原则；制度化和差别化管理相结合的原则；真诚关系原则；提前准备原则；发挥经验优势原则。

（6）组织可以通过实施提前退休计划来降低劳动力成本。

复习思考题

（1）职业生涯后期的个体特征有哪些？

（2）职业生涯的后期阶段需要做规划吗？如果需要，重点应考虑哪些问题？

（3）如果你处于职业生涯的后期阶段，应该如何调试自己予以适应？

（4）组织应该采取哪些措施有效地帮助个体顺利度过职业生涯后期阶段，并接受新的人生角色？

案例分析

突然接到的退休通知书

时光倒回至2006年4月25日下午，对徐飞来说，那是一个终生难忘的日子。就在她如往日一样战斗在新闻报道第一线的时候，总台领导给她打来了电话，让她工作完成后立刻到办公室，有事找她。

徐飞完成工作后，如约来到领导办公室。“我一到办公室，领导直接跟我说，你不用再参加5月8日的双向选择了，根据国发【1978】104号文件精神，你应马上退休。”领导的话令徐飞万分意外，“不会吧？我是‘副高’职称，今年才51岁，应该有另外的文件规定我的退休年龄。”徐飞本能地解释道。因为徐飞知道，在湖州，医院、高校等单位的“副高”以上人员都是60岁退休的。

之后，徐飞找来了国家人事部《关于高级专家退（离）休有关问题的通知》，其中规定：女性高级专家，凡身体能坚持正常工作，本人自愿，可到60周岁退（离）休。对于人事部的这个通知，湖州市广电总台的领导并未做出正面回应，反而在2006年5月31日，给徐飞发了一纸通知书，称如不去办理退休手续，一切后果自负。

满心的愤怒、不平、委屈，加上连日的不眠不食彻底把徐飞击垮了，她于2006年6月初住进了医院。8月20日，单位给其办理了退休手续，几经周转，于当年12月将她的个人档案转至当地社保部门。自此，徐飞开始每月从社保按干部待遇拿退休工资，“工资奖金锐减，一年差不多少拿七八万元，公积金停止、各种待遇大打折扣。特别是凭我的能力和业绩，如果55岁正常退休，能够评上正高级职称，但现在，这个梦想成为奢望”。

抹不去的原始身份

徐飞，1955年1月生，1985年从浙江广播电视大学中文专业毕业后，由一家企业调入湖州电视台工作。虽然她调入电视台时的身份为工人，但自调入起，她连续21年一直在采编一线工作，并获得了副高级技术职称。由于工作出色，她还被评为浙江省首届双十佳新闻工作者。这样的突出业绩也挡不住被以“工人”身份退休，“我怎么也得讨个说法。”徐飞怔怔地说。

2009年8月27日，中国妇女报记者对话当年参与徐飞等人退休问题讨论的现任湖州市广电总台台长吴宝宏，针对徐飞等人退休的问题，他给出了这样的解释。

记者：徐飞是副高级职称，属于高级专业技术人才，根据国家有关规定，她至少应该55岁退休，怎么会51岁让她退休呢？

吴宝宏：徐飞等人的退休决定，是我们单位严格执行国发【1978】104号文件精神的结果，徐飞的原始档案上是工人身份，所以，就该50岁退休。

记者：但是，徐飞一直在单位表现出色，是台里的首席记者，新闻作品获奖无数，又是台里为数极少的高级专家，退休前还被聘为新闻评论部主任助理，为什么不能对徐飞这样的高级专业技术人才适用国家人事部《关于高级专家退（离）休有关问题的通知》的退休政策呢？

吴宝宏：我个人也觉得很遗憾。但我们广电总台下属这么多单位，如果这个人适用这个政策，那个人又适用另一项政策，那前面退掉的人不是会来找单位麻烦吗？我们要一杆尺拉齐。

针对吴宝宏所讲的“一杆尺拉齐”之说，记者采访了从湖州市广电总台南浔区双林镇广电中心退休的张钰，她说：“我是1993年4月，55岁时退休的，当时从事值机员的工作，是以工人身份退休的。”另一位不愿透露姓名的湖州广电系统的女性也承认，她是2006年4月，55岁时退休的。

由此看来，吴宝宏所说的湖州广电系统以工人身份退休的女职工需根据国发【1978】104号文件精神50岁退休，并不是一个一直沿用的政策。

而更让徐飞百思不得其解的是：“我一个浙江省人事厅盖过章、认证过的高级专业职称人员怎么还是工人身份呢？”徐飞给记者出示了她获得的中级、高级职称的证书，以及1999年在湖州电视台工作时填写的聘用干部履历表和2001年的一份湖州市广播电视局《关于夏卫东等同志任职的通知》，上面清楚地记载着：“经局党委研究，同意你们的干部配备方案，决定聘任：徐飞同志为湖州电视台新闻综合频道新闻评论部主任助理。”

面对徐飞提供的白纸黑字的证书和文件，吴宝宏却不以为然，他坚持认为：“这些东西只是我们台内部搞的，并没有在人事部门备案。”

个人选择还是单位自决

但执著的徐飞一定要为自己讨一个说法，她和其他三位51岁同时被退下来的广电总台的女职工锲而不舍地寻求援助。

2008年8月11日，国家人事部转给浙江省人事厅的走访材料转送单似乎让她们看到了希望。针对徐飞等人反映的退休问题，国家人事部明确表示：根据国人部发【2004】63号文，如情况属实，可按干部退休。徐飞等人的诉求有了国家部门的认可和支持，让她们欣喜万分，但国家有关部门的意见在湖州当地执行起来却困难重重。徐飞无奈地说：“单位死咬住【1978】104号文不放，一定要按照我的原始身份让我退休，没有任何商量余地。”但同样在浙江省杭州市，与徐飞有着相似经历的人却根据国人部发【2004】63号文重新恢复了身份，单位又重新执行了55周岁退休的政策。

资料来源：茹希佳．她的维权之路究竟还有多远［N］．中国妇女报，2009-10-15.

阅读并思考：职业生涯后期，组织该如何帮助个体进行角色转变，从心理上接受退休以后的生活？

第十章　工作—家庭平衡管理

学习目标

~重点掌握工作—家庭冲突的原因；

~理解有关平衡的认识误区；

~理解工作—家庭冲突理论和工作—家庭边界理论；

~掌握平衡工作—家庭的管理方法；

~了解工作—家庭增益理论；

~了解组织实施工作—家庭平衡计划的意义和要点。

【引例】

如何平衡你的工作与家庭

工作与家庭的平衡确实是一个鱼与熊掌难以兼得的问题，需要相当的承诺和持续的沟通才能很好地解决。家庭和工作的协调需要夫妻双方有很好的默契，每个人都要有付出。

在我和我太太结婚前，她就知道我会有忙碌的一生，但她也知道我不会成为完全的工作狂，会尽量在有限的时间中挑出最适当的方法陪家人。因为我们有这个默契，所以她从来没有抱怨过我工作太努力。

在我做论文时，我和我太太的默契就是：我一天要工作 14 个小时，除非我有会议，要不都在家里做。我花了两个月的奖学金买了台电脑和调制解调器（当时很贵的），就这样每天在家把我的论文做完。

上班后，我们的协议是我星期一到星期五会工作到很晚，甚至常常不能和家人一起吃晚饭，但是我周末不上班，而且每年我会把我的年休假（20 天）休完。当然，这也有破例的时候，在家里最忙的那些日子（像在盖房子时、生孩子后），我一天只工作 8 小时；公司很忙时，周末我也去加班。但是，以上的原则保证了我在大多数时候能毫无困难地平衡事业与家庭的关系。

我在中国工作时应酬较多，但是只要能带家人去的，我就带她们去。有些公司的团队活动，我们尽量设计成可带全家的形式。目前我太太希望我每周回家吃晚餐次数多些，我还在努力中。现在我也给我的家人看网上的帖子，有时她们也出些主意。我女儿还要做一个她自己的个人主页。孩子成长得太快，我才适应儿童期的女儿，她们已进入青春期了。偶尔她们也会抱怨，我给别的青少年那么多时间，留给她们的太少，这我也在调整中。

家庭和谐不是单方面的付出，而是双方在互信的基础上达到默契以后才能得到的。

最后，我赠给大家六个秘诀，帮助你管理时间，更好地平衡你的工作和家庭生活。

(1) 划清界限——对家人或女朋友做出承诺，而且一定要做到。比如，我就与妻子达成“君协定”：周末尽量不工作。到了周末，我常会收到一些有意思的沙龙、讲座、餐会等邀请，但是我基本上不参加。

(2) 忙中偷闲——不要一投入工作就忽视了家人。例如，即使你在学校非常忙，如果你知道女友不舒服，你也一定要记得打电话问候她，不要吝啬表达你的关心。有时10分钟的体贴比10小时的陪伴更让人受用。

(3) 闲中偷忙——学会怎么利用时间碎片。例如，家人睡午觉的时候，你就可以利用这段空闲时间，上网看看你的实验结果，或回复你的电子邮件；每天搭车或等车时，处理不重要的短信，或打可以等的电话。有一次，我和同事出差去杭州、南京、上海三个城市，回来后，他们都抱怨出差太忙，累积了很多电子邮件没有回复。但是，我的全部处理完了，因为我把电子邮件做了同步，在飞机上、车上，已经处理完了，而他们在旅途中只是聊天、发呆、睡觉。

(4) 好好管理时间——既然已感觉到时间不够用了，就更应该好好安排和管理有限的时间。每天结束后，把一整天做的事记下来，每15分钟为一个单位（例如，1:00~1:15等车，1:15~1:45搭车，1:45~2:45与朋友喝茶）。在一周结束后，分析一下，这周的时间如何可以更有效率地安排？有没有活动占太大的比例？有没有方法可以提高效率？

(5) 注重有质量的时间——时间不是每分钟都一样的。当我的家人欣赏韩剧时，如果我能坐旁边，用我的笔记本电脑处理我的电子邮件，她们就认为我陪她们了。但是，当我们一家人在玩游戏时，一定需要我全神贯注，甚至连手机都应该关掉。另外，多观察家人最喜欢什么，在度假、周末时尽量配合他们。要记得他们平时为你牺牲很多，度假、周末是你补偿的机会。

(6) 言出必行，同时要制定较低的期望值——如果你想请两个星期的假，但是又不确定老板会不会批准，就不要把话说太满，只告诉家人请一个星期的假，这样如果老板批准两个星期的假期，你就能带给家人一份惊喜。

资料来源：李开复．如何平衡你的工作与家庭［J］．北方人：悦读，2015.1.

在现代社会中，工作和家庭是人们生活中最重要的两个方面，占据了人们大部分的时间和精力。人的一生中，个人职业的发展和家庭生活的发展，始终遵循着一种并行发展的逻辑关系。同时，这两个方面又相互影响，相互制约。在很多时候，婚姻关系中的人员和父母、子女等家庭成员施加给员工的压力，要远远超出一项工作或职业的压力；工作和家庭间潜在的冲突，对职业生涯的影响甚至要超过个人职业发展目标对其职业的影响。因此，平衡好工作—家庭的关系是个体寻求职业生涯成功和发展的必要前提。

第一节　工作与家庭冲突

工作与家庭生活矛盾的冲突，必然影响着个体职业生涯发展与管理的成功。从工作与家庭的关系角度看，工作—家庭冲突具有双向性，包括因工作要求而产生的工作—家庭冲突和因家庭需要而产生的家庭—工作冲突两种类型。从冲突的具体表现形式看，有三种形式的工作—家庭冲突：基于时间的冲突、基于压力的冲突和基于行为的冲突。

导致工作—家庭冲突的原因有以下几个方面。

一、工作层面

1. 工作压力的强度

工作强度越大，压力便会越大，一旦超过了个人的负荷，容易引起工作与家庭冲突。

2. 工作特点

工作时间长度、工作需求等因素会引起冲突。比如，花在工作上的时间越长，承担家务和参与家庭活动的时间就会越少。

3. 工作需求状况

工作对个体的体力和脑力需求过高，就会引起个体的身心疲惫，那么投入家庭建设方面的精力就会越少，也会引起相应的冲突。

二、家庭层面

来自家庭层面的压力、个人的家庭卷入程度以及家庭的特点是产生工作—家庭冲突的三个深层原因。其中，家庭特点主要表现在家庭的发展阶段，如婚姻状况、养育状况以及个体的年龄状况，已婚人士、双职工、子女教育、家庭成员的身体状况等。

三、个体层面

人格特质的差异会导致个体对于环境的认知、评价、情感和行为反映的差异性表现。

工作—家庭冲突不仅仅是环境作用的结果，还与人格特质有密切关系。研究表明，外向、乐于群居、责任心强等人格特质与工作—家庭促进呈正相关。这为组织开展和化解工作—家庭冲突提供了不同的视角和解决途径。一方面是着眼于环境的改变，另一方面是关注人，倡导并促进个人习得良好的人格特征，发展适当的个人技巧，做到能正确地看待所处的工作环境和社会环境，做出客观公正的评价，做出积极的、富有建设性的行动以减少相关冲突，实现与自己、与他人以及与环境的和谐相处。

第二节 工作—家庭平衡理论

一、平衡的含义

如果让一个人从工作、家庭、时间和金钱之间选择出其认为最重要的一项，恐怕都很难去抉择。因为工作是一个人实现自我价值的手段，家庭是我们心灵的港湾，时间是我们宝贵的财富，金钱是我们的安身立命之本。我们能做的就是在这几者之间建立一种动态的、相互促进的平衡状态，也就是常说的平衡的生活状态。

平衡是中庸的智慧。中庸的思想来自于儒家文化，“中”即适中，既非不及，也非过分；“庸”是运用之意。中庸即善于把握“中”的尺度，随时做到适中。平衡的生活就是在过与不及之间恰当地把握分寸。

我们来看看庄子的中庸之道。

庄子在山中行走，看到一棵粗大的树，枝繁叶茂，樵夫停在树旁而不去砍它。庄子上前询问原因，那人回答说：“这棵树什么家具也做不成，一点用处也没有”。庄子当即开示弟子：“这棵树因为不中用，所以能终其天年啊！”庄子从山上下来后，去朋友家做客，朋友吩咐小童捕杀一只鹅招待他。童子问：“现在家里只剩下两只鹅了，一只会叫，另一只不会叫，要杀哪一只？”主人说：“杀那一只不会叫的。”第二天学生问庄子：“山上的树木，因为‘不材’得以终其天年；主人的鹅，却因‘不材’而被杀。你将何以自处呢?”庄子笑着说:“我将处于‘材’与‘不材’之间,顺其自然而处世。”

中庸的智慧是在过与不及之间保持适中,不偏向任何一个极端,随着外在环境的变化进行调解,不滞留于某个固定的点。抱着这样的心态去生活,平衡就不难实现了。

二、有关平衡的认识误区

(一) 理想的生活是无忧无虑的

也许我们还没有意识到这一点,但是许多人的内心的确会有这样的设想:理想的生活没有任何烦恼。于是一旦遇到困难或者出现意外的时候,往往就会手忙脚乱、措手不及、怨天尤人。其实我们都会有这样的经历:当我们不了解一个人的时候,总是认为他的生活是无忧无虑的,但是一旦接触了解之后,就会发现他也面临着各种各样的问题和挑战。事实上,生活对大多数的人来说是不容易的,生活中总是充满着艰难和挑战,然而正是这些困难唤起和造就了我们的勇气和智慧,使我们得以成长。

(二) 平衡是一劳永逸的

有人认为,我们应该能在生活中的某一个点实现平衡,而此后的生活将是一直这么令人满意。但是我们似乎永远无法达到那个点,因为生活并非一成不变,而是动态的,一个时期的平衡并不等于所有情况下都能保持平衡。平衡状态是一种动态的、系统的平衡,需要随时调节,悉心经营。

(三) 凡事越快越好

有些人把平衡比作打棒球,他们的目标是沿着球场尽力奔跑,以便每天都能触到一个垒,触到的垒越多,就越感到平衡。但其实对我们大多数人来说,跑得越快,就越容易感到疲倦,越不满意,而且总是有更多的垒出现在前面。于是,我们一边奔跑,一边隐隐不安,担心在原地兜圈子,担心有另一些极为重要的事情没有做。

有这样一则关于少年学剑的小故事。

有一位少年,到深山里请求一位高人传授剑法。

少年:师父,假如我努力学习,需要多久才能学成?

师父:也许十年吧!

少年着急地说:家父年事渐高,我得服侍他。如果我更加勤奋的练习,需要多长时间才能学成?

师父：这样大概要三十年。

少年慌乱地说：您先说十年，现在又是三十年，我一定要不惜任何劳苦，在最短的时间内学成。

师父：这样啊，那你得跟我学七十年才成。

欲速则不达，速度并不能代表一切。只有找对了方向，选择合适的方法，我们的努力才是有效的。

三、工作—家庭平衡理论

（一）工作—家庭冲突理论

1. 员工工作—家庭冲突及其表现

员工的工作—家庭冲突，描述的是当工作和家庭两个领域对员工的需求不相容，员工的时间和精力不足以同时满足工作和家庭两个角色的需求时，所引发的角色之间的不一致性或不可协调性，会对工作和家庭生活造成不利的影响。工作—家庭冲突大致分为三类：基于时间的冲突，基于行为的冲突，基于紧张的冲突。基于时间的工作—家庭冲突是最普遍的冲突；在一种角色中产生的进展会影响另一种角色的情绪；基于行为的冲突在于工作中的角色定位，不同于家庭中的期望行为。而且这些冲突均来源于压力。

2. 工作—家庭冲突的理论解释

（1）角色冲突理论。

角色为个体提供了意识框架来解释事与人之间关系的内涵与意义、目的和用途以及代理关系等。在现实中，个体需要充当许多角色，有多重身份，因而每天都会转换多次角色。

角色冲突的分类：

①客观角色与主观角色冲突；

②角色内和角色间冲突；

③个体、团体和上下级之间的角色冲突。

对企业员工角色冲突的后果一般从三个层面进行研究：企业员工层面、上下级层面和组织层面。工作和家庭间的冲突主要表现为角色冲突。

（2）分割、补偿和溢出理论，即分割理论、溢出理论和补偿理论。

①分割理论。

分割理论主要来自于对工作和家庭关系的女性研究视角。根据传统的性别角色观点，男女之间有社会和家庭分工，即“男主外、女主内”。分割理论认为工作家庭两个系统相互影响，不会相互冲突。这一观点是将男女之间的生理差异作为家庭和社会角色分工的基础，并固化为两种社会分工体系。角色分割理论观点陈旧、保守，不仅受到现代女性研究者的批评，而且也难以解释很多现实问题。

②溢出理论。

溢出理论是为了解释这样一种普遍现象，即个人的工作领域和家庭领域之间是没有明显边界的，它们的影响可以从一个领域溢出到另一个领域。积极的溢出包括满意和满意度；家庭生活美满可以焕发员工的工作积极性。而消极的溢出是指当工作中的问题和冲突消耗了个体的时间和精力，并使个体全力投入工作中，使他们很难充分地参与到家庭生活中来；同样，家庭生活如果耗费了员工的体力和精力，他们也难以充当好工作职责和角色。溢出的负面效应更加引起了研究者的关注。

③补偿理论。

补偿理论是对溢出理论的一种补充，其假设前提是工作和家庭之间存在一种负向的关系。因此，需要承担着在两个领域之间的进行弥补和补偿缺陷。因此，所谓的补偿就是指个体为抵消某一领域的不满意而到另一领域寻找满意的行为。首先，个体通过减少不满意领域的参与来增加对可能是他满意的领域的投入，在不满意领域和潜在满意领域之间重新分配的重要性，时间和注意力；其次，个体通过从另一领域获得报酬的方式来对某领域的不满意做出反应。换句话说，就是互补性补偿是指当个体在一个领域中有所丧失时，就会在另一领域中投入更多以企图弥补。

（二）工作—家庭边界理论

美国学者克拉克（Sue Campbell Clark）在对以往的工作—家庭关系理论进行批判的基础上，于2000年提出了工作—家庭边界理论。在该理论中有几个核心概念：边界、领域、渗透性、弹性、分离和整合、边界跨越者和边界维持者。

1. 边界

边界是指区分不同实体以及区分实体中的不同部分的物理的、时间的、和/或认知的限制。边界可分为三种形式：物理的、时间的和心理的。物理的边界包括工作场所或家里的墙，它界定了与该领域相关的行为发生的地点。时间的边界，如工作时间，它界定了何时该工作，何时该做家务。而心理的边界是由个人来界定的，它界定了个人的哪些行为模式、思维模式和情绪适合于哪一个领域。心理边界相当于每个人心里的原则，可能会参考物理的边界或时间边界来界定。个体创造和保持边界，从而简化和规范周围的环境。围绕一个领域的边界具有一定的调和性，例如，有的人允许家庭跨越到工作中去，而有些人保持两者分离。通过划定不同环境的界线，保证了个体能够专注于当前显著的角色。

2. 领域

领域个体围绕着地理区域、历史事件、人、观点及其他有关系的功能建立起“心理围墙”，这个过程导致不同实体部分的产生，称之为领域。领域的划分对个体创造和保持边界具有特殊的意义。工作领域和家庭领域的差异主要体现在其目的和文化上的不同。工作的目的是获得物质回报和成就感，而家庭生活的目的是满足“爱”与“安全”的需要。克拉克认为，与跨领域的交流相比，个体更愿意进行同领域的交流；不同领域间经常性的支持性沟通，有助于减少导致领域间不平衡的不良条件。

3. 渗透性

渗透性是指一个领域内的元素进入另一个领域的程度，或者说一个角色允许个体在这个角色领域的物理地点而在心理上或行为上卷入另一种角色的程度。如可以接受个人电话或访问的员工拥有渗透性的工作角色界线。相反，没有机会卷入另一种角色的员工拥有的就是没有渗透性的工作角色界线。根据边界的形式，渗透性可分为物理渗透、时间渗透和心理渗透三种形式。

4. 弹性

弹性是指一个领域中的元素进入另一个领域的灵活程度，或者空间的和时间的界线的柔韧程度。一个具有界线弹性的角色能够在各种情境、各种时间下执行。如运作一个家族生意的人能够在任何时间、任何地点扮演儿子的角色。相反，没有弹性的界线则严格地界定何时何地可以执行何种角色。弹性包括时间弹性和地点弹性两方面。弹性和渗透性通过保证个体在必要时能够进行角色转换，而将改进角色间冲突。

5. 分离和整合

分离和整合边界的渗透性和弹性的不同组合，构成了不同领域间的分离与整合。当边界完全没有渗透性和没有弹性时，工作和家庭领域是完全分离的。当边界具有高度的渗透性和高度弹性时，工作领域和家庭领域就是高度整合的。现实中很少有工作和家庭完全分离或完全整合的例子。

工作家庭边界理论认为，对于工作领域和家庭领域：

（1）保持工作和家庭的分离，可以更容易地管理工作家庭边界。

（2）整合工作和家庭可以促进这两个领域之间的转换。

（3）根据员工的特点（如，时间管理技能、自我启动者、或工作和家庭中的社会影响）、他们赋予工作和家庭的特殊意义（如，他们把这两个领域看作相似的角色的程度）、对整合或分离的偏好、情境特征（如，家庭般友好的工作场所规定和政策、长时间或不规则的工作时间、或者来自上级、同事和家庭的社会支持)，以及员工偏好和他们所处的社会情境所允许的边界之间的匹配，任何一种策略都能够提高员工的健康水平。

6. 边界跨越者

边界跨越者是指那些必须跨越两个边界，在工作领域和家庭领域之间频繁转换的那些人，如上班族。边界跨越者包括两类：一类是领域的中心参与者，是指那些有能力调整边界和领域以适应他人需要的个体；另一类是周边参与者，他们缺乏对边界和领域的界定能力，从属于领域中心参与者。边界跨越者在边界和领域转换时的协商能力，决定了其工作与家庭之间的冲突或平衡。

7. 边界维持者

不论是工作还是家庭活动通常都需要与他人一起进行，这些对定义领域和边界有特别影响的人被称为边界维持者，它包括领域内的其他成员，如同事、领导、配偶等。一般来说，工作领域的边界维持者是指上司，家庭领域的边界维持者为配偶，其他成员与边界维持者会影响跨界者对边界与领域的定义和管理，其中以边界维持者的影响力最大。如果跨界者在定义与管理的过程中无法与维持者取得共识，此时所产生的异议将是工作家庭冲突的来源。

工作家庭边界理论认为，边界维持者与边界跨越者之间的沟通，可以增进双方的相互理解，缓和角色冲突。边界跨越者所在领域内的成员对另一领域高度了解时，会有更高的工作家庭平衡。

应该说，与其他相关理论比较，工作—家庭边界理论对解释员工工作与家庭之间的关系所做的理论贡献更大些。它不仅提出了一个比较系统的理论框架，解释了个体如何处理和协商工作和家庭两个范围和其间的边界，以使其达到平衡；而且也为员工和组织制定工作与家庭之间关系的协调对策提供了理论工具。对该理论的批评主要集中在它缺少实证研究的支持方面。

（三）工作—家庭增益理论

2006年，格林豪斯（Greenhaus）将工作家庭增益理论（work-family enrichment）定义为：在一个角色中获得的经验可以延伸至另外一个角色中，并提高另一个角色的生活质量。工作—家庭增益的基本观点是工作和家庭都会使个体收获一些资源（如增强的自尊、经济收入等），这些收益可提升个体在相对应的角色领域中的表现。也就是说，当个人在工作领域获得了成就（如金钱、满足感等）有助于在家庭领域的成就提升（如生活质量提高、家庭关系和谐等），就产生了增益，反之亦然。

格林豪斯认为通过两种路径，在角色 A 中积累的资源可以提高角色 B 的绩效并给其带来积极的影响。

(1) 技术路径。

通过技术路径，一个角色中积累的资源会直接对另一个角色的绩效产生积极的影响。例如，工作中获得的最明显的资源就是收入，通过收入可以购买家庭生活的各种基本要素，从而提高家庭生活质量。

(2) 情感路径。

格林豪斯认为情感路径主要由两个方面组成：①一个角色中积累的资源会对这个角色产生积极的影响；②该角色中获得的积极的情感会影响另一个角色的情感。

首先，一些资源可以直接对角色 A 产生积极的影响，例如，在工作中积累的社会资源会提高一个人对自己职业的满足感从而产生积极的感情影响，因此，在角色 A 中积累的资源可以提高角色 A 的绩效。角色 A（或 B）中较高的绩效会对角色 A（或 B）产生积极的情感影响，例如，在工作中积累的技能会提高工作绩效，而工作绩效的提高会对工作中的人们产生积极的情感影响。其次，基于情感溢出理论，在一个角色中的积极的情感可以提高认知能力、工作和人际交往能力，从而提高另一个角色中绩效并对其产生积极的情感影响，所以在角色 A 中积累的积极感情因素可以提高角色 B 的绩效。

第三节　工作—家庭平衡管理的实施

一、平衡工作，享受生活

(一) 优化工作

工作已经成为大多数人生活中最重要的内容之一，它直接影响着我们的形象、社会和家庭的关系，以及成就感，然而将过多的时间和精力投入工作中，使我们渐渐失去了平衡，这种不平衡，常常会导致两种情况出现，一种是失去工作的热情。有些人在职业生涯的十年或二十年后，便拥有了令人羡慕的职位和头衔，但他们却感到进入了一种惯性模式，在这种惯性力中他们并不快乐，对工作也没有激情。而且，人们把过多的时间花在工作上，做着那些并不能带给自己满足感的事情，往往会感到疲惫不堪。另一种情况是工作耗费了我们太多的激情，以至于我们忽略了生活的其他方面，导致婚姻、健康等出现了其他问题。有些人一心一意扑在工作上，不顾生活中能带来满足感的其他方面。也有些人迫于激烈的竞争环境，感到不得不在工作上付出更多的时间，或由于担心失业而更加努力地工作。

很多时候，人们并不是因为忙才失去生活的平衡，而是因为失去了对工作的热忱和喜悦。对此，可以尝试从以下几个方面去改善。

1. 静心思考工作的意义

当人们为了一份项目计划书而殚精竭虑的时候，当人们因为会议而错过孩子生日的时候，当人们疲惫地走在下班途中的时候，不妨静下心来思考：到底是为了什么而工作？虽然人们都需要工作，工作也已成为生活中极为重要的一部分，但是人们并不希望工作成为生活的全部。

要找回工作的乐趣，首先得想想工作能为人们带来什么？在一项调查中，55.07%的受访者表示工作收入只能解决温饱问题，17.26%的受访者表示收入能帮助他们实现理想，17.96%的受访者表示工作可以带给他们充实的满足感，让人生变得有意义，9.71%的受访者表示从工作中受到了成就感，实现了自我价值。因此，本杰明·富兰克林曾说：工作的人是快乐的，无所事事的人是可怜的。工作能给人以成就感，使人获得健康、幸福和勇气，使人精神振奋、情绪高涨。

2. 喜爱和尊重我们的工作

无论从事哪项工作，我们都需要尊重自己的工作，用心去完成每一项任务。根据自己的教育背景、从业经验、个性特点等因素选择自己喜欢的工作，保持认真的态度，就可能获得优秀的成绩。既然必须工作，为什么不选择优秀呢？平庸的表现容易导致沮丧和烦恼，难以得到满足感，而优秀的表现则会带来更大的满足感、更好的经济状况以及更多的机会。

重新发现工作的乐趣后，有这样一些技巧可以优化工作。

（1）安排好一天的工作。在头一天下班前想好第二天要完成的任务，以及各项任务所需要的时间，并在第二天上班时回顾一下。优先考虑那些当天必须完成的任务，这样的话，即使发生了意外情况，致使没有时间完成所遇的任务，也能保证完成了重要任务，而把次要任务安排到第二天处理。

（2）处理那些令人分心的事情。最好的办法就是在需要集中精力工作的时候，把手机、电话都设置为静音或留言接听的状态；定时查看电子邮件，而非随时查看；请同事不要打扰。刚开始这样做时，可能觉得不习惯，但当体会到集中注意力的好处后，就能坚持下来。

（3）学会拒绝。在工作中人们可能会做一些自己职责之外的事情。虽然有时这种助人为乐的愿望会让人感到负担，但因为担心如果拒绝他人，尤其是朋友和上司，会使自己显得冷漠而不近人情、甚至是不会交际，于是只好任凭自己的时间被占用。要避免这样的情况出现，应该在保证有足够时间完成自己任务的前提下，再为他人提供帮助。

（4）控制工作时间。工作给人们带来巨大的收获，但如果工作占据了太多的时间，而忽略了家庭，减少了社交活动，放弃了精神追求，那么就可能得不偿失了。尽可能地把工作和个人生活分开，下班时把工作留在办公室，而不是带回家，这样才能使自己真正享受个人的生活。

（二）平衡工作与家庭

家庭是人类社会的重要单元之一。孔子说过："修身、齐家、治国、平天下。"

哲学家威尔·杜兰特则指出："家庭是文明的核心。"家庭是个人生活的重要组成部分，当被问起什么对于我们是最重要的时候，几乎所有人的答案中都包括家庭。家庭是人们感情联系的纽带，可以说生活中最大的快乐和满足往往来自于家庭。但是随着工作、生活节奏的加快，很多人对于自己向家庭所投入的时间的数量、质量和结果都不满意。

先来看一个工作与家庭冲突的案例：向爸爸借钱的孩子。

爸爸结束一天的工作后，疲惫地回到了家中，六岁的儿子正在屋里摆弄着玩具。

儿子：爸爸，我能问你一个问题吗？

爸爸：好儿子，什么问题啊？

儿子：爸爸，你一天能挣多少钱啊？

爸爸：爸爸工作一天能挣三百块钱。你问我这个问题干吗？

儿子紧张地说：爸爸，我可以向你借两百块钱吗？

爸爸训斥道：听着，如果你想向我借钱去买玩具、零食，你就想错了！你还是老老实实地给我上床睡觉吧！

儿子一声不吭地走回了自己的房间。半小时后，爸爸推开儿子的房门，看到儿子正泪流满面。

爸爸：刚才爸爸不应该对你发火，爸爸工作了一天真的很累了，请你原谅爸爸好吗？这里是两百块钱。

儿子：爸爸。我平时攒了一百块钱，加上你给我的这两百块钱，我就有三百块钱了，我可不可以买你一天的时间带我到动物园去玩？我真的好想去看看老虎和大象。

如果你是那个爸爸，会有何感想？

从系统思考的角度来看，在工作与家庭分配不均衡的背景后有一个系统基膜，称为"富者愈富（success to the successful）"。在这个基膜背后，个人、群体或组织不断地为一项有限的资源进行竞争。成功的一方，由于所具有的优势，倾向于得到更多的资源，而其他竞争者的自由则相对减少。这些资源可能是多个事业部门竞相争取的有限投资金额；可能是一间坐满学生的教室中，某位老师有限的赞美；还可能是一位忙碌的管理者有限的时间。

1. 导致工作时间偏长的因素

“富者愈富”这个基膜的不稳定是天生的，只要开始向其中一方偏移，就有继续朝此方向偏移的倾向。如向增加工作时间这一方偏移，就会导致工作时间越来越长，主要有以下几个方面的原因。

（1）在工作上投入的时间和精力影响着收入的多少。经济压力使我们工作上投入更多的时间。

（2）“用在家庭的时间”这个环路恶性循环发展的倾向特别强。如果发现自己用在家庭上的时间减少，家庭关系不佳，可能会有强烈的心理压力，从而可能更加避开家庭问题。而此时，在工作上力争上游变成了一个方便的借口，用以避免回家看到不快乐的另一半和令人头疼的子女。如果用在家庭的时间减少，家庭方面的表现进一步变差，因此把时间用于家庭的愿望就更为低落。

（3）为保持出色，必须投入比别人更多的工作时间。此外，还必须花更多的时间处理来自同事的压力等，使得花在工作上的时间多于花在家庭上的时间。

如果没有外力介入，“富者愈富”的不均衡状态不会自动调整，只会越来越恶化。这就是工作与家庭间冲突如此难以解决的原因。因此，人们如果想从这个结构内部改善工作与家庭间的平衡，常常是无效的。

2. 平衡工作与家庭的方法

研究结果和实践证明，有以下一些平衡工作与家庭的方法可以予以借鉴。

（1）走出恶性循环。

要走出工作和家庭不平衡的恶性循环结构，首先要问自己：兼顾工作与家庭是自身的愿望吗？认真思考这个问题的程度如何？很多人虽然在为这个问题伤神，却很少有人用心采取措施去达到他们所想要的平衡。真要用心采取行动就要求为投入家庭的时间设立明确的目标，并采取相应的做法。如晚上几点回家？周末如何安排？晚餐会议将如何安排？这将决定一周中将有几个晚上在家里用晚餐，是否放弃周末打高尔夫，减少多少完善的业务会议。这些都是将愿望变成现实的家庭行动。

然而，个人对工作和家庭所作选择的后果如何，还将视整个组织的文化而决定。在某些组织中，管理者的态度是工作至上的，这时坚持兼顾工作与家庭可能要在工作机会上付出更多的代价，还可能造成一些人际冲突。对这种情况，除了自我超越、坚持自己的原则外，没有更好的解决办法。

（2）认清你真正重要的是什么。

（3）做出选择。

（4）诚实地对周围的人说出自己的选择。

（5）不要勉强他人同意或支持自己的选择。

（6）建立工作与家庭的联系。这需要在工作和家庭之间建立桥梁，加强自己和家人的相互理解和支持，帮助保持平衡的生活。

要经常与家人交流想法，让他们知道自己的工作是什么，为什么要做这份工作；让家人看到自己是怎样工作的；让他们知道你的工作如何为他人做出贡献；让他们知道，这不仅是“我的工作”，也是“我们的工作”。当家人对工作更加理解，并且感到他们也是其中的一部分时，工作就不再是使个体远离家庭生活，深不可测而又不可避免的灾祸了，而是一个清晰的贡献舞台。家人可以看到个体向其中投入的时间和精力，他们会更加理解个体必须做出的计划和决定，个体的工作甚至会激起孩子们的兴趣，影响到他们未来的发展方向和工作选择。

要与家人分享积极的工作经历。不能总是将工作中的消极情绪带回家。一定要看到工作中好的一面，并与家人分享。当在工作中做出贡献后，当发生另一些重要的事情时，当企业的产品和服务帮助了客户时，告诉家人，分享会使人感到高兴，也会让家人感到高兴，使家人更好地理解工作的意义和价值，

向家人讲述自己的榜样。找出一个在工作上让自己敬佩的人，当他取得优秀的成绩、出色地完成工作任务或显示出出众的能力时，与自己的家人谈论他。这是餐桌上很好的话题，也是改善家人价值观的良好机会。

彼此了解、保持联系。知道自己的家人大部分的时间都在干什么吗？有没有利用一些机会去鼓励家人积极工作？了解家人的行踪并送上几句简单的话，会让他们感觉到自己虽然身处工作之中，但是仍然和家庭很贴近。这样的状态能够产生一种团结力，带来希望、鼓舞和亲近的感觉。

让家人参与自己的工作项目。偶尔，在适当的时候可以让家人参与到工作项目中，一起做事情，一起克服困难，体验共同完成任务的喜悦，无形中增强了家人之间的亲密关系。

3. 将家庭视为需要付出的地方

人们往往会把工作看成是一个需要付出的地方，而把家庭看做休息的地方。下班回到家时，总希望看到一切井井有条，每个人高高兴兴，让自己从一天的劳累中恢复。但实际情况并非如此，可能会看到满是抱怨的妻子、哭泣的孩子、杂乱的屋子，使人陷入愤怒、责骂，结果情况变得更加糟糕。但是，若把家庭看做一个需要付出而不是一味索求的地方，就能感受到家庭的真正乐

趣。良好的家庭生活不是一蹴而就的，它需要人们调整心态，主动采取措施，有意识地进行“投资”。

二、组织的工作—家庭平衡计划

（一）实施意义

实践证明，一个管理者关注员工工作之外的角色对工作同样有利。真诚关心员工的生活，将会有利于增加员工对组织的信任；明确员工的各种角色有助于管理者全面了解员工的这种天赋，这种天赋对一个人的职业生涯发展有直接的影响；有利于管理者了解员工的各种角色之间的关系，从而发挥出各个角色的最大效益，进而避免角色的冲突和对工作造成的影响。

组织应该采取工作—家庭平衡的政策来获得较好的人力资源管理，如提高工作效率、吸引人才、降低流动率和缺勤率、增强顾客满意度等，并可以建立一个更加愉悦、公正且充满活力的工作场所。人力资源专家应该对低工作满意度予以注意，员工工作满意度低可能导致多重组织问题，如员工流失率和缺勤率提高，造成企业绩效和生产力下降。许多的组织正在采取措施，帮助他们的员工采取更好的工作—家庭平衡。所追求的目的有：提高员工留存率和招聘水平；提高生产力和员工的奉献精神；支持员工及其家庭。灵活的平衡生活和工作问题被员工视为工作满意度的第三个重要方面，仅次于福利和薪酬或薪水。而调查数据显示，女性已将工作—家庭平衡作为工作满意度的第一重要方面，这可能是因为许多女性仍然承担了家庭的大部分责任，而工作—家庭平衡计划帮助她们成功地将工作和家庭活动结合起来。随着进入职场的女性人数持续上升，这种福利变得日益重要。

（二）平衡计划实施要点

1. 观念先行

对于组织来说，“工时越长，效果越好”的概念已经落伍。员工身体、心灵与家庭健康三者并重，才是企业永续经营的有力保障之一。从对员工的期待来说，优秀的组织从不向员工过度地索取，而是尽可能地确保员工在不影响工作的前提下承担家庭中的责任。甚至，有的企业还为员工解决家庭的烦恼，如小孩的上学问题等。

2. “关爱”文化

员工进步为第一动力，把握好建设“关爱”文化的着力点。一是营造良好的员工成长环境，实现人尽其才，才尽其用，尽可能帮助每个员工实现自己人生的最大价值，做到事业留人、感情留人、待遇留人、文化留人。二是建立能够充分体现员工劳动价值的绩效考核机制，引导员工积极主动地发挥自己最大的潜能。三是安全观，在保障企业生产安全的同时，更要保障员工的安全，包括人身安全、身体健康、职业安全、工作稳定。

3. 实行弹性工作制

实行弹性工作制能使员工拥有平衡工作与生活的自主权。这种制度蕴含相互信赖，给予员工较大的自主权，充分体现了企业对员工的尊重和爱护，能够极大地调动员工的工作积极性。其操作形式有：在家工作、工作分享、部分工时和弹性上班等。

4. 关心员工的身体健康

员工健康，组织才能平安。现在，更多的组织不再定期停留在定期检查、给员工报销医药费等传统做法，而是主动对员工进行健康投资。如在强生公司前 CEO 韦尔顿每周都会邀请员工走出户外"与 CEO 共度一小时"；高管身体力行，带头参加各种有益健康的活动。

5. 福利待遇的延伸

为本公司的员工家属也提供一定的福利待遇，为员工在工作与家庭之间直接进行资源转移提供更多的支持。例如，员工到外地出差，可享受幼儿照顾补贴费。

6. 职业生涯管理

一般来说，处于早期职业生涯的员工，他们的家庭生活还处于起步阶段，此时两种角色间的冲突不是很明显。当员工的职业生涯逐渐发展到中期和后期时，员工需要担负起更多的家庭责任，包括负担起子女生活以及教育的责任，此时，对于员工生理和心理上的要求很高。根据这种周期规律，组织可以在员工职业生涯的早期，就有针对性地由为员工提供一定的培训或是制订一系列的发展计划，帮助员工为适应未来的生活，积累心理和生理上的资源基础。

7. 员工援助项目的实施

员工援助计划（EAP）是一项为工作场所中个人和组织提供咨询服务的项目计划。一般由组织出资，通过第三方，即 EAP 服务机构为其成员设置的一项系统的、长期的援助和福利计划，员工都可以免费享有。绝大多数世界一流企业都制订了各种各样的"员工援助计划"，通过专业人员对组织的诊断、建议，对组织成员及其家属提供专业指导、培训和咨询，帮助他们解决心理和行为问题，以维护组织成员的心理健康，提高工作绩效，并改善组织管理。

援助计划的实施过程一般由三个部分组成：第一是针对造成问题的外部压力源本身去处理，即减少或消除不适当的管理和环境因素；第二是处理压力所造成的反应，即情绪、行为及生理等方面症状的缓解和疏导；第三，改变个体自身的弱点，即改变不合理的信念、行为模式和生活方式等。在服务方式上，

EAP 有着自己的一整套机制，除了提供心理咨询之外，它还可以通过心理健康调查、培训、讲座、电话咨询、网络咨询或其他认可的标准，在系统、统一的基础上，给予员工帮助、建议和其他信息。

EAP 的援助内容包括个人生活、工作问题和组织发展三个维度。

(1) 个人生活。个人生活包括健康问题、家庭关系、经济问题、情感困扰、法律顾问、酗酒、药物成瘾及其他相关生活问题。

(2) 工作问题。工作问题包括工作要求、工作中的公平感、工作中的人际关系、家庭与工作的平衡、工作压力及其他相关问题。

(3) 组织发展。EAP 能够通过系统的方法进行人力资源管理，并可以根据一个组织机构的情况和要求定制，对组织来说这是一个战略性的项目计划。

EAP 的作用体现在三个方面。

(1) 对组织的作用。改善组织的管理效果，提高生产率，减少缺勤率，减少招聘成本及培训费用，提高企业士气，提升公众形象，减少赔偿投诉，减少客户投诉，降低意外事故发生率。

(2) 对员工个人的作用。改善家庭和工作之间的关系，提高员工的工作效率和满意度，减少酗酒、吸烟及其他成瘾问题，改正不良习惯，更融洽地和他人相处，规划个人职业生涯。

(3) 对管理人员的作用。减少来自员工的投诉，有效处理与下属员工之间的关系，避免涉入私人问题及提供错误的建议，有更多的时间关注其他问题，提高追求目标，改善员工关系，更有效地领导整个团队。

我国企业十分需要开展 EAP，压力和情绪管理已经成为当今和未来企业管理中最紧迫的课题之一。但是 EAP 又是一个全新的概念，我国也主要是在国内的大型外资企业中开展，如惠普、思科、爱立信等外资投资中国的企业。EAP 是以人为本、人性化管理的一种体现，是企业领导对员工心理重视的反映，我国企业过于强调“经济效益第一”，对员工心理方面的重视还远远不够。我国企业需要改变观念，真正做到为员工着想，不但要考虑经济利益、福利待遇，还应考虑员工职业生涯规划、职工心理状态的健康等方面。首先，高层管理者就要改变观念，重视健康组织的建设，从加强企业核心竞争力和稳定发展的角度去重视 EAP，加强人力资源开发。

EAP 在我国刚刚起步，而且我们的文化有别于国外，所以在采取 EAP 时应根据本企业的具体情况来实施。目前中国企业员工的个人问题主要及中国在压力、情绪和心理方面，因此，我国企业可以采取试行模式，试行模式的基本步骤如下。

(1) 进行咨询。当管理者发现员工的工作表现不能令人满意，而且怀疑这种不良现象与个人问题有关时，就会向 EAP 咨询。

（2）问题定位。EAP 通过与经理的交谈了解情况后，初步判断该员工的业绩是否与心理状况有关，如果不是，则将问题退回人力资源部按人事管理制度处理；如果是，EAP 就要向经理提出建议，并制订方案说服员工与 EAP 接触。

（3）提供帮助。如果员工同意与 EAP 交谈，EAP 就可以进一步评估该员工存在哪方面的心理问题，需要什么样的帮助，并向员工推荐心理治疗师。

本章小结

（1）从工作与家庭的关系角度看，工作—家庭冲突具有双向性。具体来说，包括因工作要求而产生的工作—家庭冲突和因家庭需要而产生的家庭—工作冲突两种类型。

（2）有关平衡的认识误区：理想的生活是无忧无虑的；平衡是一劳永逸的；凡事越快越好。

（3）员工的工作—家庭冲突，描述的是当工作和家庭两个领域对员工的需求不相容，员工的时间和精力不足以同时满足工作和家庭两个角色的需求时，所引发的角色之间的不一致性或不可协调性，并对工作和家庭生活造成的不利影响。

（4）分割理论是将男性和女性之间的生理差异作为家庭和社会角色分工的基础，并固化为两种社会分工体系；认为工作家庭两个系统相互影响，不会相互冲突。

（5）溢出理论认为人的工作领域和家庭领域之间是没有明显边界的，它们的影响可以从一个领域溢出到另一个领域。积极的溢出包括满意和满意度；家庭生活美满可以焕发员工的工作积极性。

（6）工作—家庭边界理论解释了两个边界跨越者和他们的工作与家庭生活之间的关系，解释冲突出现的原因，提出保持平衡的结构。

（7）组织应该采取工作—家庭平衡的政策来进行更加有效的人力资源管理，并可以建立一个更加愉悦、公正并充满活力的工作场所。

（8）工作—家庭平衡计划实施要点：观念先行、实行弹性工作制、关心员工的身体健康、EAP 项目的实施。

（9）EAP，即员工援助计划，是一项为工作场所中个人和组织提供咨询服务的项目计划。它是由组织出资，通过第三方（EAP 服务机构）为其成员设置的一项系统的、长期的援助和福利计划，并且是免费提供的。

复习思考题

(1) 什么是工作—家庭冲突的双向性?

(2) 什么是工作—家庭平衡? 它的意义是什么? 怎么处理工作与家庭的平衡?

(3) 工作—家庭平衡的理论有哪些?

(4) 组织如何帮助员工实现工作—家庭平衡?

案例分析

赵黎的职场经历

赵黎在一家500强企业(A公司)已经工作了六年,从2005年研究生毕业到2011年年初。在这六年时间里,赵黎的工作和生活都发生了许多变化。从工作上来说,她从一个人力资源专员做到了经理的职位,因为之前的公司成长很快,每年都有一些不同的项目在做,因此她的工作内容也就一直在调整和变化,经过六年的时间,赵黎已经做过所有人力资源部门的职位,包括招聘、渠道管理、薪酬、绩效员工关系等,除此之外,她甚至还去财务部门、行政部门、法务部门以及其他部门做过管理工作,这样多方面的锻炼使得赵黎的成长速度惊人。由于每年都有不同的项目在做,赵黎在之前公司的工作量一直很大,几乎都是从年初忙到年末,加班成了家常便饭,晚上九十点钟回家算正常,凌晨回去也常有,几乎没有太多精力去想别的事情。在2006年年底时,赵黎因为不堪巨大的工作量和工作压力,一度跟老板提出离职,她觉得"自己每天都看不到太阳,早上一大早出门,弄到半夜才回家,完全没有自己的生活",但是大老板的诚意挽留及提出接下来又会有新的东西让她学习,好学的赵黎最终被打动,还是留了下来。

从生活的角度来说,赵黎这六年也是变化不断。首先,热爱投资的她选择在工作初期就贷款买了一套房子,对于上海这样的高房价,有这样的勇气实属不易,在朋友的指点下,赵黎用自己的公积金辅助还一部分贷款,首付由自己的存款和父母的资助共同构成,虽然父母刚开始并不支持她的这一想法,但最终还是输给了她的坚持。其次,在2008年赵黎组建了自己的小家庭,并在2010年有了孩子,夫妻两人都非常理解对方,能够互相体谅和包容,给予对方中肯的意见。如果一段时间女方的工作比较忙,男方就会体贴地尽可能不加班，按时回家多照顾家庭，反之如果男方很忙女方也是如此。包括他们工作上的变化也都会商量好不放在同一个时间，这样可以更好地分担照顾家庭的责任。

孩子出生四个月后，赵黎考虑到公司年底很忙，她决定尽快回公司上班，回到工作岗位。2010年底赵黎就开始考虑换工作的问题，离开之前公司的原因主要是以下几点：一是在这家公司实在太久了，觉得需要换个环境挑战一下；二是她生完孩子了，对女性来讲这是换工作的一个很好的时机；三是她之前所在的公司也发展到一定的规模了，和以前有一些不一样的地方；四是当时的求职市场比较炙手可热。赵黎当时拿到的三个offer都是世界500强的公司，在她进行选择的时候，她的先生也给了一定的建议，最终她选择了现在所在的这家公司，并且在这家500强公司的人力资源部门的服务组担任经理职位。这家公司在亚太地区的四个国家和地区都有分公司，上海是它的亚太中心，目前公司希望集中亚太地区人力资源的一些业务，再与分支公司、机构配合进行。赵黎目前就参与在这个项目之中，她也坦言，在年初刚进公司时也需要一个适应阶段，但实际工作量还是很大的，并没有太多时间去适应就已经投入工作当中。年初的四五个月里她非常忙碌，几乎每天都会加班到十点钟，虽然这比起上一家公司也还好，但赵黎坦言毕竟那时候自己年纪轻，又没有家庭和孩子，现在身体和精力都会跟不上。现在虽然也快到年底，但赵黎一般只会工作到晚上七八点钟。

赵黎比较追求自己工作与生活的平衡，她坦言如果公司允许，希望不用每天加班，能够按时回家，周末也不用再想工作的事情。对于未来的职业规划，赵黎觉得在她35岁之前还是会尽量努力向上走，希望能够走得更远。35岁以后她觉得要看到她先生的事业发展情况来决定她是该将重心放在家庭上还是事业上，但目前她和丈夫的重心都是放在发展各自的事业上。

资料来源：闫丽云．事业与家庭可以兼得吗——女性经理工作与生活平衡叙事探究[D]．华东师范大学学位论文，2012.

阅读并思考：我们可以从赵黎的工作—家庭平衡事例中学习到什么？想要实现工作—家庭平衡的关键性因素有哪些？

第十一章　职业生涯规划与管理的新发展

学习目标

~掌握职业生涯发展的组织内外部环境的变化和特点；

~掌握与职业有关的各种变化；

~理解无边界职业生涯和易变性职业生涯的含义；

~理解新形势下的个人职业生涯规划与管理属性；

~了解职业类型的多样性发展；

~了解无边界职业生涯的特点、管理内容；

~了解易变性职业生涯与传统职业生涯、无边界职业生涯的区别；

~了解个体职业生涯规划与组织职业生涯管理的发展变化。

【引例】

沃尔玛的战略变形记

2014年年底，沃尔玛计划在中国裁员250人，对总部以及区域办公室架构进行调整，整合部分区域及岗位的管理职能。其实，自2006年以来，沃尔玛在中国经历了多次组织变革。

2006年11月，陈耀昌加入沃尔玛，任沃尔玛全球高级副总裁、中国区总裁兼首席执行官，负责管理沃尔玛在华业务。陈耀昌上任以后，大力推动改革，否定了沃尔玛中央集权的模式。

2010年，沃尔玛正式推行大区建制，设立华北、华东、华南、华西等大区，并分权给各个大区总监。在采购方面，沃尔玛深圳总部除了掌管100多个全国供应商外，其他商品的进场权、定价权、促销谈判以及陈列等权力都下放到各大区。

2012年，沃尔玛对采购团队进行优化，撤销全国29个采购办公室中的21个，涉及人员达数百人。

2013年，沃尔玛也一直在加紧调整业务架构，精简层级。在其“总部加强集权”战略的引领下，沃尔玛的区域采购办公室再度缩减到目前的6个。

2014年3月，沃尔玛湖南常德水星楼分店停业，135名员工被要求转去外地门店或参与竞岗，引发百人维权；重庆南滨店、安徽马鞍山门店相继停业后，媒体报道称，此举被员工认为是“变相裁员”。11月，沃尔玛出于“业务发展需要”，在总部深圳裁员20人，这些人均为中层管理岗位。

在这次最新的战略变形中，拟裁减的250个岗位大概占沃尔玛总员工数的0.2%，营运区域划分也将从6个减为5个，取消大连区域办公室，将该区域管理职能转移至北京区域办公室，门店不受此次调整影响。调整后，5个运营区域包括华北区、华东区、华中区、华南区和华西区。新改组的33个营运分区中，安徽将划归华东区管理。

此次大规模人事变动是沃尔玛中国首席运营官柯俊贤升任中国总裁兼首席执行官后，对沃尔玛中国总部进行的重整。其实，沃尔玛大规模战略变形的背后，是外资零售巨头在华经营已失去原先“资金雄厚、管理经验好”等优势。面对国内零售区域优势明显及电商迅猛来势，外资零售巨头在转型与适应中国零售新形势方面稍显迟缓。

目前，沃尔玛在中国形成了“三驾马车”的业务构成：大卖场、山姆会员店以及1号店。主要靠这三种业态运转的沃尔玛仍面临国内零售环境激烈厮杀的境遇。2014年第二季度，沃尔玛在中国的同店销售额下降1.6%，低于上年同期水平。到了第三季度，这一状况仍然没有得到好转，截至10月31日，沃尔玛在中国的销售额下降了0.8%。

在业界看来，沃尔玛中国此前迅速扩张导致部门重叠，为缩减开支而进行的架构重组是快速解决这一问题的方法。而且，在业务大卖场表现不佳、控股的电商“1号店”发展滞缓、市场占有率持续下滑的背景下，沃尔玛中国大规模裁员或是为业绩增色的一种手段。对于本土的零售企业来说，沃尔玛的数次裁员或许是福音。被沃尔玛裁掉的主要是中高层管理者和专业采购人员，他们正是本土零售企业所缺乏的人才。如果本土零售企业趁他们情绪低落之时迅速伸出橄榄枝，即使薪酬比不上沃尔玛，他们也会因为感恩而加盟。这对本土零售企业来说相当划算。

实际上，除了购物中心，沃尔玛现在在中国的机会有两个，一是电商通过一号店渗入，另一个则是大卖场向三、四线城市调整。沃尔玛（中国）一位内部人士表示，沃尔玛做的一系列调整，都是在进行“改变业务（模式），积极变革”，像提高门店质量、调整架构、简化流程等，这些年沃尔玛都是在“扎扎实实做零售业务”。

沃尔玛此前曾对外界宣布“三年计划”，包括2014—2016年增设110个新址，商场、配送中心都涵盖其中，意欲“打造更高效的供应链”。这个新的业务发展计划还将创造约 19 000 个新的工作岗位，或为现有员工提供进一步职业发展机会。2014 年年底前，沃尔玛有望使中国区的物流配送中心总数增至 20 个，分别是 9 家干货物流配送中心以及 11 家生鲜物流配送中心。但随着生鲜配送网络覆盖全国所有门店，这将更有利于沃尔玛和优质生鲜供应商进行全国集中采购合作，减少中间经销商的环节。这也意味着，沃尔玛采购部门的裁员将继续进行下去。2014 年年底前，广东、江西、云南、吉林、浙江、四川等地将开设 8 家沃尔玛新购物广场，并在武汉开设一家山姆新店。与此同时，沃尔玛还将对现有门店进行升级改造，预计 2014 年全年投入 5.5 亿元升级约 50 家门店。随着沃尔玛加速开店，其在三、四线城市的布局也逐步成型。在大卖场下沉的同时，山姆会员商店继续留守一二线市场。

从“沃尔玛的战略变形记”中可以看出，进入 21 世纪，组织面临着新形势下的变革，组织文化、组织理念也在发生着变化，这同时也影响着员工的职业生涯发展。

资料来源：佚名．沃尔玛的战略变形记［EB/OL］．［2014-12-05］．http：//www.ceconlinebbs.com/FORUM_POST_900001_900133_1076952_0.HTM.

在当今时代，全球化、知识化、信息化和社会多元化发展已经成为新的发展潮流。技术的突飞猛进，政治、经济格局的巨大改变，科技、文化的高速发展，使得我们每一个人都面临着新的挑战和机遇。同时，职业生涯规划和管理也面临着巨大的挑战。

第一节　职业生涯发展内外环境的新特点

一、社会环境的新特点

1. 全球化

经济全球化是当代世界经济的重要特征之一，也是世界经济发展的重要趋势。而企业国际化是世界经济一体化的必然结果，因此，我们在进行职业生涯规划与管理时要运用全球化的眼光、着眼于世界和未来发展制定适合个体自我发展的职业规划。

2. 知识经济

知识经济时代的社会发展需要人的极大发展与能力提升，而且知识经济扬弃了那种局限于人的短期发展利益的狭隘发展观，需要全社会从长远的职业生涯规划来保证人的长远发展利益。因此，知识经济时代对人才的要求更高、对知识和技术的依赖性也更大。个体在考虑职业发展，为职业生涯做准备时要让自己与职业要求相匹配。

3. 互联网时代

21 世纪已经进入了互联网时代，即以互联网为核心沟通方式，它给我们的生活和工作都带来了巨大的改变。互联网几乎影响着所有人群的生活方式、工作方式和学习方式。越来越多的人群都是借助于互联网来了解新闻、与朋友联系等。

二、组织环境的新特点

进入 21 世纪后，组织的表现形式也在发生着多种多样的变化，主要表现出扁平化、有机化、虚拟化等特点。

1. 扁平化

扁平化主要是指组织形式从金字塔组织走向蜂窝式组织。工业时代，组织一般是以韦伯的官僚行政组织体系理论为基础发展的金字塔式的层级结构，随着进一步发展，很多大型企业的特点是：机体庞大、层次较多、官僚主义作风比较严重、应对外界环境的反应缓慢并且压抑了组织内部员工的工作积极性和创造性。因此，进入 21 世纪，组织要想很好地应付外界环境，与时共进，就需要精简组织结构和组织人员、形成新型的为完成组织共同目标而形成的各个自主经营、自我管理，相互协调发展的内部网络化的蜂窝式组织结构。

2. 有机化

有机化是指组织从依照职能分工设置部门应对内外部环境变化的组织形式变为依靠跨职能的团队为组织的基本单元，从而形成以团队为组织基层细胞，建立高效、自主的跨职能组织结构。进入 21 世纪后，传统的依靠职能结构的划分而形成的团队已经不能很好地应对环境变化。当今时代的有效团队应该是建立在由技能互补的成员为了共同的利益、宗旨和目标，承担共同责任且在独立、平等、自主的基础上而组建的团队。这使得组织中的团队成员不再是依靠权威和压迫不得已完成团队任务，而是积极参与、共同团结互助、不断开创学习，为了集体利益而共同奋斗。这样的团队会有很大的凝聚力，能够很好地适应不断变化的外部环境。

3. 虚拟化

组织虚拟化是指组织未来的结构形式不再是以前的以产权、资产、权威等为基础的实实在在的企业实体，而是发展为依靠计算机和信息网络支撑的以分工合作为基础的、依靠市场等价交换的企业联合体。它包括单体的组织虚拟化和组织间关系的虚拟化。单体的组织虚拟化是指组织内部依靠电子设备将员工与员工、员工与顾客相互连接在一起，使组织成为一个“空壳”。而组织间的虚拟化则是指企业间形成一个组织网络化的关系，这些组织为了特定的目标或者协议而联系在一起，它们可能是合作伙伴、竞争对手、母子公司等。

三、与职业有关的变化

(一) 职业工种的变化

随着社会的发展与进步，职业环境有了新的变化，职业发展中对个体的职业要求也在发生着变化，相应的，职业类型也发生了较大的变化。由于科学技术的进步，很多传统行业在逐渐消失，新的行业在不断地涌现。例如，豆浆机、榨汁机等新设备的产生，使得很多手工磨豆的职业随之消失。《中华人民共和国工种分类目录》(1992 年) 将我国的近万个工种归并为分属 46 个大类的 4700 多个工种。2004 年，我国增加了将近 64 个新的职业，而传统职业却有将近 3000 多个已经消失，其中在保留的职业中有很多对员工的技能和素质的要求已经发生了变化。例如，销售员这一职业仍然存在，但是从以前要求销售员只需要进行面对面的买卖到现在要求销售员采取多种渠道（如通过淘宝、微信、QQ 等）进行销售。这一变化说明未来的职业对员工的知识含量、技术水平具有更高的要求。

(二) 组织内部员工结构发生变化

21 世纪的组织也在发生着变化，主要变化是呈现多样性特征，即组织包容不同形式的用工人员。第一，组织内部员工的组成不再是以前的全部是全职、在岗的固定员工，它现在可以包容一些临时工、派遣员工、兼职员工等，只要它的核心员工固定，非核心员工可以以很多形式存在。第二，组织可以包容不同个人信念、不同价值观的员工。第三，组织内员工的多样性还体现在员工的国籍、民族、肤色等的不一致。

(三) 职业选择范围发生了变化

组织结构的变化带来个体职业选择的变化。个体可以打破传统的职业边界自由地选择职业，不再局限于一个组织的某一岗位，可以选择他能够胜任的不同组织的岗位，能够最大限度地发挥自己所长。组织也可以采取多种形式聘用员工，如临时录用、接受派遣员工等，如此一来也打破了组织用人上的内外界限，使得组织可以使用真正有才能的、匹配企业需求的人才，既节约了用工成本也提高了效率。

（四）职业成功标准观发生了变化

传统的职业成功主要就是从员工在职位、薪酬、权力三方面取得的成就来判断该员工的职业是否成功，并且他们从工作中主要是为了获得安全保障。进入新世纪以后，大量的知识员工进入职场，他们不再单纯的以职位、薪酬、权力作为自我职业成功的标准，而更多的是以自我价值为导向，注重自我成长和自我发展以及自我实现，他们的生涯目标是追求心理成就感。因此，他们追求的职业成功内涵是从工作中获得技能、获得乐趣，丰富自我人生价值，具有灵活的、自在的发展空间。

（五）组织与员工间的心理契约发生了变化

心理契约是指组织和员工对于相互之间责任和义务的期望。它是联系员工与组织之间的心理纽带，是影响员工心理行为的态度和重要因素；影响到员工的工作绩效、工作满意度、对组织的情感以及员工的流动率。

传统的职业生涯心理契约模式是员工愿意承担组织中的各种工作任务并且努力的工作，对组织一般都很忠诚，愿意为了组织利益牺牲自我的小利益，如愿意为了组织放弃周末休息、与家人聚餐的时间。与之对应的是组织为员工提供稳定的待遇、满足员工的各种经济福利。但是，在新的社会发展环境下，组织自身的生存环境更加激烈，为谋求更好地发展，组织会淘汰掉不能实现组织既定任务目标的员工，组织提供给员工的也不再是长期的雇佣条件；员工为了自我发展，对组织也只是在任职期内的忠诚，这只是一种职业化的忠诚，而非对某一企业的终身忠诚。

四、职业生涯类型的多样性发展

（一）外职业生涯和内职业生涯

（1）外职业生涯是指从事职业时的工作单位、工作地点、工作内容、工作职务、工作环境、工资待遇等因素的组合及其变化过程。外职业生涯强调外部环境和外部条件，其构成因素通常会随着外在条件的变化而变化。内职业生涯是指从事一项职业时所具备的知识、观念、心理素质、能力、内心感受等因素的组合及其变化过程。内职业生涯各项因素的取得，主要靠自己努力追求而得以实现。与外职业生涯的构成因素不同，内职业生涯的各构成因素内容一旦取得，别人便不能收回或剥夺。

（2）内职业生涯的发展是外职业生涯发展的前提，内职业生涯发展带动外职业生涯的发展。内职业生涯在人的职业生涯成功乃至人生成功中具有关键性作用。在职业生涯的各个阶段，如职业生涯的早期和中前期，以及尚未毕业的大学生，尤其要重视内职业生涯的发展。

（二）稳定性职业生涯

从职业生涯的稳定性划分，可以将职业生涯分为稳定性职业生涯和易变性职业生涯。稳定性职业生涯的职业发展是相对稳定和持续。例如，教育系统、政府机关、事业单位等许多职业个体的职业生涯体现出稳定性、持续性的特征。易变性职业生涯是指个体的职业选择随着职业兴趣、职业能力、价值观及工作环境的变化而变化。

（三）无边界职业生涯

1. 无边界职业生涯

（1）无边界职业生涯产生的背景。

无边界职业生涯的产生与社会的发展密不可分。20 世纪 90 年代以后，科学技术和知识经济迅猛发展，企业面临着日益竞争激烈的社会环境，组织结构发生着巨大的变化，企业从传统的科层制发展为全球化、扁平化、有机化、网络化、虚拟化、多元化、小型化等特点。在此基础上，企业的雇佣方式也发生了改变，传统的长期甚至终身雇佣制模式就会被具有弹性的雇佣方式所取代，如随着时代应运而生的劳务派遣、劳务外包等用工形式的出现。企业将外界环境剧烈变动的风险通过组织结构与雇佣形式的调整传递给了员工，使得员工的职业生涯边界发生着改变。

随着经济、技术的发展和社会的变迁，人们工作的目的不仅仅是满足最基本的衣食住行需要，解决生理、安全需要，而是更倾向于为了追求较高的收入，较好的人际环境、实现个人的价值等，人们对于工作的选择呈现出多样化的趋势，这势必会使得员工个人主动打破原有的职业生涯边界，这也是无边界职业生涯形成的重要原因之一。

（2）无边界职业生涯的含义。

无边界职业生涯的概念最早出现于 20 世纪 90 年代，由阿瑟在 1994 年首先提出来，是指“超越单个就业环境边界的一系列的就业机会”。1996 年，阿瑟和卢梭在其出版的《无边界职业生涯》一书中，对无边界生涯做了进一步的修正和丰富，提出了无边界职业生涯存在的六种形式：第一，存在于像硅谷公司一样的组织，跨越了不同的雇主边界，形成流动的职业；第二，存在于像学术研究者或者木匠等职业中，可以从外界获得从业资格；第三，存在于像房地产商一样的职业中，需要依靠外界的网络和信息来支撑其发展；第四，存在于一些传统的企业和组织的边界层级需要被打破的职业中；第五，存在于由于个人原因或者家庭原因，个人需要拒绝或者放弃现有职业；第六，个体自身认为无边界不受结构的限制。阿瑟和卢梭还总结了这些定义中的共同特征，即“独立于而不是依赖于传统组织的职业安排”。

与传统的职业生涯不同，无边界职业生涯强调以就业能力的提升替代长期雇佣保证，使员工能够跨越不同组织实现持续就业。无边界职业生涯可以分为自愿无边界和非自愿无边界。自愿无边界是指当听说或者找到一个能够获得更多发展和回报的机会时，人们主动选择进入一个新的企业。非自愿无边界则是指当发生比如缩小规模、淘汰、重构或者裁员时，人们被迫去寻找新的工作。

（3）无边界职业生涯模型。

为了进一步阐述无边界职业生涯的概念，2005 年，阿瑟和卢梭提出了无边界职业生涯的双维度模型（见图 11-1），即将无边界职业生涯分为客观流动和心理流动。客观流动是指跨越客观实际的行动，心理流动是指个体对跨越边界能力的感知。无边界职业生涯双维度模型的职业行动人可以在客观和心理的范围内展示出流动性。根据该模型将职业分为四类，即低客观、低心理流动型；低客观、高心理流动型；高客观、低心理流动型和高客观、高心理流动型。客观流动高表明岗位、组织或者行业更替频繁；反之则表示在现有位置上不动。心理流动高表明从心理上更倾向于流动；反之则表示不愿意或不想流动。根据阿瑟和卢梭给出的无边界职业生涯的定义，很多学者只关注了职业边界的客观流动，而忽视了个体心理边界的流动以及其对个体职业生涯发展的影响。

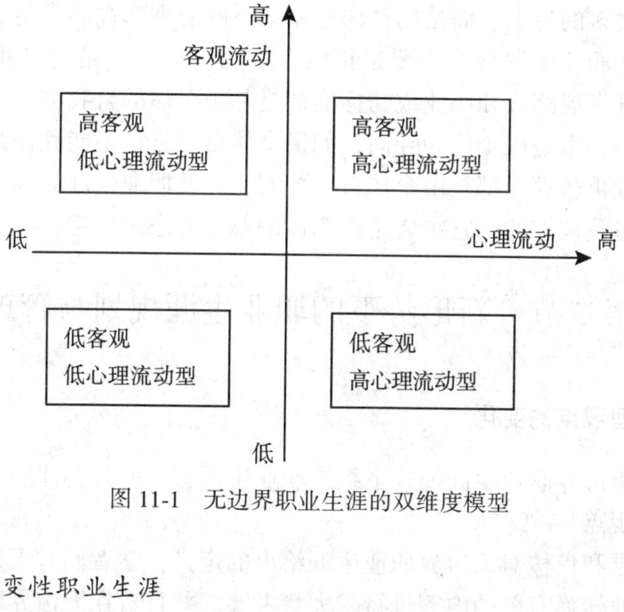

图 11-1　无边界职业生涯的双维度模型

（四）易变性职业生涯

波士顿大学的霍尔（Hall）教授于 1976 年提出了“易变性职业生涯”，

但是，直到1996年该观点才受到广泛的关注。霍尔认为，职业个体可以通过不断的重新选择和调整自己的职业生涯来面对人生不同阶段的挑战，即易变性职业生涯更多的可能是为了满足个体需求而非组织目标，因此，易变性职业生涯强调对职业生涯负责的是个体而非组织。1998年，霍尔和莫斯（Moss）进一步描述了易变性职业生涯的特征：职业生涯的发展是由个人掌握和管理的，而不是依靠组织；在个体接受教育、学习、培训以及职业转换等方面都是个体自己的行为，个体在做出职业选择时，往往是追求自我的内在价值的实现，获得心理成就感的满足。

易变性职业生涯是职业生涯发展的一种新形式，是个体为自己选择的职业生涯发展道路，并且为自己的职业生涯发展负担起全部的责任，并且个体会根据自我需求不断地调整职业生涯发展，同时，个体也会因为职业生涯发展需求而不断地完善和发展自己、提升自己的能力。因此，易变性职业生涯的本质就是个体与职业之间的一种约定和发展，而不是职业或者个体与组织之间的契约。

2006年，布里斯克（Brisco）和霍尔在综合前人研究的基础上更加详细地阐述了易变性职业生涯的概念，即易变性职业生涯是指个体驱动而非组织指使，制定个人的职业目标，对个体的整个职业生涯做出规划，追求自我心理的成功、自我成就感的满足而非客观的、外在的成功标准。比如，对薪酬、职业声望等不再过多的追求，而是向往内心驱动下的心理幸福和满足。因此，易变性职业生涯的职业生涯规划主要是指以个体为导向的，是受自我价值观的影响，职业生涯发展路线和职业成功标准都是基于个体的自我测定。在职业生涯管理的过程中，也是以个体为导向，如果个体自己觉得不能胜任某项工作，需要继续学习和再教育等都是由个体自己控制，以及职业生涯的继续发展或终结都是由个体自我调控的，它主要是由个体的职业心态来决定。

第二节　新形势下的职业生涯规划与管理

一、管理观点的变化

对于在无边界职业生涯模式下组织职业生涯管理的必要性问题，不同的学者有不同的观点。

根据阿瑟和卢梭对无边界职业生涯给出的定义，学者们对无边界职业生涯模式下与职业转换有关的内容进行了大量考察，并且对在无边界职业模式的发展条件下，组织是否有必要对员工进行职业生涯的管理进行了研究。有的学者认为个体应该对自己负责，而不是过多地依赖组织帮助其进行职业生涯规划与管理。但是，组织应该采取有针对性的措施帮助员工进行职业发展，例如，通过安排一些有挑战性的工作、提供一些发展性资源和上升空间，帮助个体为了满足个人需求不断地发展自我，这样既能增加员工的组织承诺，也有利于组织和个体共同发展。因此，强调职业生涯管理的重点不再是组织是否对员工进行职业生涯管理，而是组织对员工进行职业生涯管理的措施和办法是否能否适应外界不断变化的环境。

1998年，阿达姆松等人在探讨了职业生涯发展在组织中存在的必要性和可能性问题的基础上提出了以修正职业生涯的定义来适应现代组织发展的需要。他们认为组织的扁平化和变化多端、员工的流动性使得组织的职业规划愈发困难，特别是管理人员的职业规划尤为困难，因而建议取消传统意义上的组织职业规划。他们认为职业规划应成为个人的事情，个人为了适应组织的发展和变革，不断地调整自己，以适应组织的要求。另有观点提出，职业生涯管理并不一定意味着工作岗位的变化，也不一定意味着晋升。例如，职业生涯可以通过个人在其工作岗位自主权扩大或对其业绩评价提高表现出来。我们可以谈论一个医生的职业生涯，谈论一个中小企业领导人的职业生涯，同样也可以谈论一个商业部门工作者的职业生涯，他们要面临各种不断丰富自己知识的职业尝试，他们的职业生涯与他们和客户关系的发展有关而非与他们的新职务相关。

二、无边界职业生涯的管理

（一）无边界职业生涯的特点

1. 职业生涯跨越组织边界

无边界职业生涯最突出的特点就是跨越了雇主边界。在无边界职业生涯模式下，员工的职业生涯不再局限在一个组织当中，而是在两个或多个组织中完成。

2. 职业生涯跨越职业边界

无边界职业生涯模式下，员工在其职业生涯当中将从事多种职业，这些职业可能密切相关，例如，家庭教师、教师、培训师，也可能显然不相关。员工们可能会不断地寻找新的职业机会，不断地试错，直至找到最适合自己的职业发展领域。

3. 职业生涯跨越地域边界

在无边界职业生涯模式下，员工的职业发展不再受地域的限制，其职业生涯可能是在一个国家的几个地区甚至几个国家中度过。经济的全球化，跨国公司的增加使劳动力的跨国流动日益增多。

4. 职业生涯路径成螺旋形

在无边界职业生涯模式下，员工的职业生涯路径由原来的直线型、专家型呈现为螺旋形。即从业者在职业生涯发展中从事两种以上职业，不断学习和提高多种技能，培养灵活的就业能力，不断积累、提升人力资本，在不同职业甚至不同行业中寻求发展。

5. 职业技能具有可携带性和可迁移性

无边界职业生涯模式下，雇员跨越不同的组织、职业边界流动，组织对个人的技能要求不再是单一的特殊技能，而是具有广泛迁移价值、在多种岗位都能发挥作用的技能。

（二）无边界职业生涯的管理内容

无边界职业生涯是指“超越某一单一雇用范围设定的一系列工作机会”。无边界职业生涯强调以就业能力的提升替代长期雇佣保证，使员工能够跨越不同组织实现持续就业。它表达了一个更加柔性的框架，将超越组织边界的职业生涯概念化，满足了长期以来更加宽广、更具包容性的职业生涯概念的需求。其本质就在于它独立于特定组织和现有的职业生涯路径。沙利文等比较系统地描述了传统的职业生涯管理与知识经济时代的职业生涯管理之间的区别，他们分别从雇佣心理契约、职业生涯边界、技能要求、职业生涯管理责任、培训、职业生涯发展阶段等几个方面进行了分析（见表 11-1）。

表 11-1　　**传统职业生涯与无边界职业生涯的比较**

比较维度	传统职业生涯	无边界职业生涯
雇佣心理契约	以工作安全感换取忠诚	心理成就感
边界	一两个公司	多个公司
技能	特定的公司	可迁移的
生涯管理责任	组织承担	个人承担
培训	正式培训	在职、即时的培训
生涯发展阶段	与年龄有着密切的联系	主要与学习相关

依据沙利文等人的观点，可以总结出无边界职业生涯管理的属性有以下四个方面。

(1) 雇佣心理契约方面，传统的职业生涯管理强调员工的忠诚和长期雇用，是以工作稳定来换取员工的忠诚，而在无边界职业生涯模式下，工作的稳定不再是组织追求的目标，组织重视的是个人对组织的价值，对于有价值的员工，组织才愿意付出。员工个人对组织也不再依赖，而是根据自身发展的需要灵活变换工作岗位、部门甚至职业。

(2) 个人所在组织的边界与交易型雇佣关系相对应，那些对组织来说缺乏高绩效灵活性的员工，属于被解雇的对象。

(3) 组织对个人的技能要求不再是单一的特殊技能，而是具有广泛迁移价值，在多种岗位都能发挥作用的技能。

(4) 职业生涯的发展阶段不再和年龄紧密相连，而是与学习有关。社会的发展由稳定性向变化多端转变。组织过去注重稳定性，那么资格的获得、经验的积累、职位的高低等都与年龄紧密相关，因此，年长的人往往具有优势。现在则注重变化性，谁有学习能力、适应能力，谁就能处于职业生涯发展的主动地位，否则就处于被动地位，而年龄较大的人，由于学习能力下降，过去的优势逐步成为现在的劣势。此外，与组织雇佣关系改变相对应，为了适应变幻莫测的外部竞争环境、降低成本等，组织将职业生涯管理的责任回归到个人自身。培训也不再是正式的、系统的，而更多地采取即时的、在岗培训的方式。

(三) 无边界职业生涯的成功标准观的变化

与无边界职业生涯转变相一致的是员工对个人职业生涯成功标准观的变化。传统职业生涯成功的标准主要是作为职业生涯结果的薪酬增长、职位晋升，以及外在的社会评价因素，如职业声望、社会称许等。无边界职业生涯的成功标准则发生了方向性变化：从看重结果转变为看重过程，如职业生涯经历、职业社会网络等；从看重外在评价标准转变为个人内在感受标准，如工作是否与兴趣一致、工作与家庭的平衡等。职业生涯成功标准的转化既是无边界职业生涯导致的结果，同时也是无边界职业生涯产生的原因。

三、易变性职业生涯的管理

(一) 易变性职业生涯与传统职业生涯的区别

在传统的职业生涯时代，组织安排个体的职业发展，职业生涯可以描述个体与一个组织长期的雇佣关系，个体可以通过内部晋升途径在一个组织中获得连续职务序列阶梯的发展。如在高校中，教职人员可以从最开始的讲师到副教授，然后到正教授。

但是，在易变性职业生涯时代，个体自己安排自己的职业生涯发展。易变性职业生涯则是指个体根据自己的兴趣、爱好、价值观以及工作环境等的变化，企业或组织内外部环境、政策的变化等导致个体调整自己的职业目标，并且频繁地改变自己的职业。例如，一位女性技术人员生育后将重心从工作转向了家庭，需要投入大量的时间在家庭上，因而申请从技术岗位转向行政岗位，如果公司不能满足她的需求，可能会导致该女性员工辞职而再重新找一份行政类的工作。

易变性职业生涯与传统职业生涯的比较内容如表 11-2 所示。

表 11-2 **传统职业生涯与易变性职业生涯的比较**

维度	传统职业生涯	易变性职业生涯
职业成功标准	晋升、加薪	心理成就感
心理契约	雇佣保障承诺	转换职业弹性
职位移动	垂直运动	水平运动
管理责任	公司承担	员工承担
形态	直线或专家	极速上升或者短暂无常
专业知识	知道自己该怎么做	学习该怎么做
发展	过多地依赖正式培训	更多地依赖人际关系和工作经验

从表 11-2 中可以看出易变性职业生涯与传统职业生涯的区别主要表现在以下四个方面。

(1) 传统的职业生涯目标是为了加薪和晋升，它一方面受到个体自身的影响，还受到组织所能提供的职位和机会的影响。而在易变性职业生涯时代，其目标是个体为了获得自我满足，这很大程度上受个体的自我调控，它是一种主观的感受，而非组织对其的认可。

(2) 易变性职业生涯要求个体必须具有动态的学习能力，而不仅仅依靠吃老本，即个体必须不断地自我学习以期来适应不断变化的环境。现代变化多端的商业经营环境要求组织必须能对客户的服务需求和产品需求做出更敏捷反应，因此，组织对雇员的知识类型要求已经与以前不同。在传统的职业生涯中，个体只需要知道怎么做、做什么就可以了，而现在对个体的知识和技能要求则更高了，个体不仅要"知道怎么做"，更重要的是个体需要在工作的过程中不断了解组织业务和文化，从而能形成和运用有关知识和技能，以促进公司的发展，个体需要为了达到组织的战略目标而需要建立各种关系。

（3）易变性的职业生涯的主要特征是“无边界”，即个体的职业发展可能是跨专业的职业生涯和短暂性的职业生涯，它相较于传统的职业生涯更具有流动性。个体将会从事更多的工作岗位和专业领域来保证个体较好地发展。

（4）易变性职业生涯阶段对个体的知识和技能的要求更加高，这使得个体需要通过不断地学习来增加自己的竞争优势。

（二）易变性职业生涯与无边界职业生涯的区别

“易变性职业生涯”和“无边界职业生涯”都是基于社会文化、科学技术等的变化导致个体对职业生涯的成功、职业生涯的发展以及职业心理契约的改变，形成的较之传统的职业生涯不同的当代职业生涯理念，并且前者在学术界和管理实践中的影响也越来越大。甚至有学者建议将这两个理论观点更好地融合产生新的理论。

“易变性职业生涯”和“无边界职业生涯”的区别点主要有以下几点。

（1）无边界职业生涯态度由心理和物理的移动倾向组成，易变性职业生涯态度由自我指导和价值驱动组成。

（2）易变性职业生涯与无边界职业生涯在定义和研究偏重有所不同。易变性职业生涯的早期研究偏向于态度研究，无边界职业生涯偏重行为研究。但两个概念都反映了当代职业生涯较之传统职业生涯不同的改变。

（3）易变性职业生涯与无边界中职业生涯在测量指标上也不一致，具体测量指标内容如表 11-3 和表 11-4 所示。

表 11-3　　**无边界职业生涯倾向的测量指标**

无边界职业思想倾向	跨组织流动偏好（否定项）
1. 我喜欢与组织外部的人一起工作 2. 我喜欢能够有与许多不同组织的人相互交流的机会的工作 3. 我喜欢能够经常出差的工作 4. 我喜欢需要超出部门范围的任务 5. 我喜欢在由不同的人员组成的项目组中工作 6. 过去我寻找过允许我在组织外部工作的机会 7. 新的环境和工作经验能够激励我 8. 我喜欢寻找能够让我学习东西的工作任务	1. 如果我所在的组织能够提供终身雇佣，我绝不会渴望去其他组织寻找工作 2. 我的职业生涯理想是在唯一一个组织中完成 3. 如果我不能在当前的组织中工作，我会觉得很失落 4. 我喜欢设想在一个组织中一直工作 5. 我宁愿待在一个熟悉的公司而不愿意在其他地方寻找工作机会

表 11-4 易变性职业生涯倾向的测量指标

自我指引的职业生涯管理态度项目	价值驱动的职业生涯态度项目
1. 我对自己的职业生涯负责 2. 最终我依靠自己来推进职业生涯 3. 我自己负责我的职业生涯的成功或失败 4. 只要与我的职业生涯相关，我就是“属于我自己的人” 5. 总体上，我有一个非常独立的，自我指引的职业生涯 6. 过去在必要时我依靠我自己而非其他人寻找新的工作 7. 自由寻找我自己的职业生涯路径是我最重要的价值观之一 8. 如果公司不能提供发展机会，我会自己在外面寻找发展机会	1. 如果公司要求我做与我职业价值观相违背的事情时，我选择坚持我的原则 2. 过去当公司要求我做我自己不同意的事情时，我会坚持自己的价值观 3. 有关我的职业生涯，我自己认为正确的比公司认为正确的更为重要 4. 对有关职业生涯我自己所做的选择，别人的评价无关紧要 5. 我以我自己的重点而非组织的重点来引导我自己的职业生涯 6. 对我来说，最重要的是我自己如何感知我的职业生涯的成功，而非其他人的感知

从无边界职业生涯倾向的测量指标和易变性职业生涯倾向指标的问题设定可以看出，无边界职业生涯倾向的是个体在组织中能否得到学习和提升的机会，如果个体能够得到学习和竞争的机会、并且组织能为其提供终身雇佣，以保障其工作安全和工作自我价值的实现，员工是愿意忠诚于组织的；只有当组织提供的不能满足员工需求的时候，个体才会选择到其他组织工作。而易变性职业生涯倾向的是个体自我价值的实现，不管组织是否为其提供学习、培训的机会，只要组织的价值观念与其职业价值观不相符，那么，个体就会选择新的、符合其价值观的工作机会；它强调的是个体的职业生涯选择、职业目标制定完全是由个体自我控制和掌握的。

四、新形势下的职业生涯规划与管理

当代的职业环境、组织环境、职业内涵等都发生了变化，员工以及组织对个体的职业生涯规划与管理的内容也需要做出相应地变化和调整，以适应环境的变化，如此才能让组织和员工都有更好的发展前景。

（一）新形势下的职业生涯规划与管理属性

（1）职业生涯规划与管理同时涉及组织和员工两个主体，不再是分离的个体和组织活动。

传统的职业生涯规划与管理一般都是组织扮演家长的角色，为了组织的螺旋式发展，替员工规划和建立职业生涯发展路径。而如今，员工个体的自我意识加强，他们的职业发展不再是依附于一个组织的发展，而是有着自我的价值取向和兴趣爱好，因此，他们不再满足和认同组织为其制定的职业生涯发展路径，而是希望朝着自我成长的方向发展。这时，个体的职业目标与组织的发展可能不相符合。因此，为了员工和组织的共同发展，组织参与到个体的职业生涯规划与管理中很有必要。成功的职业生涯规划与管理一般是员工和组织共同参与，各自承担一定的责任，扮演具体的角色，为了组织和员工的共同发展而建立。在这种参与的过程中，员工进行自我评估、职业发展途径的选择，组织协助和鼓励个体的职业发展，提供必要的工具、资源和持续性的指导与肯定，使得员工和组织实现双赢。

(2) 职业生涯规划与管理的内容和目的从传统的为了就业、保障就业安全转变为就业能力的提升和自我价值的实现。

在这个技术、经济发展快节奏变化的时代，个体想要处于优势地位，就需要成为自我命运的掌握者。虽然新环境下的职场有很多变化个体都无法控制和掌握，但唯有能力是个体可以自我掌控和依赖的，自身能力是自我生存的法则。因此，个体对职业生涯发展的关注点不再是以前的在某个组织安全的就业，而是不断提高自我的就业能力使得自己能够在不断变化的环境中不被淘汰。就算离开一个组织，也能够轻松地找到一份满意的工作。因此，就业能力比就业安全更为重要。

组织不再将员工视为赢利的工具，而是开始注重员工的个体需求，注重员工的思维方式，即“以人为本”，将员工视为人力资本，这种改变直接影响着个体或者组织的职业生涯规划与管理。首先，个体开始树立强烈的职业生涯规划与管理意识，注重自我认识、规划与管理的过程，不断学习和自我实现。其次，组织需要以开放、积极的心态对员工进行职业生涯管理，为员工提供职业评价和咨询，帮助员工实现个人的职业生涯规划目标，为员工提供更多的机会，实行以职业发展为导向的绩效评价等。

(3) 职业生涯规划与管理应该从长期的关系管理变为短期的互动管理。

职业劳动心理契约的改变，个体和组织之间建立的关系依靠在个体与组织的愿望、目标和供给是否均衡、相互满足的基础上，保持长期的关系已经变得不现实。同时，组织是个体发展的载体，是个体得以发展的基石，而个体又是组织得以发展的资源，因此，个体工作的积极性和对组织的忠诚度又直接影响着企业的竞争优势，它们二者相互依赖不可分割。组织和个体的立场不同，它们在职业生涯的发展方向和目标上并不一样，此时的他们又是相互独立的。因此，个体与组织需要不断调整策略、共同合作实现短期的利益互动，满足双方的需求，实现动态的组织与个体利益价值相匹配。

对于员工个体来说，在职业生涯规划与管理的过程中，不能够只考虑自我的兴趣和需求，应该采取一些行动来了解真实的自我、需求与发展趋向，同时结合组织的目标以及组织可以为个体提供的发展通道和各种资源，结合内外部环境来制定自己的职业发展通道，使个体的职业需求与组织需求相均衡。同时，需要适时地调整自我的职业锚，使个体、组织发展交互作用，朝着有利于个体的职业生涯方向发展。

对于组织来说，要尊重员工个性、兴趣和能力，并在沟通和工作考察中量才使用，采取多样化的组织职业生涯管理措施。对于那些不适合组织的发展、绩效差、能力低的员工，则应降低承诺。组织在注重差异化管理时，必须注重制度公平、程序公平的建设，否则会严重影响员工的积极性。同时，还要有同步性，根据员工自身职业发展不同阶段的需求提供不同的发展信息、发展资源和发展帮助，如给予多种职业咨询和评估、提供阶段性的工作轮换、建立完善的内部劳动力市场、提倡积极向上的组织文化、实行无边界管理，等等，增进个体对组织提供的职业生涯管理措施的感知，与员工达成互相信任的心理契约，发挥组织环境对员工价值观、行为规范和信仰的影响力，进而影响其职业理想、职业选择和职业发展。

（二）个体职业生涯规划的发展变化

1. 对自己的职业生涯负责

员工无论在什么样的企业，都必须采取以下几种职业生涯管理行动，来对自身的职业生涯进行规划：主动从直接的上司和同事那里获取自身优势及不足的信息反馈，对自己进行评估；明确自身的职业生涯发展阶段和职业能力开发需求；主动获取公司内部有关职位空缺及其他工作机会的信息；了解公司内部和外部存在那些与自己职业生涯有关的学习机会；建立自己的人际网络，与来自公司内外不同工作群体的雇员进行接触，拓展自己的职业空间。

2. 增强职业敏感性

企业的组织结构、经营环境和资讯系统正在发生惊人变化，在职场中的雇员应该增强职业的敏感性，增强职业危机意识，才能有效地提高自己被终生雇佣的可能性。职业的敏感性包括职业弹性、职业洞察力和职业认同感等几个方面。职业弹性指雇员处理某些影响工作问题的能力大小。高职业弹性员工对组织变革、工作的不确定性变化有较强的适应能力。员工掌握的技能越多、工作轮换的次数越多，其职业的弹性就越强。职业洞察力包括雇员对自己兴趣、优势和不足的自知能力，包括对组织结构的变化、经营环境的变化、新技术的采用对自己有意从事的工作岗位和职业的影响的感知能力。具有较强职业洞察力的雇员能够及时收集公司的各种信息，及时做好职业应对的准备。职业认同感指雇员对工作中个人价值的认可程度。职业认同感强的雇员能够尽快完成组织社会化过程，能够尽快适应新的工作环境。

3. 提高学习能力，防止技能老化

职场中的雇员应树立终身学习的观念，把学习看成工作和生活的第一需要；要不断接受新观念、新事物，要不断掌握新技能、实施新想法和工作策略，保持自己的学习能力；建立自己的知识网络，与同事或专家共享信息；要寻找与同事、经理共同探讨问题的机会，提出自己的想法，分享别人的经验，跟你感兴趣领域的专家保持联系，建立自己的知识管理系统；扩大现有工作内容，寻找更多的有挑战性的工作机会，如争取工作轮换、参加新的工作团队或新的工作项目组。这样能不断丰富自己在不同工作岗位的经验，增强自己的职业适应能力，同时提高自己的综合技能。

(三) 组织职业生涯管理的发展变化

在易变性的职业生涯时代，个体越来越重视自我发展、开始注重对自己的职业生涯进行规划和管理，而不再完全地依赖于组织。因此，他们在选择组织时，开始注重组织对个体的职业生涯规划的开发和管理能力，以及与自我价值观的匹配度。这使得组织建立一个战略性的职业生涯开发和管理系统是很有必要的，它能够为组织创造价值，给组织带来更多的人力资源。

1. 建立有效的职业生涯管理体系

职业生涯管理体系可以帮助雇员、管理人员和公司更好地了解员工职业生涯的发展要求。有效的职业生涯管理体系应该包括雇员自我评估、实际检验、目标设置和行动计划等几个方面。自我评估是员工通过各种信息来确定自己的职业兴趣、价值观、职业性向和行为倾向，使员工在企业中找到适合自己性情的岗位和专业领域。实际检验指雇员从公司获得自己职业表现，了解企业是如何评价其技能和知识。这需要主管对员工要进行专门的绩效评估和职业生涯发展面谈。目标设定指员工和经理讨论共同设计自己的职业生涯目标。行动计划指雇员为了达到长短期职业生涯目标应该采取的措施。

2. 建立多维职业生涯路径

随着“扁平化”组织结构的采用及项目管理的盛行，现在许多公司正在开发多重或双重职业生涯路径系统，从纵向的内部职业生涯阶梯变为横向、跨公司或专业的生涯，把固定的工作头衔变为变化着的工作头衔，为研发人员、市场人员、管理人员等各层面的雇员提供更多的职业生涯发展机会。易变性职业生涯使得个人的职务日益被定义为技能性工作。公司鼓励雇员接受交叉培训并学会完成各种任务，以便让他们能进行“职务轮换”，适应更多的岗位和工作。职务轮换为增强雇员雇佣的灵活性以及企业的人员配置提供了方便。现在有许多公司使用团队工作和项目管理，使得固定的工作头衔变为变化性的工作头衔。个人更多地被拉向多种团队、多种项目，雇员们不是沿一个职务相连的阶梯向上攀登，他们是横向轮换到不同的职务和团队中去，发挥自己的技能和才智。

3. 责任共享

在公司内部应该树立员工、主管、人力资源部经理和公司共同负责职业生涯规划和管理的观念，建立责任共享的职业生涯管理文化。表 11-5 即为易变性职业生涯管理中的责任共享内容。

表 11-5 **易变性职业生涯管理中的责任共享**

组织	人力资源部经理	主管	个体
建立有效的职业生涯管理系统	提供战略性的职业生涯指导建议和发展规划	充当教练的角色	自己确定未来职业发展方向
为个体提供成功的职业生涯	为个体提供职业生涯规划与发展的信息和建议	充当评估者的角色	创造好的工作绩效
培育支持职业生涯管理的企业文化	提供专业的服务，如咨询、测试等	充当顾问的角色	与主管商谈自己的职业发展
建立学习型组织	对职业生涯管理体系进行有效的评估	充当推荐人的角色	明确自我的需求，进行自我管理

本章小结

（1）社会环境发展变化的新特点是：全球化、知识经济、互联网时代等。

（2）组织环境变化的新特点是：扁平化、有机化和虚拟化等。

（3）与职业有关的变化主要体现在：职业类型发生变化；组织内部员工结构发生变化；可选择的职业范围发生了变化；职业成功标准观发生了变化；组织与员工间的心理契约发生了变化。

（4）心理契约是指组织和员工对于相互之间责任和义务的期望。它是联系员工与组织之间的心理纽带，是影响员工心理行为的态度和重要因素，它会影响到员工的工作绩效、工作满意度、对组织的情感以及员工的流动率。

（5）无边界职业生涯强调以就业能力的提升替代长期雇佣保证，使员工能够跨越不同组织实现持续就业。无边界职业生涯可以分为自愿无边界和非自愿无边界。自愿无边界是指当听说或者找到一个能够获得更多发展和回报的机会时，人们主动选择进入一个新的企业。非自愿无边界则是指当发生比如缩小规模、淘汰、重构或者裁员时，人们被迫去寻找新的工作。

(6) 易变性职业生涯是指个体驱动而非组织指使，制定个人的职业目标，对个体的整个职业生涯做出规划，追求自我心理的成功、自我成就感的满足而非客观的、外在的成功标准。

复习思考题

(1) 新的经济技术、社会文化环境下的职业生涯规划面临哪些挑战与机遇？

(2) 简述传统职业生涯与无边界职业生涯、易变性职业生涯的区别和联系。

(3) 无边界职业生涯时代，组织和个体应该怎样规划和管理职业生涯？

(4) 易变性职业生涯时代，组织和个体应该怎样规划和管理职业生涯？

案例分析

为什么别人能成功我不能

素材1

伟明大学毕业后做过多份工作。在国有企业、民营企业、外资企业都做过，从事过家电、IT、广告、房地产等行业，开始时做人事，后来转为销售，再后来又改做广告策划、营销策划。

做人事时，伟明觉得人太复杂，自己夹在老板和员工中间，太难做，觉得自己不适合从事这种低层次的人力资源管理。做销售时，成天要去拉关系，跟别人套近乎，感觉这不是自己所擅长的，收入也很不稳定。做了两年，有时业绩还不如一个刚来公司的“新手”。后来伟明改行做广告策划，他经常有很好的想法，发现自己做广告方案比许多人做得好（包括自己的上司），但自己感觉很好的策划上司就是不赞成，所以他不时与上司争论这些问题，往往闹得很不愉快。有一次伟明感觉自己做得很专业的整合营销策划方案，好几处被老板不加商量地做了修改。在客户那做了提案后，客户对没有修改的策划内容很赞赏。伟明无论在本土广告公司，还是在跨国广告公司，哪怕是做到了策划总监，常务副总，都感觉不能充分施展自己的能力。

伟明是一个典型的“概念主义者”。“概念主义者”非常自信、很有主见，喜欢与高素质的人一起工作，又常常发现周围的同事、甚至老板的水平并不高，同时对能力不如自己的人没有耐心，有时给人一种自我感觉太好、太骄傲的印象。这些都使他们的性格很独立、不合群，难以融入社会。一个毕业后我的已做了三年老师的“概念主义者”说：“毕业后我们潜意识里好像对融入社会很抗拒。”另一个毕业十年已经换了九份工作的“概念主义者”说：“我进一个好公司并不难，转行进入一个新的行业找工作也不太难，但就是进了企业后很难融入这个企业。”所以我们见到许多“概念主义者”朋友很少，经常跳槽。

素材 2

刚满 30 岁的阿强对跳不跳槽也是举棋不定。阿强读了 5 年的临床医学，毕业后在医院做了 3 年的内科医生。阿强当时觉得收入低，同时医院的圈子太封闭，想象一下自己一辈子就这样待在医院，好像现在就看到了 50 岁的自己，一辈子就这样？他十分不甘心，于是辞职，转头去了企业做销售。现在阿强在一家全球 500 强的企业做药品销售，收入还令人满意，但感觉应酬太多、太累——成天陪着吃吃喝喝，拉关系，不是自己喜欢的工作。阿强又很想跳槽，换一个自己喜欢的工作。但应该做什么工作呢？想来想去，阿强始终拿不定主意，觉得应该找职业顾问咨询一下。

成功职业指导中心指出：该不该跳槽？跳槽后做什么工作？要考虑的最主要的问题是职业定位——自己适合做什么工作？

成功心理学的最新研究成果——成功第一定律认为：在外部条件给定的前提下，一个人能否成功，关键在于能否准确识别并全力发挥其天生优势——天赋和性格。

资料来源：佚名．三联阅读　别人能成功为什么我不能［EB/OL］．［2013-07-12］．http：//www. 3lian. com/zl/2013/07-12/6c4f3aa5853a22911b33b1076423c5fd. html.

阅读并思考：你如何理解职业生涯成功？如何在新的经济、技术、社会发展环境下追求个人的职业生涯成功？

附录1　个人职业锚的确定

职业锚问卷（Career Anchor Questionaire）是一种职业生涯规划咨询、自我了解的工具，能够协助组织或个人进行更理想的职业生涯发展规划，是国外职业测评运用最广泛、最有效的工具之一。为了帮助你确定自己的职业锚，可以尝试作答如下所述的关于职业锚测试的问卷。请记住，职业锚倾向没有好坏，请根据第一感觉，不假思索迅速答题。

个人职业锚测试问卷

下面给出了40个问题，根据你的实际情况，从A、B、C、D、E、F六个字母中选择一个字母，字母的顺序表示这种描述符合你的程度，字母顺序与符合程度成正比，字母越靠后，表示这种描述越符合你情况的程度越高。例如，"我梦想成为公司的总裁"，你可以做出如下选择：选"A"代表这种描述完全不符合你的想法；选"B"或选"C"代表你偶尔（或者有时）这么想；选"D"或选"E"代表你经常（或者频繁）这么想；选"F"代表这种描述完全符合你的日常想法。

确定最符合你自身情况的选项。

A. 从不　B. 偶尔　C. 有时　D. 经常　E. 频繁　F. 总是

1. 我希望做我擅长的工作，这样我的建议可以不断被采纳。
2. 当我整合并管理其他人的工作时，我非常有成就感。
3. 我希望我的工作能让我用自己的方式，按自己的计划去开展。
4. 对我而言，安定与稳定比自由和自主更重要。
5. 我一直在寻找可以让我创立自己事业（公司）的有创意的点子。
6. 我认为只有对社会做出真正贡献的职业才算是成功的职业。
7. 在工作中，我希望去解决那些有挑战性的问题，并且胜出。
8. 我宁愿离开公司，也不愿从事需要个人和家庭做出一定牺牲的工作。
9. 将我的技术和专业水平发展到一个更具有竞争力的层次是成功职业的必要条件。

10. 我希望能够管理一个大公司（组织），我的决策将会影响许多人。

11. 如果职业允许自由地决定自己的工作内容、计划、过程时，我会非常满意。

12. 如果工作的结果使我丧失了自己在组织中的安全稳定感，我宁愿离开这个工作岗位。

13. 对我而言，创办自己的公司比在其他公司争取一个高的管理位置更有意义。

14. 我的职业满足感来自于我可以用自己的才能去为他人提供服务。

15. 我认为职业的成就感来自于克服自己面临的非常有挑战性的困难。

16. 我希望我的职业能够兼顾个人、家庭和工作的需要。

17. 对我而言，在我喜欢的专业领域内作资深专家比总经理更具有吸引力。

18. 只有在我成为公司的总经理之后，我才认为我的职业人生是成功的。

19. 成功的职业应该允许我有完全的自主与自由。

20. 我愿意在能给我安全感、稳定感的公司工作。

21. 当通过自己的努力或想法完成工作时，我的工作成就感最强。

22. 对我而言，利用自己的才能使这个世界变得更适合生活或居住，比争取一个高的管理职位更重要。

23. 当我解决了看上去不可能解决的问题，或者在必输无疑的竞赛中胜出，我会非常有成就感。

24. 我认为只有很好地平衡了个人、家庭、职业三者的关系，生活才能算是成功的。

25. 我宁愿离开公司，也不愿频繁接受那些不属于我专业领域的工作。

26. 对我而言，做一个全面管理者比在我喜欢的专业领域内作资深专家更有吸引力。

27. 对我而言，用我自己的方式不受约束地完成工作，比完全、稳定更加重要。

28. 只有当我的收入和工作有保障时，我才会对工作感到满意。

29. 在我职业生涯中，如果我能成功地创造或实现完全属于自己的产品或点子，我会感到非常成功。

30. 我希望从事对人类和社会真正有贡献的工作。

31. 我希望工作中有很多机会，可以不断挑战我解决问题的能力（或竞争力）。

32. 能很好地平衡个人生活与工作，比达到一个管理职位更重要。

33. 如果工作中能经常用到我特别的技巧和才能，我会感到特别满意。

34. 我宁愿离开公司，也不愿意接受让我离开全面管理的工作。

35. 我宁愿离开公司，不愿意接受约束我自由和自主控制权的工作。

36. 我希望有一份让我有安全感和稳定感的工作。

37. 我梦想创造属于自己的事业。

38. 如果工作限制了我为他人提供帮助和服务，我宁愿离开公司。

39. 去解决那些几乎无法解决的难题，比获得一个高的管理职位更有意义。

40. 我一直在寻找一份能最小化个人和家庭之间冲突的工作。

记分方法：

将每一题的分数填入附表 A-1 中，然后按照“列”进行分数累加得到一个部分，将每列总分除以五得到每列的平均分，填入表格。记住，在计算平均分和总分前，不要忘记将最符合你日常想法的三项，额外加上四分。

附表 A-1　　**计 分 表**

职业锚类型	技术/职能型	管理能力型	创造型	安全/稳定型	自主/独立型	服务型	挑战型	生活型
加分项	1	2	3	4	5	6	7	8
	9	10	11	12	13	14	15	16
	17	18	19	20	21	22	23	24
	25	26	27	28	29	30	31	32
	33	34	35	36	37	38	39	40
总分								
平均分								

分析：

1. 技术/职能型职业锚

如果你的职业锚是技术/职能型，你始终不肯放弃的是在专业领域中展示自己的技能，并不断把自己的技术发展到更高层次的机会。你希望通过施展自己的技能以获取别人的认可，并乐于接受来自于专业领域的挑战，你可能愿意成为技术/职能领域的管理者，但管理本身不能给你带来乐趣，你极力避免全面管理的职位，因为这意味着你可能会脱离自己擅长的专业领域。

你在这一领域的得分列在计分表的“技术/职能型”这一列。

2. 管理能力型职业锚

如果你的职业锚是管理型，你始终不肯放弃的是升迁到组织中更高的管理职位，这样你能够整合其他人的工作，并对组织中某项工作的绩效承担责任。你希望为最终的结果承担责任，并把组织的成功看做自己的工作。如果你目前在技术/职能部门工作，你会将此看成积累经验的必经过程。你的目标是尽快得到一个全面管理的职能，因为你对技术/职能部门的管理不感兴趣。

你在这一领域的得分列在计分表的“管理能力型”这一列。

3. 自主/独立型职业锚

如果你的职业锚是自主/独立型的，你始终不肯放弃的是按照自己的方式工作和生活，你希望留在能够提供足够的灵活性、并由自己来决定何时及如何工作的组织中。如果你无法忍受任何程度上的公司约束，就会去寻找那些有足够自由的职业，如教育、咨询等。你宁可放弃升职加薪的机会，也不愿意丧失自己的自主独立性。为了能有最大限度的自主和独立，你可能创立自己的公司，但你的创业动机与后面叙述的创业家的动机是不同的。

你在这一领域的得分列在计分表的“自主/独立型”这一列。

4. 安全/稳定型职业锚

如果你的职业锚是安全/稳定型的，你始终不肯放弃的是稳定的或终身雇佣制的职位。你希望有成功的感觉，这样你才可以放松下来。你关注财务安全（如养老金和退休金方案）和就业安全。你对组织忠诚，对雇主言听计从，希望以此换取终身雇佣的承诺。虽然你可以到达更高的职位，但你对工作的内容和在组织内的等级地位并不关心。任何人（包括自主/独立型）都有安全和稳定的需要，在财务负担加重或面临退休时，这种需要会更加明显。安全/稳定型职业锚取向的人总是关注安全和稳定问题，并把自我认知建立在如何管理安全与稳定上。

你在这一领域的得分列在计分表的“安全/稳定型”这一列。

5. 创造型职业锚

如果你的职业锚是创造/创业型的，你始终不肯放弃的是凭借自己的能力和冒险愿望，扫除障碍，创立属于自己的公司或组织。你希望向世界证明你有能力创建一家企业，现在你可能在某一组织中为别人工作，但同时你会学习并评估未来的机会，一旦你认为时机成熟，就会尽快开始自己的创业历程。你希望自己的企业有非常高的薪金收入，以证明你的能力。

你在这一领域的得分列在计分表的“创造型”这一列。

6. 服务型职业锚

如果你的职业锚是服务型的，你始终不肯放弃的是做一些有价值的事情。

例如，让世界更适合人类居住、解决环境问题、增进人与人之间的和谐、帮助他人、增强人们的安全感、用新产品治疗疾病等。你宁愿离开原来的组织，也不会放弃对这些工作机会的追求。同样，你也会拒绝任何使你离开这些工作的调动和晋升。

你在这一领域的得分列在计分表的“服务型”这一列。

7. 挑战型职业锚

如果你的职业锚是挑战型的，你始终不肯放弃的是去解决看上去无法解决的问题、战胜强硬的对手或克服面临的困难。对你而言，职业的意义在于允许你战胜不可能的事情。有的人在需要高智商的职业中发现这种纯粹的挑战，如仅仅对高难度、不可能实现的设计感兴趣的工程师；有些人发现处理多层次的复杂的情况是一项挑战，如战略咨询仅对面临破产、资源耗尽的客户感兴趣；还有一些人将人际竞争看成挑战，如职业运动员，或将销售定义为非赢即输的销售人员。新奇、多变和困难是挑战的决定因素，如果一件事情非常容易，它马上会变得令人厌倦。

你在这一领域的得分列在计分表的“挑战型”这一列。

8. 生活型职业锚

如果你的职业锚是生活型的，你始终不肯放弃的是平衡并整合个人的、家庭的和职业的需要。你希望生活中的各个部分能够协调统一向前发展。因此，你希望职业有足够的弹性允许你来实现这种整合。你可能不得不放弃职业中的某些方面，如晋升带来跨地区调动可能打乱你的生活。你与众不同的地方在于过自己的生活，包括居住在什么地方、如何处理家庭事务及在某一组织内如何发展自己。

你在这一领域的得分列在计分表的“生活型”这一列。

附录2 改善生涯观念的练习[①]

说 明

下文呈现了摘自生涯观念问卷（CTI）的4个消极的生涯观念以及相应的重新表述，使之变成对应的积极说法。

检查你的生涯观念问卷并标出你选择“同意”或“非常同意”的项目。在“原来的生涯观念”一列中依次写下这些项目，你可能希望增加一些细节以使之变得更加相关、更加个人化，如使用某个人的名字。

依照下面的问题来检视你“原来的”生涯观念。

（1）这个观念的依据是什么？完全客观地看待你的生活经历，有什么证据表明这是真的？

（2）这个观念对你是否一致适用？

（3）这个观念全面吗？是否考虑到了积极和消极两个方面？

（4）这个观念是否有利于你的身心健康？

（5）你是自己选择的这个观念，还是由于你成长的家庭经历导致你产生了这个观念？

原来的这个想法现在看起来是否还那么合理可信？这些旧想法是否帮你做出了正确的选择？如果你认为旧观念无法帮助你投入到有效的生涯问题解决或决策中，那么就在“新的生涯观念”一列中将这些观念改为更加积极的表述。

你可能会发现使用练习工作表中的空白来重构其他影响你有效进行生涯规划的消极生涯观念会很有用。

《生涯观念问卷工作手册》提供了丰富的材料来帮助你重构在生涯问题解决和决策制定中许多重要的观念。如果使用工作手册能够帮助你在生涯规划中取得成功的话，你的老师会协助你使用这一手册。

---

① 罗伯特·C. 里尔登等．职业生涯规划与管理（第三版）．侯志瑾等，译．北京：人民大学出版社，2013.

改善生涯观念练习工作单：举例

	原来的生涯观念	新的生涯观念
题目 6	我父母的观点让专业选择更为困难	我知道我的父母希望我取得成功。我会跟他们讨论这个问题的，但我还是需要仔细思考并做出一个好的决策

	原来的生涯观念	新的生涯观念
题目 8	当我需要做决定时，我如此担忧，乃至于根本无法思考	面对如此重要的决定，感觉担忧是很正常的，与其陷入僵局，不如利用所有可能的帮助来做一个好的决策

	原来的生涯观念	新的生涯观念
题目 16	在此之前，我已经尝试了好几次要选择一个好的专业了，但我依旧无法做出一个好的决定	我可以学习做出更好的选择，认为自己很失败只会阻碍我。坐以待毙也不会对我有任何好处。可以找到对我有帮助的方法

	原来的生涯观念	新的生涯观念
题目 19	如果我再次换专业，我会感觉自己非常失败	如果我的决策是基于充分的信息而做出的，那么我完全可以改变想法。我曾作过一些糟糕的决策，但我不是一个糟糕的人

改善生涯观念练习工作单

题目号	原来的生涯观念	新的生涯观念

题目号	原来的生涯观念	新的生涯观念

题目号	原来的生涯观念	新的生涯观念

附录3　症状自评量表（SCL-90）

编号：________________

测试者基本信息

姓名	
性别	
年龄	
测试日期	

量表使用说明：

SCL-90 症状清单，又叫症状自评量表（The self-report symptom inventory, Symptom Checklist 90，SCL-90），于 1975 年编制，作者是德若伽提斯（L. R. Derogatis）。该量表共有 90 个评定项目，包括躯体化、强迫症、人际关系敏感、抑郁、敌对、焦虑、恐怖、精神病性、偏执 9 个维度，主要目的是从感觉、情感、思维、意识、行为直到生活习惯、人际关系、饮食睡眠等多种角度，评定一个人是否有某种心理症状及其严重程度如何。该测试共有 90 题，适用对象为 16 岁以上的用户。

测试开始：

请仔细地阅读每一条，根据最近一星期以内下述影响您的实际感觉的情况，选择一个适当的数字填在后面的答案框中（它的每一个项目均采取 1~5 级评分），具体说明如下。

1——没有	2——很轻	3——中等	4——偏重	5——严重

没有：自觉并无该项问题（症状）。

很轻：自觉有该问题，但发生得并不频繁、严重。

中等：自觉有该项症状，其严重程度为轻到中度。

偏重：自觉常有该项症状，其程度为中到严重。

严重：自觉该症状的频度和强度都十分严重。

作为自评量表，这里的“轻、中、重”的具体含义应该由自评者自己去体会，不必做硬性规定。

题　目	选　择
1. 头痛	
2. 神经过敏，心中不踏实	
3. 头脑中有不必要的想法或字句盘旋	
4. 头昏或昏倒	
5. 对异性的兴趣减退	
6. 对旁人责备求全	
7. 感到别人能控制您的思想	
8. 责怪别人制造麻烦	
9. 忘性大	
10. 担心自己的衣饰整齐及仪态的端正	
11. 容易烦恼和激动	
12. 胸痛	
13. 害怕空旷的场所或街道	
14. 感到自己的精力下降，活动减慢	
15. 想结束自己的生命	
16. 听到旁人听不到的声音	
17. 发抖	
18. 感到大多数人不可信任	
19. 胃口不好	
20. 容易哭泣	
21. 同异性相处时感到害羞不自在	
22. 感到受骗，中了圈套或有人想抓住您	
23. 无缘无故地突然感到害怕	

续表

题 目	选 择
24. 自己不能控制地大发脾气	
25. 怕单独出门	
26. 经常责怪自己	
27. 腰痛	
28. 感到难以完成任务	
29. 感到孤独	
30. 感到苦闷	
31. 过分担忧	
32. 对事物不感兴趣	
33. 感到害怕	
34. 您的感情容易受到伤害	
35. 旁人能知道您的私下想法	
36. 感到别人不理解您、不同情您	
37. 感到人们对您不友好，不喜欢您	
38. 做事必须做得很慢以保证做得正确	
39. 心跳得很厉害	
40. 恶心或胃部不舒服	
41. 感到比不上他人	
42. 肌肉酸痛	
43. 感到有人在监视您、谈论您	
44. 难以入睡	
45. 做事必须反复检查	
46. 难以做出决定	
47. 怕乘电车、公共汽车、地铁或火车	
48. 呼吸有困难	
49. 一阵阵发冷或发热	

续表

题　目	选　择
50. 因为感到害怕而避开某些东西、场合或活动	
51. 脑子变空了	
52. 身体发麻或刺痛	
53. 喉咙有梗塞感	
54. 感到前途没有希望	
55. 不能集中注意	
56. 感到身体的某一部分软弱无力	
57. 感到紧张或容易紧张	
58. 感到手或脚发重	
59. 想到死亡的事	
60. 吃得太多	
61. 当别人看着您或谈论您时感到不自在	
62. 有一些不属于您自己的想法	
63. 有想打人或伤害他人的冲动	
64. 醒得太早	
65. 必须反复洗手、点数目或触摸某些东西	
66. 睡得不稳不深	
67. 有想摔坏或破坏东西的冲动	
68. 有一些别人没有的想法或念头	
69. 感到对别人神经过敏	
70. 在商店或电影院等人多的地方感到不自在	
71. 感到任何事情都很困难	
72. 一阵阵恐惧或惊恐	
73. 感到在公共场合吃东西很不舒服	
74. 经常与人争论	
75. 单独一个人时神经很紧张	

续表

题　目	选　择
76. 别人对您的成绩没有做出恰当的评价	
77. 即使和别人在一起也感到孤单	
78. 感到坐立不安心神不定	
79. 感到自己没有什么价值	
80. 感到熟悉的东西变成陌生或不像是真的	
81. 大叫或摔东西	
82. 害怕会在公共场合昏倒	
83. 感到别人想占您的便宜	
84. 为一些有关性的想法而很苦恼	
85. 您认为应该因为自己的过错而受到惩罚	
86. 感到要很快把事情做完	
87. 感到自己的身体有严重问题	
88. 从未感到和其他人很亲近	
89. 感到自己有罪	
90. 感到自己的脑子有毛病	

症状自评量表（SCL-90）具体分析

（一）总分

1. 总分是 90 个项目所得分之和，总分超过 160 以上表示有心理问题。

2. 总症状指数，也被称为总均分，是将总分除以 90。

3. 阳性项目数是指 1~4 分的总的项目数，阳性症状痛苦水平是指总分除以阳性项目数后的分数。

（二）因子分

因子分是指组成某一因子的各项目总分除以组成某一项目因子的项目数

各因素分析以及各自对应的题目

1. 因子 F1——躯体化（共 12 项）

测试题：1、4、12、27、40、42、48、49、52、53、56、58

躯体化因子：该因子主要反映主观的身体不适感，包括心血管、肠胃道、呼吸道系统主诉不适和头痛、脊痛、肌肉酸痛，以及焦虑的其他躯体表现。

2. 因子 F2——强迫症状因子（共 10 项）

测试题：3、9、10、28、38、45、46、51、55、65

强迫症状：该因子主要指那种明知没有必要，但又无法摆脱的无意义的思想、冲动、行为等表现，还有一些比较一般的感知障碍（如脑子变空了，“记忆力不行”等）也在这一因子中反映。

3. 因子 F3——人际关系敏感因子（共 9 项）

测试题：6、21、34、36、37、41、61、69、73

人际关系敏感：该因子主要是反映某些个人不自在感与自卑感，尤其是在与其他人相比较时更为突出。自卑感、懊丧，以及在人事关系明显相处不好的人，往往这一因子得高分。

4. 因子 F4——忧郁因子（共 13 项）

测试题：5、14、15、20、22、26、29、30、31、32、54、71、79

忧郁因子：反映的是临床上忧郁症状群相联系的广泛的概念。忧郁苦闷的感情和心境是代表性症状，它还以对生活的兴趣减退，缺乏活动的愿望、丧失活动力等为特征，并包括失望、悲叹、与忧郁相联系的其他感知及躯体方面的问题。

5. 因子 F5——焦虑因子（共 10 项）

测试题：2、17、23、33、39、57、72、78、80、86

焦虑因子：包括一些通常临床上明显与焦虑症状相联系的症状与体验。一般指那些无法静息、神经过敏、紧张，以及由此产生躯体征象（如震颤）。那种游离不定的焦虑及惊恐发作是本因子的主要内容，它还包括一个反映“解体”的项目。

6. 因子 F6——敌对因子（共 6 项）

测试题：11、24、63、67、74、81

敌对因子：主要以三方面来反映病人的敌对表现、思想、感情及行为。包括从厌烦、争论、摔物、直至争斗和不可抑制的冲动爆发等各个方面。

7. 因子 F7——恐怖因子（共 7 项）

测试题 13、25、47、50、70、75、8

恐怖因子：与传统的恐怖状态所反映的内容基本一致，恐惧的对象包括出门旅行，空旷场地、人群、或公共场合及交通工具。此外还有反映社交恐怖的项目。

8. 因子 F8——偏执因子（共 6 项）

测试题：8、18、43、68、76、83

偏执因子：偏执是一个十分复杂的概念，本因子只是包括它的一些基本内容，主要是指思维方面，如投射性思维，敌对、猜疑、关系妄想、妄想、被动体验和夸大等。

9. 因子 F9——精神病性因子（共 10 项）

测试题：7、16、35、62、77、84、85、87、88、90

精神病性：其中有幻想、思维播散、被控制感、思维被插入等反映精神分裂症择定状项目。

10. 因子 F10——其他（共 7 项）

测试题：19、44、59、60、64、66、89

其他：该因子是反映睡眠及饮食情况的。

（三）得分分析

各因子分数为：

1—2 提示心理健康

2—3 提示亚健康心理状态

3—4 提示有心理健康问题

4—5 提示有严重心理健康问题

统 计 表

F1（12）		F2（10）		F3（9）		F4（13）		F5（10）	
项目	评分	项目	评分	项目	评分	项目	评分	项目	评分
1		3		6		5		2	
4		9		21		14		17	
12		10		34		15		23	
27		28		36		20		33	
40		38		37		22		39	
42		45		41		26		57	
48		46		61		29		72	
49		51		69		30		78	
52		55		73		31		80	
53		65				32		86	
56						54			
58						71			
						79			
总分		总分		总分		总分		总分	

续表

F6（6）		F7（7）		F8（6）		F9（10）		F10（7）	
项目	评分	项目	评分	项目	评分	项目	评分	项目	评分
11		13		8		7		19	
24		25		18		16		44	
63		47		43		35		59	
67		50		68		62		60	
74		70		76		77		64	
81		75		83		84		66	
		82				85		89	
						87			
						88			
						90			
总分		总分		总分		总分		总分	

结果处理

因素	F1	F2	F3	F4	F5	F6	F7	F8	F9	F10
分÷项										
T 分										

阳性项：（ ）____ （ ）____ （ ）____ （ ）____ （ ）____
（ ）____ （ ）____ （ ）____ （ ）____ （ ）____

阳性项目总数：

诊断结果分析：

签名：

附录 4　霍兰德职业人格能力测验

霍兰德职业人格能力测验是美国著名职业指导专家霍兰德（Holland）编制的，该测验能够帮助被试者发现和确定自己的职业兴趣和能力专长，从而科学地做出求职择业的决策。本软件系统是以霍兰德职业人格能力测验的中译本为基础设计实现的，具有一定的智能作用，能根据被试者对各项目的选择情况，给出被试者的职业倾向和适合被试者选择的一系列职业，为被试者选择职业提供参考。

（1）实际型（R）：喜欢做使用工具，实物，机器或与物有关的工作。具有手工，机械，农业，电子方面的技能。爱好与建筑，维修有关的职业。脚踏实地，实事求是。

（2）调研型（I）：喜欢各种与生物科学，物理科学有关的活动。具有极好的数学和科学研究能力。爱好科学或医生领域里的职业。生性好奇，勤奋自立。

（3）艺术型（A）：喜欢不受常规约束，以便利用时间从事创造性的活动。具有语言，美术，音乐，戏剧，写作等方面的技能。爱好能发挥创造才能的职业。天资聪慧，创造性强，不拘小节，自由放任。

（4）社会型（S）：喜欢参加咨询，培训，教学和各种理解，帮助他人的活动。具有与他人相处共事的能力。爱好教师，护士，律师一类的职业。乐于助人，友好热情。

（5）企业型（E）：喜欢领导和左右他人。具有领导能力，说服能力及其他一些与人打交道所必需的重要技能，爱好商业或与管理人有关的职业。雄心勃勃，友好大方，精力充沛，信心十足。

（6）常规型（C）：喜欢做系统地整理信息资料一类的事情。具有办公室工作和数字方面的能力。爱好记录，整理文件，打字，复印及操作计算机等职业。尽职尽责，忠实可靠。

霍兰德认为，每个人都是这六种类型的不同组合，只是占主导地位的类型不同。霍兰德还认为，每一种职业的工作环境也是由六种不同的工作条件所组成，其中有一种占主导地位。一个人的职业是否成功，是否稳定，是否顺心如意，在很大程度上取决于其个性类型和工作条件之间的适应情况。霍兰德职业人格能力测验就是通过对被试在活动兴趣、职业爱好、职业特长以及职业能力等方面的测验，确定被试者上述六种类型的组合情况（对R，I，A，S，E，C六个方面的得分从大到小排序，排在首位的就是被试的占主导地位的类型），并根据其个性类型寻找适合被试者的职业（已根据R，I，A，S，E，C的不同组合将职业分类，每种组合类型都能从中找到适合于该种类型的职业）。

霍兰德职业人格能力测验问卷

编号________ 姓名________ 性别____ 年龄____ 测验日期________

指导语：本测验是在美国著名就业指导专家霍兰德的职业人格能力测验量表的基础上，根据中国的具体国情修订而成。本测验将帮助你发现和确定自己的职业兴趣和能力特长，从而使你更科学地做出求职择业的选择。

本测验共有四个部分，每部分含六个方面的测验题，共计192道题，请您按自己的实际情况依次对每道测验题做出选择，并将您的选择用“√”号标记在答卷纸上相应的空格内，请不要漏过任何一道题。本测验没有时间限制，请根据第一感觉，不假思索迅速答题。

第一部分　您愿意从事下列活动吗？

R. 实际型活动：

1. 装配修理电器或玩具
2. 修理自行车
3. 用木头做东西
4. 开汽车或摩托车
5. 用机器做东西
6. 参加木工技术学习班
7. 参加制图描图学习班
8. 驾驶卡车或拖拉机
9. 参加机械和电气学习
10. 装配修理电器

A. 艺术型活动：

11. 素描/制图或绘画
12. 参加话剧戏曲
13. 设计家具布置室内

14. 练习乐器/参加乐队
15. 欣赏音乐或戏剧
16. 看小说/读剧本
17. 从事摄影创作
18. 写诗或吟诗
19. 进艺术（美术/音乐）培训班
20. 练习书法

I. 调研型活动：

21. 读科技图书和杂志
22. 在试验室工作
23. 改良水果品种，培育新的水果
24. 调查了解土和金属等物质的成分
25. 研究自己选择的特殊的问题
26. 解算式或数学游戏
27. 学物理课
28. 学化学课
29. 学几何课
30. 学生物课

S. 社会型活动：

31. 学校或单位组织的正式活动
32. 参加某个社会团体或俱乐部的活动
33. 帮助别人解决困难
34. 照顾儿童
35. 出席晚会、联欢会、茶话会
36. 和大家一起出去郊游
37. 想获得关于心理方面的知识
38. 参加讲座会或辩论会
39. 观看或参加体育比赛和运动会
40. 结交新朋友

E. 企业型活动：

41. 说服鼓动他人
42. 卖东西
43. 谈论政治
44. 制订计划、参加会议

45. 以自己的意志影响别人的行为
46. 在社会团体中担任职务
47. 检查与评价别人的工作
48. 结识名流
49. 指导有某种目标的团体
50. 参与政治活动

C. 常规型活动：

51. 整理好桌面和房间
52. 抄写文件和信件
53. 为领导写报告或公务信函
54. 查收个人收支情况
55. 参加打字培训班
56. 参加算盘、文秘等实务培训
57. 参加商业会计培训班
58. 参加情报处理培训班
59. 整理信件、报告、记录等
60. 写商业贸易信

第二部分　您具有擅长或胜任下列活动的能力吗?

R. 实际型能力：

61. 能使用电锯、电钻和锉刀等木工工具
62. 知道万用表的使用方法
63. 能够修理自行车或其他机械
64. 能够使用电钻床、磨床或缝纫机
65. 能给家具和木制品刷漆
66. 能看建筑等设计图
67. 能够修理简单的电气用品
68. 能够修理家具
69. 能修收录机
70. 能简单地修理水管

A. 艺术型能力：

71. 能演奏乐器
72. 能参加二部或四部合唱
73. 独唱或独奏

74. 扮演剧中角色
75. 能创作简单的乐曲
76. 会跳舞
77. 能绘画、素描或书法
78. 能雕刻、剪纸或泥塑
79. 能设计海报、服装或家具
80. 写得一手好文章

I. 调研型能力：

81. 懂得真空管或晶体管的作用
82. 能够举出三种含蛋白质多的食品
83. 理解铀的裂变
84. 能用计算尺、计算器、对数表
85. 会使用显微镜
86. 能找到三个星座
87. 能独立进行调查研究
88. 能解释简单的化学式
89. 理解人造卫星为什么不落地
90. 经常参加学术会议

S. 社会型能力：

91. 有向各种人说明解释的能力
92. 常参加社会福利活动
93. 能和大家一起友好相处地工作
94. 善于与年长者相处
95. 会邀请人招待人
96. 能简单易懂地教育儿童
97. 能安排会议等活动顺序
98. 善于体察人心和帮助他人
99. 帮助护理病人或伤员
100. 安排社团组织的各种事务

E. 企业型能力：

101. 担任过学生干部并且干得不错
102. 工作上能指导和监督他人
103. 做事充满活力和热情
104. 有效地用自身的做法调动他人

105. 销售能力强
106. 曾作为俱乐部或社团的负责人
107. 向领导提出建议或反映意见
108. 有开创事业的能力
109. 知道怎样做能成为一个优秀的领导者
110. 健谈善辩

C. 常规型能力：

111. 会熟练地打印中文
112. 会用外文打字机或复印机
113. 能快速记笔记和抄写文章
114. 善于整理保管文件和资料
115. 善于从事事务性的工作
116. 会用算盘
117. 能在短时间内分类和处理大量文件
118. 能使用计算机
119. 能搜集数据
120. 善于为自己或集体作财务预算表

第三部分　您喜欢下列的职业吗?

R. 实际型职业：

121. 飞机机械师
122. 野生动物专家
123. 汽车维修工
124. 木匠
125. 测量工程师
126. 无线电报务员
127. 园艺师
128. 长途公共汽车司机
129. 火车司机
130. 电工

A. 艺术型职业：

131. 乐队指挥
132. 演奏家
133. 作家

134. 摄影家
135. 记者
136. 画家、书法家
137. 歌唱家
138. 作曲家
139. 电影电视演员
140. 节目主持人

I. 调研型职业：

141. 气象学或天文学者
142. 生物学者
143. 医学实验室的技术人员
144. 人类学者
145. 动物学者
146. 化学者
147. 数学者
148. 科学杂志的编辑或作家
149. 地质学者
150. 物理学者

S. 社会型职业：

151. 街道、工会或妇联干部
152. 小学、中学教师
153. 精神病医生
154. 婚姻介绍所工作人员
155. 体育教练
156. 福利机构负责人
157. 心理咨询员
158. 共青团干部
159. 导游
160. 国家机关工作人员

E. 企业型职业：

161. 厂长
162. 电视片编制人
163. 公司经理
164. 销售员

165. 不动产推销员
166. 广告部长
167. 体育活动主办者
168. 销售部长
169. 个体工商业者
170. 企业管理咨询人员

C. 常规型职业：

171. 会计师
172. 银行出纳员
173. 税收管理员
174. 计算机操作员
175. 簿记人员
176. 成本核算员
177. 文书档案管理员
178. 打字员
179. 法庭书记员
180. 人口普查登记员

统计全部打"√"的选项：________

第四部分　请评定您在下述各方面的能力等级

【注：请先将自己与同龄人在相应方面的能力做以比较，然后经斟酌后做出评定，并将评定的等级数填写在答卷上。评定共分 7 级（1、2、3、4、5、6、7），数字越大表示能力越强。但请勿全部选定同样的数字，因为人的每项能力不可能完全一样。】

181. 你的机械操作能力（E）等级为（1~7）：
182. 你的艺术创作能力（A）等级为（1~7）：
183. 你的科学研究能力（I）等级为（1~7）：
184. 你的解释表达能力（S）等级为（1~7）：
185. 你的商业洽谈能力（E）等级为（1~7）：
186. 你的事务执行能力（C）等级为（1~7）：
187. 你的体力技能（R）等级为（1~7）：
188. 你的音乐技能（A）等级为（1~7）：
189. 你的数学技能（I）等级为（1~7）：
190. 你的交际能力（S）等级为（1~7）：

191. 你的领导能力（E）等级为（1~7）：
192. 你的办公技能（C）等级为（1~7）：

第五部分 统计和确定您的职业倾向

请将第一部分至第五部分的全部测验按前面已统计好的六种职业倾向（R型、I型、A型、S型、E型和C型）得分填入下表，并作纵向累加。

测试	R型	I型	A型	S型	E型	C型
第一部分						
第二部分						
第三部分						
第四部分						
总分						

请将上表中的六种职业倾向总分按大小顺序依次从左至右排列：
_____型、_____型、_____型、_____型、_____型、_____型。
最高分←_____您的职业倾向得分_____→最低分

第六部分 您所看重的东西——职业价值观

这一部分测验列出了人们在选择工作时通常会考虑的9种因素（见所附的工作价值标准）。现在请您在其中选出最重要的两项因素，以及最不重要的两项因素，并将序号填入下面相应的空格上。

最重要：________ 次重要：________
最不重要：________ 次不重要：________

附：工作价值标准

1. 工资高、福利好
2. 工作环境（物质方面）舒适
3. 人际关系良好
4. 工作稳定有保障
5. 能提供较好的受教育机会
6. 有较高的社会地位
7. 工作不太紧张、外部压力少
8. 能充分发挥自己的能力特长

9. 社会需要与社会贡献大

现在，将你的测验得分居第一位的职业类型找出来，对照下表，判断一下自己适合的职业类型。

职业索引——职业兴趣代号与其相应的职业对照如下。

实际型（R）：木匠、农民、操作X光的技师、工程师、飞机机械师、鱼类和野生动物专家、自动化技师、机械工（车工、钳工等）、电工、无线电报务员、火车司机、长途公共汽车司机、机械制图员、机器修理师、电器师。

调研型（I）：气象学者、生物学者、天文学家、药剂师、动物学者、化学家、科学报刊编辑、地质学者、植物学者、物理学者、数学家、实验员、科研人员、科技工作者。

艺术型（A）：室内装饰专家、图书管理专家、摄影师、音乐教师、作家、演员、记者、诗人、作曲家、编剧、雕刻家、漫画家。

社会型（S）：社会学者、导游、福利机构工作者、咨询人员、社会工作者、社会科学教师、学校领导、精神病工作者、公共保健护士。

企业型（E）：推销员、进货员、商品批发员、旅馆经理、饭店经理、广告宣传员、调度员、律师、政治家、零售商。

常规型（C）：记账员、会计、银行出纳、法庭速记员、成本估算员、税务员、核算员、打字员、办公室职员、统计员、计算机操作院、秘书。

参考文献

[1] 布莱德·哈里顿，道格拉斯 T·霍尔．职业生涯规划与管理［M］．张星，张璐译．北京：机械工业化出版社，2013.

[2] 程社明．你的职业——职业生涯开发与管理［M］．北京：改革出版社，1999.

[3] 葛玉辉．职业生涯规划与管理［M］．北京：清华大学出版社，2014.

[4] 郭鹏，郭文凯，连莲，李奇．职业生涯规划［M］．北京：清华大学出版社，2016.

[5] 韩庆红．大学生职业生涯管理［M］．武汉：华中科技大学出版社，2011.

[6] 黄水光，刘琰．职业生涯管理［M］．广东：广东高等教育出版社，2015.

[7] 金环，刘平．职业生涯规划［M］．北京：清华大学出版社，2013.

[8] 加里·W·彼得森．职业生涯发展与规划［M］．侯志瑾，等译．北京：中国人民大学出版社，2016.

[9] 杰弗里·格林豪斯，杰勒德·卡拉南，维罗妮卡·戈德谢克．职业生涯管理［M］．王伟，译．北京：清华大学出版社，2014.

[10] 李宝元，王明华．职业生涯管理［M］．北京：人民邮电出版社，2014.

[11] 李涛，韦焕贤．大学生职业生涯管理研究［M］．北京：光明日报出版社，2014.

[12] 林奇清．大学生职业生涯规划与管理［M］．北京：科学出版社，2017.

[13] 柳君芳，姚裕群．职业生涯规划（修订版）［M］．北京：中国人民大学出版社，2015.

[14] 罗伯特·里尔登，珍妮特·伦兹，加里·彼德森，小詹姆斯·桑普森．职业生涯发展与规划［M］．侯志瑾，等译．北京：中国人民大学出版社，2016.

[15] 龙立容．知识经济时代的职业生涯成功及其策略［J］．外国经济与管理，2004（3）.

[16] 冉军，万玺．职业生涯管理［M］．北京：科学出版社，2012.

[17] 石建勋．职业生涯规划与管理［M］．北京：清华大学出版社，2012.

[18] 苏文平．职业生涯规划与就业创业指导［M］．北京：中国人民大学出版社，2016.
[19] 姚裕群，曹大友．职业生涯管理［M］．大连：东北财经大学出版社，2015.
[20] 殷智红，邱红．职业生涯规划［M］．北京：北京大学出版社，2010.
[21] 袁庆宏，付美云，陈文春．职业生涯管理［M］．北京：科学出版社，2015.
[22] 张柏喜．职业生涯规划与自我管理［M］．北京：中国人民大学出版社，2016.
[23] 张再生．职业生涯规划［M］．天津：天津大学出版社，2014.
[24] 张迎春．国际标准职业分类的更新及其对中国的启示［J］．中国行政管理，2009（1）.
[25] 赵富强．职业生涯管理——理论与实务［M］．北京：科学出版社，2016.
[26] 赵慧娟．大学生职业生涯规划［M］．北京：北京大学出版社，2014.
[27] 周文霞．职业生涯管理［M］．上海：复旦大学出版社，2004.